Maria Anne Hirschmann

Vom Hakenkreuz zum Kreuz

Autobiografie

Über die Autorin

Maria Anne Hirschmann wurde 1924 im Sudetenland (heute Tschechien) geboren, besuchte eine Kaderschule der Nazis in Prag und geriet später in ein russisches Arbeitslager. Nach einer abenteuerlichen Flucht in die amerikanisch besetzte Zone Westdeutschlands fand sie zum Glauben an Jesus Christus. In den 1960-er Jahren wanderte sie in die USA aus, wo sie heute noch lebt, ebenso wie ihre Kinder und Enkelkinder. Sie leitet ein Missionswerk namens „Hansi Ministries", das sich um Waisen und Straßenkinder in Weißrussland, der Ukraine und anderen Staaten des ehemaligen Ostblocks kümmert.

Maria Anne Hirschmann

Vom Hakenkreuz zum Kreuz

Autobiografie

GerthMedien

Die amerikanische Originalausgabe erschien 1973
unter dem Titel „Hansi – The Girl Who Left The Swastika".

Aus dem Amerikanischen übersetzt von Kristina Scadden

Best.-Nr. 816 078
ISBN 3-86591-078-5
1. Auflage 2006
Umschlaggestaltung: Immanuel Grapentin
Umschlagfotos: getty Images/Stadtarchiv Wuppertal
Satz: ars quadri medienservice, Wetzlar
Druck und Verarbeitung: Ebner & Spiegel, Ulm
Printed in Germany

Inhalt

Vorwort der Autorin

Ich danke Ihnen für Ihr Interesse an meiner Geschichte. Ich habe sie 1973 in den USA niedergeschrieben, weil meine amerikanischen Nachbarn und Freunde mehr über diese für sie so fremde Zeit und meine Erlebnisse wissen wollten. Damals habe ich das Buch mit viel Gebet und wenig Zeit geschrieben, denn ich hatte fünf Kinder zu versorgen, bin meiner Arbeit als Lehrerin nachgegangen und habe oft auf Konferenzen gesprochen. Ich hatte keine Ahnung, dass Gott anscheinend große Pläne mit mir hatte! Das Buch hat sich sofort hervorragend verkauft und wurde in viele Sprachen übersetzt. Und noch heute wird es überall auf der Welt gelesen!

Inzwischen sind mehr als 30 Jahre vergangen. Meine Kinder sind längst erwachsen und ich habe schon einige Enkelkinder. Ich lebe heute auf Hawaii, bin aber noch viel unterwegs und immer noch sehr aktiv.

Vor 30 Jahren habe ich ein christliches Werk gegründet, das ebenfalls heute noch besteht und seinen Dienst tut. Es ist meine größte Freude, wenn ich Not leidenden Kindern helfen kann. Seit 1996 haben wir auch einen Dienst für Osteuropa und Weißrussland. Dort leiden die Kinder besonders seit dem Atomunfall von Tschernobyl 1986 unter den Spätfolgen. 70 Prozent der verseuchten Wolken entluden sich über Belarus, und am härtesten traf es die Kinder. Viele starben, und die Überlebenden sind inzwischen alt genug, um selbst Kinder zu bekommen. Diese neue Generation ist noch viel stärker geschädigt als ihre Eltern. Gesunde Säuglinge sind die Ausnahme. Die Schädigungen der Kinder sind oft so schwerwiegend und die Eltern so arm, dass unzählige Kinder allein, ohne Liebe, hungrig und elend in Waisenhäusern aufwachsen müssen. Wenn sie ins Teenageralter kommen, werden sie oft einfach auf die Straße gesetzt, wo sie irgendwie dahinvegetieren oder sterben. Viele begehen Selbstmord, andere werden kriminell oder verkaufen ihre Körper. Sie haben weder eine Hoffnung noch Ziele. Von alledem weiß die Weltöffentlichkeit nicht viel, weil die behinderten Kinder der Regierung leider nichts bedeuten.

Ich habe nie vergessen, wie weh Hunger und Einsamkeit tun, und ich kann mich noch gut an die Zeit nach dem Zweiten Weltkrieg erinnern, als ich täglich Selbstmordgedanken hatte. Ich war 19 Jahre alt und sah keinen Ausweg. Hilfsbereite Menschen gaben mir eine neue Perspektive, und nun versuchen wir, das Gleiche für die weißrussischen Kinder zu tun. Warme Kleidung und gute Mahlzeiten sind wichtig, aber vor allem möchten wir den jungen Menschen Mitgefühl, Ermutigung und Gottes Liebe vermitteln.

Ich kann heute rückblickend sagen, dass Gott mich von meiner Geburt an geführt und geleitet hat, auch als ich noch nichts davon wusste. Er hat mich in den unwahrscheinlichsten Situationen am Leben erhalten und gesegnet und schließlich dazu berufen, seine Liebe an andere weiterzugeben.

Vieles hat sich verändert, seit ich das Buch geschrieben habe. Die Grenze zwischen Ost- und Westdeutschland existiert nicht mehr; aus den Wunden von damals sind Narben geworden, und Hunger und Tod des letzten Krieges sind fast vergessen. Unsere Kinder wissen nichts von solchen Dingen – es sind nur alte Geschichten, die Oma erzählt. Aber Traurigkeit und Einsamkeit gibt es immer noch überall auf der Welt, und Gott will unsere Hände und Füße gebrauchen, um seine Liebe zu verkündigen. Worte sind nicht genug – wir müssen mit Taten zeigen, was wir glauben!

Hat Gottes Güte Ihnen ein gutes Leben beschert? Haben Sie genug zu essen, ordentliche Kleidung und ein Dach über dem Kopf? Haben Sie jemanden, der Sie liebt und den Sie lieben können? Wenn das so ist, dann sind Sie gesegnet!

Vielleicht sind Sie allein und sehnen sich nach Liebe und Gemeinschaft mit Gott und Menschen. Gott liebt Sie, ob Sie es wissen oder nicht! Er will Sie segnen und Ihnen einen neuen Weg zum Glück zeigen. Ich bete, dass dieses Buch Ihnen hilft, Frieden und Freude zu finden.

Ich bin inzwischen eine alte Oma, aber in meinem Herzen

bin ich jung – und sehr zufrieden! Gott ist meine Zuversicht und Stärke. Ja, in meinem Leben gab es schwere Zeiten voller Kummer und Schmerz. Aber heute weiß ich, dass denen, die Gott lieben, wirklich alle Dinge zum Besten dienen. Nichts kann uns von Gottes Liebe und Gnade trennen. Möge er Sie segnen und behüten!

Ihre Hansi

Eine Waise für Hitler

Mutter beugte sich über mein Strohlager. Ich blickte auf und sah die blaugrauen Augen in ihrem lieben, vom Alter gezeichneten Gesicht fragend auf mich gerichtet.

„Mutter“, flüsterte ich, „kann ich bitte ein Schüsselchen Sauerkraut haben?“

Mutter nickte und drehte sich um. Sie zog den Kopf ein, um sich nicht an dem niedrigen Türrahmen im Schlafzimmer, dem einzigen in unserer Hütte, zu stoßen. Ich hatte eine Magenverstimmung, und Mutter hatte mir auf dem Holzboden ein Bett neben ihrem gemacht.

Ich hörte, wie sie sich mit schnellen Schritten entfernte, und folgte ihr im Geist durch die Küche in die Speisekammer neben dem Ziegenstall. Ich konnte mir genau vorstellen, was sie jetzt tat, da ich ihr oft dorthin gefolgt war. Zuerst würde sie in dem fensterlosen Raum eine Kerze anzünden und sie vorsichtig auf einen Stein stellen. (Sie hatte immer Angst, dass unsere Strohhütte eines Tages Feuer fangen könnte.) Dann würde sie den großen Sandstein vom Sauerkrautfass heben, ein Stück Holz wegnehmen und die schimmelige Oberschicht auf dem Kraut beiseite schieben, bei dessen Einkellerung ich im letzten Herbst mitgeholfen hatte.

Die Küchentür schlug, und ich hörte, wie Mutter eine Schublade öffnete, um eine Gabel für mich herauszuholen. Das Wasser lief mir bereits im Mund zusammen. Ich hatte zwei Tage lang nichts gegessen und verspürte plötzlich einen Bärenhunger.

Da hörte ich Vaters Stimme: „Verwöhn sie nicht so, Anna. Sie braucht nicht jeden Wunsch erfüllt zu bekommen. Sie macht uns schon genug Sorgen!“

„Sie ist doch noch ein kleines Kind, Vater“, sagte Mutter mit leiser Stimme. „Sie hat erst im letzten Jahr mit der Schule angefangen. Und sie war den ganzen Tag über so still und geduldig, während ich gearbeitet habe. Etwas für den Magen wird ihr gut tun. Wir haben wahrhaftig nichts im Haus, womit ich sie verwöhnen könnte."

Kurz danach öffnete sie die Tür und stellte die Schüssel neben mein Behelfsbett auf den Boden.

„Mutter", fragte ich schüchtern, „darf ich heute Nacht wieder auf dem Heuboden schlafen? Bitte!"

Mutter zögerte einen Moment. „Und wenn du mich brauchst? Fühlst du dich schon stark genug, um dort oben allein zu sein? Was ist, wenn du nach mir rufst und ich dich nicht höre?"

„Es wird schon gehen, Mutter", flüsterte ich ängstlich. „Du weißt doch, dass Vater mich nicht gern um sich hat. Und ich möchte viel lieber in meinem eigenen Bett im Heu schlafen, wirklich!"

Ich versuchte, von dem Sauerkraut zu essen, aber die Bemerkung meines Vaters hatte mir den Appetit verdorben. Wortlos schob ich die Schüssel zurück, worauf mich Mutter in mein eigenes Schlafquartier hinaufbrachte. Fürsorglich legte sie noch eine Decke über mein Federbett. Auf dem Dachboden war es immer ziemlich zugig.

„Mutter", fragte ich wie schon so oft, „warum hat Vater mich eigentlich nicht lieb? Wenn Sepp manchmal Kakao haben will, hat er nichts dagegen, nur für mich bleibt nie etwas übrig."

Mutter setzte sich für einen Augenblick zu mir. Das geschah nicht oft. Sie hatte immer schrecklich viel auf dem Feld oder im Stall zu tun. Oder sie arbeitete in der Küche und kochte eine Mahlzeit auf dem großen Steinherd, für den sie das Brennholz selbst suchen musste.

„Mariechen, ich habe es dir doch schon gesagt. Aber ich will es dir noch einmal erklären: Als du noch ein kleines Baby warst, brachte dich deine Mama zu uns, weil sie sehr krank war. Sie bat mich, dich bei mir zu behalten, bis sie wieder gesund wäre. Deine Mutter und ich waren gute Freundinnen; deshalb habe ich ihr versprochen, dich aufzunehmen, obwohl das nicht leicht für uns war. Du weißt ja, wie teuer Lebensmittel und Kleider sind. Vater arbeitete hart als Maurer, um unsere eigenen vier Kinder satt zu bekommen."

Ich nickte und blickte auf die dunklen Heuballen, auf die die

Hansis Papa 1943

Lampe geisterhafte Schatten warf. Ich wusste schon, was Mutter jetzt sagen würde.

„Als deine Mama starb, beschlossen wir, dich zu behalten. Vater wollte dich adoptieren, aber dein eigener Papa gab seine Einwilligung nicht. Das ärgerte Vater sehr. Er hat das Gefühl, dass du nicht richtig zu uns gehörst, weil Herr Appelt, dein richtiger Vater, dich uns jederzeit wegnehmen könnte."

Ich fühlte, wie mir die Angst die Kehle zuschnürte. Wie schon so oft bettelte ich: „Bitte, Mutter, lass ihn mich nicht wegholen! Wenn er kommt, verstecke ich mich im Wald! Bitte, Mutter!"

„Hab keine Angst, mein Kind, er wird bestimmt nicht kommen; er hat dich vergessen. Er hat dich noch nie besucht, seit du bei uns bist. Er ist ein stolzer und harter Mann, der mehr scheinen will, als er ist. Dabei ist er arm wie eine Kirchenmaus. Deine liebe Mutter starb so früh, weil sie nicht auf die anderen hören wollte und diesen Kerl heiratete. Er ist schuld an ihrem frühen Tod!", Dann stand sie unvermittelt auf und ergriff die flackernde Laterne, die sie auf den Boden gestellt hatte. „Knie dich heute Abend nicht auf den Boden zum Gebet, Kind, es ist zu kalt, und du bist jetzt schön warm in deinem Bett. Falte die Hände und bete!"

Ich schloss die Augen und murmelte: „Müde bin ich, geh zur Ruh!“ Das ist ein bekanntes Kindergebet, das ich immer dann betete, wenn ich keine Lust hatte, frei zu beten, wie Mutter es eigentlich lieber hatte.

Mit einem liebevollen „Gute Nacht“ stieg Mutter die steile Holztreppe hinunter. Ich blieb allein zurück und starrte in die Dunkelheit.

Ich liebte meine Dachkammer, obwohl ich immer ein bisschen Angst hatte, allein hier oben im Dunkeln zu sein. Tief atmete ich den süßen Duft des Bergheus ein, den ich eine Nacht lang hatte entbehren müssen. Dann wanderte mein Blick zu dem kleinen Giebelfenster, um nach dem Mond auszuschauen.

Der Mond war mein Freund. Er verjagte meine Angst und die Dunkelheit. Wenn der Mond schien, fühlte ich mich nicht allein. Vater hatte mir verboten, abends länger als eine Stunde zu lesen. Er nahm mir die Petroleumlampe weg – manchmal mitten in einem interessanten Satz – und schickte mich ins Bett. Es hatte keinen Sinn, dagegen zu protestieren. Für ihn sollten Kinder zwar zu sehen, aber nicht zu hören sein. Ich hatte jedoch einen Weg gefunden, sein Verbot zu umgehen. Unter meinem Kopfkissen wartete ein Buch, und ich wusste genau, wann Vollmond war. In diesen Nächten konnte ich lesen, so lange ich wollte.

Heute hatte ich allerdings keine Lust zum Lesen, obwohl der Schnee den Schimmer des Mondes mit überirdischer Helligkeit widerspiegelte. Ich war zu aufgewühlt. Tränen liefen mir über die Wangen, und meine Ohren wurden ganz feucht und kalt davon. Mutter hatte einen wunden Punkt bei mir berührt – einen Punkt, den sie nur ansprach, wenn ich davon anfing.

Nie werde ich den Tag vergessen, an dem sie mir alles zum ersten Mal erklärt hatte. Ich war damals noch sehr klein und hatte mich mit Sepp, dem jüngsten Sohn der Familie, gestritten. Sepp war drei Jahre älter als ich. Er hatte mich gereizt, wie er es oft tat, bis ich zornig wurde und anfing, mit meinen kleinen Fäusten auf seinem Rücken herumzutrommeln.

Plötzlich wandte er sich um und sagte höhnisch: „Mach, dass du wegkommst! Hau ab! Weißt du nicht, dass du gar nicht meine richtige Schwester bist? Ich bin der echte Sohn, und du bist ein Niemand, eine Waise! Und meine Mutter ist gar nicht deine Mutter!“

Entsetzt starrte ich in sein grinsendes Gesicht und schrie: „Ich gehe jetzt gleich und erzähle Mutter, was du gesagt hast! Und dann wirst du was erleben!“

„Sag's ihr doch! Sie ist meine Mutter und nicht deine, du Dummkopf! Geh schon, sag's ihr!“

Ich stürzte in die Küche, schlang die Arme um Mutters Taille und schluchzte: „Sepp lügt, nicht wahr, Mutter? Er sagt, du wärst nicht meine richtige Mutter!“

Da erklärte sie mir zum ersten Mal, dass ich tatsächlich nicht zur Familie gehörte. Doch am Schluss sagte sie tröstend: „Aber jetzt bist du mein Kind, Mariechen, und ich werde dich behalten, so lange sie dich mir lassen.“

Seit jenem Tag hatte sich ein tiefer Kummer in meinem Herz festgesetzt. Würden sie mich irgendwann von Mutter wegholen? Ich faltete die Hände und schloss wieder die Augen. „Lieber Herr Jesus, bitte lass Papa nicht kommen, um mich wegzuholen! Segne Mutter und Sepp und die anderen und“ – ich zögerte eine Zeit lang – „segne auch Vater. Hilf mir, gut zu sein, so dass er mich lieb haben kann. Sende deinen Schutzengel an mein Bett! Amen.“

Als ich die Augen öffnete, versuchte ich wieder einmal meinen liebsten, doch immer erfolglosen Trick. Mutter, die mich Beten gelehrt hatte, hatte mir auch gesagt, dass Gott und seine Engel für menschliche Augen unsichtbar seien. Ich war aber überzeugt, dass sie sichtbar würden, wenn ich mich nur ganz stark konzentrierte. Deshalb versuchte ich nach dem Gebet immer, die Augen ganz langsam oder so schnell zu öffnen, dass ich noch einen Hauch der himmlischen Besucher einfangen würde, bevor sie wieder verschwanden. Leider war ich nie schnell genug, um auch nur den kleinsten Schimmer eines Engelflügels zu erhaschen. Nun war auch der Mond an meinem kleinen Fenster vorübergezogen. Die Dachkammer war wieder unheimlich und dunkel.

***

Das Häuschen, in dem Hansi ihre Kindheit verbrachte.
Unter dem Giebel befand sich ihr Bett auf dem Heuboden.

Mein Vater kam nie, um mich zu holen, dafür aber kam der Frühling. Dann wurde es Sommer, Herbst und wieder Winter, und so ging es Jahr um Jahr. Mit der Zeit wurde meine Liebe zu Mutter immer größer, doch zugleich wuchs meine Abneigung gegen meinen Pflegevater und meinen richtigen Vater, den ich nie gesehen hatte. Schließlich kam es so weit, dass ich meinem Pflegevater die Schuld für all meine Nöte und Probleme gab – und das waren nicht wenige.

Vater, ein hagerer, kleiner Mann mit einem schwarzen Schnauzbart, hatte strenge Grundsätze, was seine Familie betraf. Er war der Patriarch und regierte mit eiserner Hand, und seine Frau und die Kinder gehorchten ohne Widerrede – außer mir. Mein Sturkopf stieß unzählige Male mit seinen Forderungen zusammen. Er versuchte verschiedene Mittel, um mich gefügig zu machen – er schlug mich mit einem Ledergürtel, sperrte mich den ganzen Tag in die dunkle Speisekammer oder ließ mich hungern.

Ich wagte nie, ihm eine freche Antwort zu geben. Aber mein

verzerrtes Gesicht, die geballten Fäuste und meine zornblitzenden Augen brachten meine Auflehnung deutlich genug zum Ausdruck. Oft reizte ich ihn zu Wutausbrüchen, unter denen die ganze Familie litt.

Meine gute Mutter! Während meiner ganzen Kindheit musste sie zwischen Vater und mir vermitteln, und die bösen Worte, die sie über meine Halsstarrigkeit zu hören bekam, waren meine schlimmste Strafe. Nur ihren bittenden, tränenfeuchten Augen gelang es, meine Sturheit aufzuweichen – und auch das nur, so lange ich ein Kind war.

Um Mutters willen war ich sogar manchmal bereit, mich zu entschuldigen; für sie tat ich alles – aber nur für sie. Ich wusste, dass meine Gegenwart auf Vaters Magengeschwür wie ätzende Säure wirkte. Aber auch für mich war er wie ein rotes Tuch. Diese ständigen Reibereien zehrten an Mutters Nerven.

Ich liebte den Frühling und den Sommer, weil ich Vater dann besser aus dem Weg gehen konnte. Die harten, langen Winter in den Sudetenbergen zwangen die Bewohner, ihre Abende zu Hause am Ofen zu verbringen; dabei ging man einander leicht auf die Nerven. Aber wenn der kleine Bach unter dem schmelzenden Schnee zu murmeln anfing und tapfere kleine Schneeglöckchen den verkrusteten Schnee mit ihren spitzen Stängeln durchbrachen, um den Frühling anzukündigen, kannte meine Freude keine Grenzen. Meistens war ich die Erste, die die Frühlingsboten entdeckte, und oft wurden Mutters Augen feucht, wenn ich ihr die ersten Blümchen des Jahres brachte. Sobald wir barfuß gehen durften, fing eine schöne Zeit für mich an.

Unzählige glückliche Stunden verbrachte ich damit, in der schattigen Kühle des dunklen Tannenwaldes hinter unserem Häuschen Beeren und Pilze zu sammeln. Ich spielte mit den kleinen Zicklein und pflückte Vergissmeinnicht für Mutter. Und wenn Vater daheim war, ging ich ihm möglichst aus dem Weg.

Die Erntezeit brachte immer harte Arbeit für uns alle. Ich war so klein und mager, dass Mutters Blick manchmal besorgt auf mir ruhte, und oft fand sie einen Grund, um mich an eine leichtere Arbeit zu schicken. Sie selbst arbeitete unermüdlich von morgens bis abends, jätete Unkraut, säte, grub Winterkartoffeln aus, setzte Heumieten, pflanzte Gemüse und ertrug die ganze

Zeit schweigend Vaters Vorwürfe, dass sie mich verwöhne. Wenn dann im Herbst der Wind über die Stoppelfelder wehte, wurden mit dem Pflug Furchen um unser Haus gezogen. Ich hasste das Braun der frisch gepflügten Erde. Diese Farbe wurde mir zu einem Symbol für mein erneutes Gebundensein an das Haus – das Haus, in dem Vater war.

Aber der September im Herbst 1938 brachte neue Farben, neue Symbole und einen neuen Lebensrhythmus für mich. Eines sonnigen Herbsttages, als sich die Bäume in leuchtenden Farben gegen den tiefblauen Himmel abhoben, marschierten fremde Soldaten über die Landstraße. Sie trugen eine Fahne, deren Rot heller leuchtete als das feurigste Rot der Blätter. In der Mitte der Fahne war ein weißer Kreis mit einem schwarzen Kreuz darin. Aber was für ein seltsames Kreuz! Es hatte Haken an allen vier Enden. Die Soldaten sangen und schwangen ihre Fahnen. Pferde und Reiter, Panzer und Kanonen kamen über den Bergkamm gezogen, und unser kleines Dorf hielt den Atem an.

Doch wir brauchten nicht lange zu warten. Lautsprecher verkündeten die friedlichen Absichten Hitlers, der seine Armee gesandt hatte, um die seit dem schändlichen Versailler Vertrag von 1918 von der tschechischen Regierung unterdrückten deutschen Brüder zu „befreien". Die Wehrmacht, so hieß es, bringe nicht nur eine Gulaschkanone mit, sondern eine völlig neue Zukunft für uns alle. Allmählich wagten sich die Leute aus ihren Häusern, und die Kinder freundeten sich schnell mit den netten Soldaten an. Mutter sah dem Ganzen eine Zeit lang zu und hörte aufmerksam auf die Ankündigungen und Botschaften, die über den Lautsprecher kamen. Adolf Hitler, Deutschlands Führer, hatte seine Truppen gesandt, um das Sudetenland zu einem Teil seines Dritten Reiches zu machen. Er gab sein Wort, dass Hunger, Arbeitslosigkeit und Not für alle vorüber seien.

Mutter nickte gedankenvoll und murmelte leise: „Vielleicht hat Jesus diesen Mann Hitler in unser Land gesandt, um der wirtschaftlichen Not ein Ende zu machen. Schlimmer, als es jetzt ist, kann es ja eigentlich nicht mehr werden!"

Und es wurde auch nicht schlechter, im Gegenteil, vieles wurde besser. Vater arbeitete länger und für besseren Lohn; er schien froher zu sein – für eine Weile jedenfalls. In der Schule wurde es ebenfalls schöner. Die Nazipartei hatte viele Geschenke aus Deutschland mitgebracht. Am meisten freute ich mich über ein paar Kisten mit neuen Büchern, die in unserer winzigen Schule abgeliefert wurden. Ich las und las und las – zum Missfallen meines Vaters!

Mein Lehrer, der bereits seit Jahren ein heimlicher Anhänger Hitlers gewesen war, wurde über Nacht zum Helden des Dorfes, und jedermann suchte auf einmal seine Freundschaft und seinen Rat.

Aber auch ohne den Einmarsch von Hitlers Truppen in die Tschechoslowakei hatte ich meinen Lehrer schon immer bewundert. Ich war seine rechte Hand und übernahm oft die jüngeren Klassen, während er bei den älteren unterrichtete. Nach der Schule saß ich manchmal als Babysitter bei seinen Kindern. Er unterstützte meine Leseleidenschaft genauso wie Mutter.

Mutter konnte mir nichts Neues mehr zum Lesen bieten. Ich hatte bereits jede gedruckte Seite, die ich im Haus finden konnte, mehrmals gelesen, sogar Mutters Bibel und ihr Gesangbuch.

Der Lehrer widmete mir viel Zeit, um meinen Bildungshunger zu stillen, und eines Tages wurde mir klar, warum er mich so stark unterstützte. Kaum war die Tschechoslowakei Protektorat des Dritten Reiches geworden, da begannen Erzieher der NSDAP, die Schüler zu testen.

Der Lehrer legte mir die Hand auf die Schulter und sagte: „Ich weiß, dass du es schaffen wirst, Maria. Du kannst es weit bringen, bis an die Spitze!“

An welche Spitze? Ich fand es bald heraus. Hitler ließ junge Leute im ganzen Land auswählen, die in Parteischulen eine Spezialausbildung erhalten sollten. Sie wurden nicht gezwungen, sondern nach ihren jeweiligen Fähigkeiten ausgesucht. Es war ein Vorrecht und eine Ehre, wenn man den Ansprüchen gerecht wurde.

Nach den ersten beiden Prüfungen hörte das Ganze jedoch auf, ein Spiel für mich zu sein. Fleiß und harte Arbeit waren gefordert. Als ich ausgewählt wurde, um unseren Kreis in der nächsten Runde für das ganze Sudetenland zu vertreten, bekam ich es mit der Angst zu tun.

Der Schulrat versuchte, mich schonend auf das Kommende

vorzubereiten. „Maria, dein Lehrer ist sehr stolz auf dich, und wir sind es ebenfalls. Aber jetzt wirst du dich mit den besten Schülern unseres Landes messen müssen. Ich hoffe, du bist nicht zu sehr enttäuscht, wenn du nicht gewählt wirst. Aus diesem Prüfungslager werden nur wenige nach Prag gesandt, um eine besondere Ausbildung als Reichsjugenddienstführerin zu erhalten. Es ist fast unmöglich für ein ungebildetes Bauernmädchen wie dich, diesen Gipfel zu erreichen!"

Das gab den Ausschlag! Ich wusste, ich war nur ein einfaches Mädchen, das bis auf die langen Zöpfe wie ein Junge aussah. Außerdem war ich unbeholfen und hatte noch nie im Leben ein Amtsgebäude betreten. Aber mich „ungebildet" zu nennen, das hieß, mich auf höfliche Weise für dumm zu erklären. Das war eine Herausforderung! Ich würde sie annehmen und gewinnen! Und so kam es auch.

Als ich nach zehn Tagen im Prüfungslager in meine Schule zurückkam, standen meine Klassenkameraden auf und klatschten Beifall. Der Lehrer klatschte ebenfalls, und ich sah, dass seine Augen feucht waren. Sogar Vater lächelte, und mein Herz jubelte!

Wenn man sich vorstellte, dass ein armes Waisenmädchen wie ich so ein Glück hatte! Unter vielen Tausenden von Schülern war ich dazu auserwählt worden, in einer von Hitlers Spezialschulen weiter ausgebildet zu werden – was für eine große Ehre! Außerdem würde ich nach Prag gehen, eine Stadt, von der ich schon immer geträumt hatte. Nie hätte ich gewagt, meine Wünsche und Träume so hoch zu stecken, ich war ja nie über die Grenzen unserer kleinen Kreisstadt hinausgekommen. So war ich überglücklich, und der Neid der anderen ließ mich den Kopf hoch tragen.

Die Einzige, die meine Freude nicht teilte, war Mutter. Sie packte meine wenigen Habseligkeiten zusammen und ließ ihre müden Schultern während der letzten Tage, die ich zu Hause war, noch tiefer hängen als sonst. Auf ihre flinke, unauffällige Art verrichtete sie all die vielen Arbeiten, die täglich auf eine fleißige Häuslerfrau warteten. Sie wirkte hilflos, wie unter einer schweren Last. Das konnte ich gar nicht verstehen, stellte aber keine Fragen.

Der Kampf ums Überleben hatte tiefe Spuren in den Gesichtern und Herzen der Leute aus den Sudetenbergen hinterlassen. Jeder Gefühlsüberschwang lag ihnen fern. Es wäre mir deshalb nie in den Sinn gekommen, nach dem Grund für Mutters Kummer zu fragen.

***

Am Tag meiner Abreise rief sie mich schon vor Sonnenaufgang zu sich. Noch bevor ich meine langen Haare gebürstet und geflochten hatte, standen Brot, ein Teller Suppe und Kartoffeln für mich auf dem Tisch. Nach dem Frühstück luden wir meine verschnürte Holzkiste auf den kleinen Leiterwagen. Dann knieten wir zum Gebet nieder. Mutter küsste mich zum Abschied. Küsse wurden bei uns selten und unbeholfen gegeben und nur denen, die für immer fortgingen. So hatte Mutter vor mir jedes der vier älteren Kinder zum Abschied geküsst. Nun war die Reihe an mir, dem letzten Vogel, der flügge wurde und das Nest verließ.

Schweigend zogen wir den Wagen den kleinen Hügel hinauf an unserem umgepflügten Roggenfeld und dem teilweise schon abgeernteten Kartoffelacker vorbei.

Dann blieb Mutter plötzlich stehen. „Dreh dich um, Kind", sagte sie. „Sieh noch einmal zurück, bevor du fortgehst. Die Kindheit winkt dir zum Abschied, und du machst jetzt den ersten Schritt in die große, weite Welt. Aber glaub mir, du wirst nichts finden, was dir wertvoller sein wird als dieses Fleckchen Erde, denn es ist deine Heimat."

Tränen stiegen mir in die Augen. Mutter fand oft so poetische Worte. Ich wandte mich um und blickte zurück. Wie sehr ich das kleine weiße Häuschen unter den hohen Kirschbäumen liebte! Ob ich es jemals wieder sehen würde? Ob ich wohl je wieder die Tannen im Morgenwind rauschen hörte? Würde ich noch einmal zwischen den Feldblumen im weichen Gras liegen können und den vorbeisegelnden Sommerwolken zusehen, allein mit meinen Jugendträumen?

„Mutter", fragte ich zaghaft, „glaubst du, dass Vater mir erlauben wird, euch einmal zu besuchen? Er hat mir heute Mor-

1940: *Ihre Pflegemutter bringt Hansi zum Zug nach Prag.*

gen nicht einmal zum Abschied die Hand gegeben. Ich glaube, er ist froh, dass ich gehe. In seinen Augen war dies nie meine Heimat. Nur durch dich habe ich mich bei euch geborgen gefühlt. Glaubst du, dass Vater jetzt die Tür für immer hinter mir zuschließen wird?"

Mutter gab keine Antwort, und an ihrem kurzen, mühsamen Atmen sah ich, dass sie Herzbeschwerden hatte. Ich wollte sie deshalb nicht noch mehr belasten.

Wortlos griffen wir beide nach dem Seil und zogen weiter. Ich sah nicht mehr zurück. Die einzige Möglichkeit, mit diesem wunden Punkt in meinem Herzen fertig zu werden, würde sein, einfach nicht mehr daran zu denken. Und außerdem – ging ich nicht einer großen Zukunft entgegen?

Als einziger Passagier kletterte ich in die uralte Eisenbahn. Der Schaffner half mir beim Verstauen der Kiste. Ich stand am offenen Fenster und versuchte, Mutter zuzulächeln. Funken und Asche sprühten um ihre kleine Gestalt. Der Morgenwind hatte weiße Strähnen aus ihrem dünnen Haar gelöst, das sie zu einem festen Knoten zusammengesteckt trug. Ein sonderbarer, hilfloser Ausdruck lag auf ihrem Gesicht, den ich mir nicht erklären konnte.

Auf einmal packte mich eine seltsame böse Vorahnung und verdrängte für eine Weile die freudige Erwartung, die mich erfüllte. Zum ersten Mal hatte ich diesen schmerzlichen Ausdruck in Mutters Augen gesehen, als sie mir sagen musste, dass sie nicht meine leibliche Mutter war – in dieser bösen Stunde, in der meine heile Kinderwelt zusammenbrach und Mutter und ich gemeinsam litten.

Dann, ein paar Monate zuvor, hatte ich denselben Blick an ihr beobachtet. Knapp ein Jahr, nachdem Hitlers Truppen die Tschechoslowakei besetzt hatten, war der Krieg ausgebrochen. Alle jungen Männer wurden eingezogen, und auch Sepp, Mutters jüngster Sohn, musste gehen.

Aber es war nicht die Trennung, die Mutter am meisten zu schaffen machte, denn sie hatte sich damit abgefunden, dass Männer nun einmal in den Krieg ziehen müssen. Eine Generation nach der andern. Großvater hatte im Französisch-preußischen Krieg gedient, Vater zog in den Ersten Weltkrieg, kurz nachdem er und Mutter geheiratet hatten, und jetzt war Sepp an der Reihe. Mutter war der Überzeugung, dass ihre Söhne keine Waffen tragen und andere Menschen töten sollten. Das war ihr größter Kummer. Ihr war natürlich klar, dass Hitler auch für Sepp keine Ausnahme machen würde, denn die Befehle der Partei waren unumstößlich. Außerdem hatte sie erfahren, dass der Ortsgruppenleiter der Partei ihre Einstellung für gefährlich und feige hielt. „Heil Hitler" – so hieß die Parole!

Sepp selbst verschwendete keinen Gedanken an all das, als er seine Sachen packte. Jeden Tag wurden neue Siege der deutschen Armee im Radio gemeldet, und außerdem war er jung und brannte darauf, diesen Krieg gewinnen zu helfen. Schneidig sah er aus in seiner neuen Uniform, und vor dem Abschied hatte ihm eines der Dorfmädchen ein süßes Versprechen ins Ohr geflüstert. Die Zukunft gehörte ihm! Und der Krieg war sicher bald vorüber. Nur Mutter schien zu ahnen, dass es anders kommen würde, als sie ihren Sohn zum Abschied küsste.

Und nun, als ich selbst meine Heimat verließ, fragte ich mich, warum mich Mutter mit demselben kummervollen Blick ansah wie damals ihren Sohn. Schließlich zog ich ja nicht in den Krieg! Begriff sie denn nicht, was für ein Glück ich hatte und wie froh ich der Zukunft entgegensah? Es gab doch keinen Grund, sich Sorgen zu machen! Eigentlich sollte sie sich doch freuen, weil ich ausgewählt worden war! Ich, ein kleines Bauernmädchen, ein hässliches Entlein, war nach all den schweren Prüfungen dazu ausersehen worden, die neue nationalsozialistische Schule in Prag zu besuchen. Eines Tages würde ich im Dienst unseres Führers die Jugend unterweisen. Warum nur konnte sie sich nicht mit mir freuen?

Mit einem Ruck setzte sich der Zug in Bewegung. Mutter hob den Kopf, streckte die Hände aus und rief mit bebender Stimme in das Rattern des Zuges hinein: „Mariechen, vergiss Jesus nicht!"

Ich lächelte beruhigend und schrie zurück: „Keine Angst, Mutter! Wie könnte ich denn dich und Gott vergessen?"

Mir fiel ein Stein vom Herzen! Das war es also, worum sie sich Sorgen gemacht hatte! Warum denn nur? Sie hatte mich doch gelehrt, Gott zu lieben! Sie hatte von meiner frühesten Kindheit an mit mir gebetet. Ich kannte die Bibel und all die vielen Kirchenlieder. An manchen Abenden hatten wir sie auf der Veranda gemeinsam gesungen. Wie könnte ich jemals diese kostbaren Augenblicke vergessen, in denen unsere Familie im Schein der untergehenden Sonne auf der Bank saß und Mutter mit weicher Stimme anfing zu singen, nachdem Vater aus der Bibel vorgelesen hatte! Alle hatten eingestimmt und aus vollem Herzen mitgesungen, so dass die Nachbarn ihre Fenster öffneten, um unseren kleinen Chor besser zu hören. Natürlich würde ich Gott niemals vergessen! Er war für mich so wie Mutter und Mutter so wie Gott. Immer wenn ich zu Jesus betete – meinem Freund –, stellte ich ihn mir so vor wie Mutter, mit warmen, graublauen Augen.

Allmählich fuhr der Zug schneller und ratterte lauter. Weit entfernt konnte ich gerade noch eine einsame, schwarz gekleidete Gestalt erkennen, die rasch kleiner wurde. „Auf Wiedersehen!", rief ich und winkte, bis der Zug um eine Kurve fuhr und Mutter endgültig meinen Blicken entschwunden war.

Ich lehnte mich noch einmal weit aus dem Fenster, um einen

letzten Blick auf die Berge, das Dorf und unser Häuschen zu werfen, aber es war zu spät. Einen Augenblick lang durchzuckte mich der Gedanke, dass ich das alles nie wieder sehen würde. Ich spürte einen dicken Kloß in der Kehle und hatte mit den Tränen zu kämpfen. Doch dann nahm die Vorfreude auf das, was mich erwartete, wieder Überhand. Zuversichtlich hörte ich den Rädern des Zuges zu und sang im Takt mit ihnen: „Auf nach Prag, auf nach Prag! Komm mit, komm mit!

„Sieg Heil! Sieg Heil!“

Träumte ich? Würde ich jeden Moment aufwachen und mich auf dem Heuboden wiederfinden, mit schlaftrunkenen Augen und enttäuscht, dass alles nur ein Traum war? Oder war es tatsächlich wahr, dass ich, ein vierzehnjähriges Bauernmädchen, nach Prag reisen durfte?

Ich stolperte aus dem Zug und zerrte die schwere Kiste heraus. Fest presste ich sie an mich. Mein Kopf war benommen, und ich kam mir etwas hilflos und einsam vor. Aber nur einen Augenblick. Dann packte mich wieder die Freude. Es war kein Traum! Ich war wirklich und wahrhaftig in Prag!

Voller Bewunderung hatten wir Prag die „Goldene Stadt“ getauft, nachdem wir in einem von Veit Harlan gedrehten Film ihre Schönheit bewundert hatten. Doch in Wirklichkeit war sie noch viel schöner als auf allen Bildern! Auf den ersten Blick verliebte ich mich in diese Stadt.

Eine Zeit lang beobachtete ich die Scharen von Menschen, die durch die Bahnhofshalle strömten. Noch nie hatte ich so viele Leute auf einmal gesehen. Gab es überhaupt so viele Menschen? Dann ließ ich mich von der Menge zu einem der Ausgänge treiben und überlegte, in welcher Sprache ich nach einer Straßenbahn fragen sollte. Deutsch war meine Muttersprache, aber Tschechisch beherrschte ich auch. Da ich wusste, wie sehr die freiheitsliebenden Tschechen das deutsche Regime und seine Sprache hassten, war ich unsicher, was ich tun sollte.

Schüchtern näherte ich mich schließlich einem Beamten in Uniform und sprach ihn auf Deutsch an. Sofort verfinsterte sich sein Gesicht; deshalb ging ich rasch zum Tschechischen über. Da gab er mir die erwünschte Auskunft, und bald darauf saß ich in einer Straßenbahn und sah zum Fenster hinaus. Nie werde ich diese Fahrt durch den goldenen Herbstnachmittag vergessen!

Schon bei dieser ersten Fahrt durch die Stadt wusste ich, welches meine Lieblingsplätze in Prag sein würden: die Altstadt, die aus dem 9. Jahrhundert stammt, die über 480 Meter lange Karlsbrücke aus dem Jahre 1357, an deren Enden zwei statuenbesetzte Türme stehen, und die majestätische Moldau, der größte Fluss des Landes, die von 12 berühmten Brücken überspannt wird.

„Mutter Moldau", wie die Tschechen sie nennen, bedeutet seit jeher fruchtbare Böden und großartige Transportmöglichkeiten für Böhmen. Träge und königlich fließt sie dahin. Schiffe und Boote fahren unter den alten Brücken hindurch, an Blumengärten und Parks vorbei.

Aber ich sah auch ganz andere Dinge. Die alte Straßenbahn ratterte durch Straßen und über Brücken, an denen Hitlers leuchtend rote Fahnen mit weißem Kreis und schwarzem Hakenkreuz im Herbstwind wehten. Deutsche Soldaten, Offiziere und SS-Männer bevölkerten die Bürgersteige – man sah, dass der Stolz der Tschechoslowakei, ihr „Praha", zum deutschen „Prag" geworden war. Jahrhundertealte Traditionen wurden auf Befehl der Deutschen abgeschafft.

Als ich endlich in der Schule ankam, traute ich meinen Augen nicht. Das sah so gar nicht nach einer Schule aus! Hinter dem Tor erstreckte sich ein wunderschöner Park mit Springbrunnen und Statuen. Die Spazierwege und die Einfahrt waren mit hohen Bäumen gesäumt. Die Schule selbst war ein weißer Steinbau, der mit seinen riesigen, handgearbeiteten Türen und den hohen Fenstern wie ein Märchenschloss aussah. Einen Augenblick zögerte ich unschlüssig, dann drückte ich energisch die Klinke herunter und trat ein.

Nachdem man meine Personalien aufgenommen und mich begrüßt hatte, bekam ich mein Bett und einen Spind zugewiesen. Mit einigen meiner zukünftigen Klassenkameraden hatte ich mich schnell angefreundet. Aber als ich am Abend mit den anderen in dem großzügig angelegten Speisesaal saß, war ich bedrückt und verängstigt. Hier würden wir von nun an jeden Tag drei Mahlzeiten einnehmen.

Ich erfuhr, dass das Haus der beschlagnahmte Besitz eines schwerreichen Juden war. Dieser Gedanke berührte mich eigenartig und beschäftigte mich noch, als ich unter die Decke meines Etagenbettes kroch. Es war ein seltsames Gefühl, auf einer richtigen Matratze zu liegen – ich war nur an mein hartes Strohlager gewöhnt! Außerdem war ich sonst abends immer an meinem Bett niedergekniet, um mein Abendgebet zu sprechen, aber hier wäre mir das zu peinlich gewesen. Ich hätte gern gewusst, was wohl Mutter von alledem hielt. Beim Auspacken hatte ich zwischen meinen Sachen eine kleine Bibel gefunden, die Mutter hineingesteckt haben musste. Der Gedanke daran beunruhigte mich. Ich fühlte, wie ich allmählich müde wurde, und versuchte, die quälenden Fragen zu verdrängen. Eines Tages, so hoffte ich, würde ich wohl alles besser verstehen.

***

Bald hatte ich mich an meine neue Umgebung gewöhnt und griff alle Aufgaben mit frischem Mut und voller Tatendrang an. Sogar meine Schüchternheit fiel von mir ab, und ich war bereit, mich mit den anderen Schülern zu messen.

Ich arbeitete mit großem Eifer, lernte wortlos zu gehorchen und die Hand zum Hitlergruß zu heben und wurde schon bald mit Ehrungen für besondere Leistungen ausgezeichnet. Zum ersten Mal in meinem Leben fühlte ich mich nicht mehr als das arme Waisenkind, das auf die Unterstützung seiner Pflegeeltern angewiesen ist, sondern hier wurde ich wirklich akzeptiert und geschätzt.

Irgendjemand kam auf die Idee, mich „Hansi" zu nennen – niemand wusste, wer den Namen eigentlich aufgebracht hatte! Nach ein paar Wochen übernahmen sogar die Lehrer meinen neuen Spitznamen. Er passte aber auch gut zu mir! Ich war ziemlich knochig und sah eher wie ein Junge aus; aber alle schienen mich so zu mögen, wie ich war. Deshalb machte ich mir wegen meiner mangelnden Kurven keine Gedanken, sondern genoss das neue Leben und den Spitznamen.

Die Erinnerungen an meine Kindheit verblassten jeden Tag ein bisschen mehr. Manchmal schien es mir, als hätte ich nie ein anderes Leben als das in der Schule gelebt. Meine Mutter schien weit in die Ferne gerückt und fast unwirklich zu sein.

Ich liebte die Schule über alles. Die Lehrer hatten die Fähigkeit, den Unterricht lebendig und interessant zu gestalten. Vor allem die Geschichtsstunden hatten es mir angetan. Die Gestalten aus der Vergangenheit entstiegen in meiner Fantasie den Seiten meines Geschichtsbuchs und wurden lebendig. Es waren Helden und Feiglinge, die liebten, litten, kämpften und starben, und ich lebte und kämpfte in Gedanken mit ihnen.

Systematisch und unermüdlich wurde uns in der Schule ein neuer Lebenszweck eingetrichtert: Adolf Hitler und das Dritte Reich. Obwohl wir in Prag zur Schule gingen und Hitler im unendlich weit entfernten Berlin lebte, war er im Geist ständig bei uns. Seine Äußerungen wurden jeden Tag unzählige Male zitiert, und seine Grundsätze wurden zum wichtigsten Unterrichtsstoff. „Mein Kampf", das Buch, das er verfasst hatte, lag auf jedem Nachttisch.

Unsere Lehrer verehrten Hitler wie einen Gott; sie waren ihm bedingungslos ergeben und bereit, ihr Leben für Führer und Vaterland hinzugeben. Die meisten von ihnen waren noch jung und aufgrund ihres Idealismus, ihrer Fähigkeiten und ihrer Hingabe an die Partei für diesen Dienst ausgewählt worden. Obwohl sie absoluten Gehorsam und strenge Disziplin von uns verlangten, behandelten sie uns doch freundlich und verständnisvoll.

Eine der Lehrerinnen verehrte ich ganz besonders – unsere Musiklehrerin. Sie war ein schlankes kleines Persönchen, immer geschmackvoll angezogen. Ihr blondes Haar hatte sie in weichen Wellen um das hübsche Gesicht gelegt. Das Schönste an ihr aber waren die Augen – große blaue Sterne, mit denen sie uns fest, aber immer freundlich anschaute.

Einige Wochen nachdem ich in der Schule angekommen war, entdeckte ich, dass Fräulein Walde etwas Besonderes war. Es war ein ziemlich anstrengender Tag mit vielen Prüfungen gewesen. Unsere Leistungsfähigkeit war bis zur Erschöpfung gefordert worden. Die letzte Prüfung sollte im Musikraum stattfinden, und wir betraten ihn mit gemischten Gefühlen.

Die anderen Mädchen baten mich, mich doch als Erste für den mündlichen Test zu melden, und schließlich willigte ich ein. Mit vor Angst verkrampftem Lächeln trat ich ans Klavier. Die Sonne schien durchs Fenster und warf goldene Muster auf die Musiklehrerin, das Klavier und den Teppich. Der dunkle, holzverkleidete Raum schien auf einmal drückend heiß.

Fräulein Walde forderte mich auf, ein deutsches Volkslied zu singen, das wir ein paar Tage vorher noch zusammen geübt hatten. Ich hatte eine viel schwierigere Aufgabe erwartet. Deshalb brachte sie mich mit dieser Aufforderung völlig aus der Fassung. Ich schlug die Hände vors Gesicht und brach in Tränen aus. Noch bevor ich mich beruhigen konnte, fingen einige meiner Mitschülerinnen ebenfalls an zu schluchzen.

Überrascht wandte sich Fräulein Walde auf ihrem Klavierstuhl zu uns um. Sie wartete lächelnd, während ich verzweifelt nach meinem Taschentuch kramte. Schließlich zog sie ein schneeweißes Tuch aus der Tasche und reichte es mir. Tief beschämt über meinen Gefühlsausbruch trocknete ich mir das Gesicht ab.

Als sich auch die anderen wieder etwas beruhigt hatten, stand Fräulein Walde auf und lächelte verständnisvoll. Dann sagte sie: „Ihr seid für diese Stunde entlassen! Geht draußen in der Sonne spazieren oder tut, was ihr wollt, aber seht zu, dass ihr pünktlich zum Essen wieder zurück seid!"

„Und was wird aus unserer Musikprüfung?", stammelte ich. „Sind wir jetzt alle durchgefallen?"

„Nein, nein", beruhigte sie uns freundlich, „ihr habt alle bestanden. Geht jetzt nach draußen und erholt euch. Wir werden die Prüfung ein anderes Mal fortsetzen!"

Erleichtert riefen wir „Danke schön" und liefen in die Sonne hinaus.

Ich sonderte mich von den anderen ab und steuerte meinem Lieblingsplatz zu, einer weißen Bank zwischen den Fliederbüschen. Der Flieder blühte noch nicht, aber ich hatte diese Stelle in jeder Jahreszeit gern, denn hier war man vor den Blicken der anderen geschützt. Ich setzte mich hin und versuchte, mich zu beruhigen und meine aufgewühlten Gedanken zu ordnen. Das blütenweiße Taschentuch in der Hand, dachte ich über die vergangene Unterrichtsstunde nach. Was für eine feine Lehrerin war doch Fräulein Walde! Wie verständnisvoll hatte sie auf mein Versagen reagiert! Wie konnte ich ihr nur zeigen, wie dankbar ich dafür war? Ich wusste genau, was sie sagen würde: „Kleine Hansi, werde ein reiner und anständiger Mensch und weihe dein Leben dem Dienst an anderen, unserem großen Reich und unserem Führer. Das wäre der größte Lohn für deine Lehrerin."

Ich entschloss mich, das zu tun, was sie von mir erwartete. Ich wollte so werden wie sie, fest und treu, und mit ganzer Hingabe der Sache des Führers dienen. Nur ihre blauen Augen verwirrten mich. Ich konnte das Gefühl nicht loswerden, dass ich solche Augen schon einmal gesehen hatte, bevor ich nach Prag kam, aber wo? Es waren Augen, die ich geliebt und geachtet hatte.

Mit der Zeit entstand zwischen Fräulein Walde und mir eine tiefe Freundschaft. Natürlich wollte sie mich den anderen nicht vorziehen, aber wir fühlten uns beide zueinander hingezogen.

Ich lernte fleißig für alle Fächer, aber die Musikstunden waren für mich eher Vergnügen als Arbeit. Fräulein Walde öffnete mir eine neue Welt. Ab und zu steckte sie mir heimlich Eintrittskarten für Konzerte und Opernaufführungen zu, lieh mir ihre Bücher aus und half mir über mein Lampenfieber hinweg, wenn ich Solo singen musste. Außerdem brachte sie mir bei, wie man einen Chor dirigiert. An ihren Augen las ich ab, ob sie mit meinen Leistungen zufrieden war oder nicht.

Nur ein Problem beschäftigte mich in jenen Tagen mehr und mehr und ließ mich nicht los. Neben anderen Fächern hatten wir jeden Tag „Studium des Semitismus", ein Fach, das ein junger SS-Offizier unterrichtete, der im Krieg verkrüppelt worden war. Tag für Tag hämmerte er uns die Geschichte des jüdischen Volkes aus der Sicht der NSDAP ein. Mit Hilfe des „Stürmers", eines judenfeindlichen Blattes, Hitlers Buch „Mein Kampf" und sogar der Bibel schürte er Hass gegen die Juden und versuchte uns von der Notwendigkeit der Ausrottung des jüdischen Volkes zu überzeugen.

Aufmerksam hörte ich ihm zu, und in meinem Innern begann ein heftiger Kampf. Die Bibel, das Gebet und der Glaube an Jesus Christus hatten bisher ganz selbstverständlich zu meinem Leben gehört. Niemand hatte sie je in meinem Beisein angegriffen oder angezweifelt. Als ich jetzt die überzeugend klingenden Argumente des Lehrers gegen alles hörte, an was ich bisher geglaubt hatte, wurde ich völlig aus der Bahn geworfen. Wer hatte Recht, er oder ich? Ich war ratlos. Verzweifelt versuchte ich, zu einem Schluss zu kommen und die richtige Antwort zu finden.

Fräulein Walde sah, dass mich etwas bedrückte, und schaute mich immer wieder fragend an. Doch ich schüttelte nur den Kopf. Ich konnte und wollte nicht darüber reden, auch nicht mit ihr.

Manchmal betete ich noch so, wie Mutter mich gelehrt hatte. Natürlich ging ich dazu nicht mehr auf die Knie, sondern wenn ich abends im Bett lag, verschwendete ich kurz vor dem Einschlafen noch einige Gedanken an Gott. Mutter hatte mir immer gesagt, Beten hieße, mit Jesus zu sprechen. Aber Jesus von Nazareth war schließlich ein Jude gewesen, und das gesamte jüdische Volk war doch verflucht! Wie konnte also der Sohn Gottes Jude sein, wenn diese Menschen, dieses Volk, so schlecht waren? Hatte Gott da nicht einen Fehler gemacht? Hätte ein allwissender Gott nicht anders gehandelt? Und konnte ein moderner Anhänger des Nationalsozialismus überhaupt zu diesem jüdischen Jesus beten, ohne seine eigenen Grundsätze in Frage zu stellen?

Ich nahm in diesen Tagen stark ab, da unser Essen, das ohnehin rationiert und dürftig war, mir nicht mehr schmeckte. Häufig bemerkte ich, wie Fräulein Waldes Augen besorgt und fragend auf mir ruhten, aber ich wagte nicht, ihnen zu begegnen.

Eines Tages, als ich am Nachmittag ein paar Minuten Freizeit hatte, lief ich zu meinem Lieblingsplätzchen im Park. Schon von weitem sah ich Fräulein Walde auf der Bank sitzen. Ihr Gesicht hatte in letzter Zeit einen ernsten Ausdruck angenommen, und ihr Lächeln war traurig geworden. Der Grund dafür war uns allen bekannt.

Sie war mit einem jungen SS-Offizier verlobt, dessen Bild ich mehrmals in ihrem Zimmer gesehen hatte. Es zeigte einen gut aussehenden, kräftigen Mann mit leuchtenden Augen, blonden Locken und einem klugen Lächeln. Er war mehrere Monate lang in Prag stationiert gewesen und dann an die russische Front versetzt worden. Fräulein Walde wartete sehnsüchtig auf Nachricht von ihm, und wir alle hofften und bangten mit ihr. Sie war so freundlich und geduldig wie immer, aber wir spürten, dass sich hinter ihrer Selbstbeherrschung und ihrem Lächeln viele ungeweinte Tränen verbargen.

Leise setzte ich mich neben sie auf die Bank und sah den Wolken nach, die der Wind stürmisch vor sich hertrieb. Sie sagte nichts. Ich wusste, dass sie auf ein einleitendes Wort von mir wartete.

Nach einer Weile fasste ich mir ein Herz und sagte zögernd: „Fräulein Walde, ich möchte Sie gern etwas fragen. Es ist aber eine ungewöhnliche Frage. Bitte seien Sie mir deshalb nicht böse!"

Sie nickte, und ich fuhr fort: „Glauben Sie, dass man eine gute Nationalsozialistin sein und trotzdem zu Jesus beten kann, so wie die Leute es früher getan haben?"

„Das ist eine gute Frage, Maria Anne", erwiderte sie. „Sie zeigt, dass du ein tiefes Verlangen danach hast, das Richtige zu tun. Aber für uns Nationalsozialisten gibt es nur einen Weg. Du bist bis jetzt deinen Eltern gefolgt, die in ihrem altmodischen Glauben leben und bis zu ihrem Tod auch daran festhalten werden. Die Vorsehung aber hat Adolf Hitler dazu berufen, der deutschen Jugend einen besseren Weg zu zeigen. Wir haben für Hitler und die Vorsehung eine Aufgabe, einen Auftrag zu erfüllen!"

Fräulein Walde sprach mit eindringlicher Stimme. Ich wusste, dass sie von dem, was sie mir sagte, fest überzeugt war. Dann war diese neue Religion auch gut genug für mich! Ja, sie glaubte wohl an einen Gott, nur war es ein anderer Gott als der, an den ich bisher geglaubt hatte; ein neuer Gott, der mit den Juden nichts zu tun hatte.

Dann fiel mir etwas ein. „Und was ist mit dem Gebet?", fragte ich.

Fräulein Walde lächelte wieder, und sie versprach, mir ein kleines Buch darüber zum Lesen zu geben. Das würde alle meine Fragen beantworten, meinte sie.

Das Buch hieß „Der Wanderer zwischen beiden Welten" und enthielt Erinnerungen eines bekannten jungen Schriftstellers, der im Ersten Weltkrieg gefallen war. Ich begann noch am gleichen Abend mit der Lektüre. Von Anfang an war ich vom Stil des Autors fasziniert, so dass ich mich kaum davon losreißen konnte. Am eindrucksvollsten fand ich ein Kapitel über das Gebet. Als Junge hatte der Verfasser eines Tages versucht, Gott auf die Probe zu stellen. Seine Mutter hatte ihn angeleitet, jeden

Morgen zu beten und Gott um seinen Schutz für den Tag zu bitten. Eines Morgens nun beschloss er, das Gebet wegzulassen und zu sehen, was passieren würde. Wie erwartet verging der Tag ohne ungewöhnliche Ereignisse, ebenso auch der nächste. Deshalb fasste er nach ein paar Tagen den Entschluss, das Beten endgültig aufzugeben. Am Ende des Kapitels forderte der Autor seine Leser auf, es ihm nachzutun, um selbst zu erleben, was aus ihrem altmodischen Kinderglauben werden würde.

Ich versuchte es selbst schon am nächsten Tag, und es klappte, genau wie es in dem Buch beschrieben war! Ebenso am Tag danach! Nichts geschah. Der Mann musste Recht haben. Ich war erwachsen und stark genug, um selbst auf mich aufzupassen. Ich brauchte keinen Gott dazu. Das entsprach meinem Verlangen nach Unabhängigkeit nur zu gut! Alle drückenden Gedanken der letzten Wochen waren wie weggeblasen. Eine Zentnerlast fiel mir vom Herzen.

Nur der Gedanke an Mutter bereitete mir noch manchmal Kummer. Immer noch sah ich ihr kummervolles Gesicht beim Abfahren des Zuges vor mir und hörte sie rufen: „Mariechen, vergiss Jesus nicht!"

Mutter mit ihren altmodischen Vorstellungen würde meine neue Lebensweise nie verstehen können. An Vater dachte ich gar nicht. Seine Auffassung war mir sowieso immer gleichgültig gewesen. In seinem harten Herzen war kein Raum für Liebe und Verständnis für seine Familie. Er hatte mich immer nur zum Widerspruch gereizt. Es tat mir weh, dass ich Mutters Wünsche verletzen musste, aber ich hatte jetzt ein neues Leben vor mir, hatte eine neue Weltanschauung entdeckt, mit der die alten Leute mit ihren altmodischen Gedanken nicht mehr konkurrieren konnten.

Ich las das Buch mehrere Male. Es lag immer griffbereit auf meinem Nachttisch, und ich lernte ganze Abschnitte daraus auswendig. Ich lieh es anderen Mitschülern und zitierte daraus in den Briefen an meine Freunde. Durch das Buch war mir eine ganze neue Welt aufgegangen. Sieg, Ehre und Ruhm waren meine neuen Ziele. Die letzten Hürden waren gefallen; ich hatte einen neuen Gott gefunden, den ich mit brennendem Herzen verehrte und dem ich mein Leben weihte – Adolf Hitler.

Zu dieser Zeit hörte ich eine seiner Reden im Radio. Wir verfolgten alle seine Ansprachen mit Eifer und Interesse. Diese Rede hielt er jedoch aus einem besonderen Anlass, nämlich zum jährlichen Sportfest der Hitlerjugend. Seine Stimme ging mir durch Mark und Bein.

„Hitlerjugend, ihr seid *meine* Jugend", tönte es am Schluss leidenschaftlich aus dem Lautsprecher. „Ich glaube an euch. Ihr gehört mir, denn ihr seid das Deutschland von morgen, *mein* Deutschland von morgen."

Tausende von jubelnden jungen Stimmen übertönten den Schluss seiner Rede. „Heil! Heil! Sieg Heil! Sieg Heil! Heil Hitler!"

Wir sahen die Menge mit emporgereckten Armen im Geist vor uns, die begeisterten Gesichter, hörten ihre triumphierenden Zurufe. Tränen rannen mir übers Gesicht, und als wir alle zum Deutschlandlied aufstanden und mit erhobenem Arm mitsingen sollten, brachte ich vor Ergriffenheit keinen Ton heraus.

Ja, wir alle gehörten zu Hitler, sogar meine kleine, unbedeutende Person. Zum ersten Mal in meinem Leben hatte mich jemand als sein Eigentum bezeichnet – und ich wollte es von ganzem Herzen sein.

Später am Abend ging ich zu Fräulein Walde. „Fräulein Walde, warum ist der Führer eigentlich nicht verheiratet?", fragte ich sie.

Zunächst sah sie mich verblüfft an und zögerte eine Weile. Dann sagte sie langsam: „Der Führer gehört doch uns allen, Maria Anne. Er könnte doch nie eine Frau über alle anderen stellen, oder was meinst du?"

Ich schüttelte den Kopf. Was Fräulein Walde gesagt hatte, leuchtete mir vollkommen ein. Hitler gehörte uns allen, und wir gehörten ihm, liebten und verehrten ihn. Ich war bereit, wenn nötig, mein Leben für ihn zu lassen. Deutschland kämpfte an allen Fronten, und wir, die Hitlerjugend, waren bereit, für Führer und Volk zu sterben. *Führer, befiehl, wir folgen dir*! Das war unsere Parole.

Kann es Liebe sein?

Im Laufe der nächsten drei Kriegsjahre wurde das Leben für uns härter und problematischer. Wir alle warteten schon seit langem auf den „Endsieg", und manchmal fragte ich mich, warum unsere Soldaten so lange dazu brauchten, den Krieg zu beenden. Ich wusste, dass der endgültige Sieg Deutschlands und meines Führers nur eine Frage der Zeit war. Dann würden wir unser Programm endlich verwirklichen können. Wir würden das Volk eine neue, bessere Weltanschauung lehren und ein Reich des Friedens und der Brüderlichkeit aufbauen, das für immer fortbestehen würde – oder doch zumindest tausend Jahre lang, wie es Hitler vorschwebte.

Ich vertraute dem Führer und meinen Lehrern mit der ganzen Begeisterungsfähigkeit eines jungen Menschen, der aus seiner kleinen Kinderwelt in ein ungewohntes neues Leben eingetreten ist. Manchmal aber war es schwierig für mich, meine Gedanken und Eindrücke zu ordnen. Selbst „Mein Kampf" enthielt manche unverständlichen, fremdartigen Stellen – nie zuvor hatte ich so viele neuartige und gewichtige Worte und Gedanken gehört. Ich verstand längst nicht alles in den nationalsozialistischen Büchern, die ich in jener Zeit las, aber ich glaubte auch dort, wo ich nicht begriff. Eines Tages würde ich erwachsen und so klug sein wie der Führer; dann würde mir alles von selbst klar werden. In der Zwischenzeit musste ich eben gehorchen und versuchen, mein Möglichstes zu tun.

Nie hätten wir gedacht, dass der Krieg so viel Entbehrungen, Not und Elend mit sich bringen würde. Das Essen wurde so knapp, dass ich fast vergaß, wie es war, satt zu sein. Manchmal ging ich nach dem Mittagessen mit ein paar Klassenkameradinnen in die Küche hinunter, um nach einem zusätzlichen Stück Schwarzbrot zu fragen. Dann schlug die tschechische Köchin verzweifelt die Hände vors Gesicht und jammerte in ihrem gebrochenen Deutsch: „Wenn ich euch jetzt von dem Brot gebe, ist nicht genug zum Abendessen da! Dann werdet ihr vor Hunger und Magenschmerzen nicht einschlafen können. Ihr armen Dinger! Ihr bräuchtet eigentlich viel mehr zu essen. Ihr seid noch im Wachsen. Was soll ich nur mit euch anfangen?“

Mit einem tapferen Lächeln kehrten wir dann wieder um. Ja, wir waren enttäuscht, und unsere Mägen knurrten vor Hunger, aber was war das alles gegen die große Zukunft unseres Vaterlandes? Singend kehrten wir in die Klasse zurück und trösteten uns mit einem unserer geliebten Marschlieder, in denen von Sieg und von wehenden Fahnen die Rede war.

Auch nach der Schule warteten zahlreiche Pflichten auf uns. Viele Stunden verbrachte ich auf dem riesigen Bahnhof, auf dem ich vor ein paar Jahren als verängstigtes Mädchen angekommen war. Diesmal aber trug ich eine Uniform. An der farbigen Kordel an meiner Bluse konnte mich jeder als Führerin der Hitlerjugend erkennen, und wenn nötig erteilte ich ohne Zögern Befehle an die tschechische Bevölkerung. Jeden Tag strömten Massen von Flüchtlingen aus dem Osten in die Stadt, und wir verteilten stundenlang Essen an Frauen, Kinder und alte Leute. Wir trösteten die Verängstigten, so gut wir konnten, leisteten Kranken und Verwundeten Hilfe, obwohl uns die karge Nahrungsmittelversorgung und der Mangel an Medikamenten sehr zu schaffen machten. Oft wurden wir dabei von heulenden Sirenen unterbrochen.

Eine besondere Freude war es mir, im Lazarett zu helfen. Wir besuchten verwundete Soldaten, fuhren sie im Rollstuhl spazieren oder geleiteten Erblindete durch den Park. Einer war mir besonders sympathisch. Er hieß Erwin, ein großer dunkelhaariger Junge. Eine Granate war direkt vor seinem Gesicht explodiert und hatte ihm das Augenlicht und sein gutes Aussehen genommen. Ich vergaß alle meine Sorgen, wenn ich ihn ins Kino begleitete und sah, wie er sich darüber freute. Sein entstelltes Gesicht schimmerte im Dunkeln, und er horchte begierig auf alle Laute des Films, während ich ihm zuflüsterte, was sich gerade auf der Leinwand abspielte. Nach der Vorführung nahm ich ihn an der Hand, um ihn zum Lazarett zurückzuführen.

„Kleine Hansi“, sagte er leise, „kannst du dir überhaupt vorstellen, wie gerne ich dich einmal sehen würde?“

Ich schluckte schwer. „Das kann ich verstehen, Erwin", erwiderte ich dann. „Ich wünschte so sehr, dass du sehen könntest – nicht nur mich, sondern alles, die Stadt, die Sterne, den Fluss ... alles!"

„Ich frage mich manchmal, warum ich blind werden musste", sagte Erwin. „Ich glaube, einen Arm oder ein Bein zu verlieren ist nicht ganz so schlimm wie das Augenlicht – es ist alles so dunkel und einsam für mich."

Ich kämpfte mit den Tränen, wollte es ihn aber nicht merken lassen. Ich wollte doch tapfer sein und ihm Mut machen. „Erwin", sagte ich schließlich, „ich weiß nicht, warum gerade du blind werden musstest. Ich weiß auch nicht, warum so viele Soldaten im Rollstuhl sitzen müssen. Das ist alles so schwer zu verstehen. Und was ich mir überhaupt nicht erklären kann, ist, warum so viele Völker die Deutschen so sehr hassen, dass sie uns den Krieg erklären. Warum wollen sie alle unser neues Reich zerstören? Wir wollen doch nur genug Lebensraum. Hitler sagt, der Grund dafür ist, dass wir zur Herrenrasse gehören und sie auf uns neidisch sind. Aber warum nur, Erwin? Warum?"

Erwin verzog das Gesicht. „Ich gehöre sowieso nicht mehr zur Herrenrasse, Hansi. Ich bin nur noch ein Wrack. Am besten wäre es gewesen, wenn mich die Granate gleich in Stücke gerissen hätte."

Ich drückte unter Tränen seine Hand. „Erwin", schluchzte ich, „vergiss nicht, dass der Einzelne nichts ist und dass das Reich immer an erster Stelle stehen muss. Wenn wir auch vieles nicht verstehen, hat doch alles seine Bedeutung. Und eines Tages werden sich die Rätsel lösen."

„Ich war auch mal ein solcher Idealist wie du, mein kleines Mädchen", sagte Erwin mit heiserer Stimme, „aber die Ideale werden einem zerschlagen, wenn man wie ein Idiot herumtasten muss und kaum das Essen vom Teller in den Mund bekommen kann. Mein Leben ist ruiniert. Ich wüsste nichts, was mir helfen könnte, mit meinem Schicksal fertig zu werden."

Auf solche Aussagen wusste ich keine Antwort. Ich hielt nur still seine Hand, und als wir uns trennten, küsste ich ihn sanft auf die Wange.

***

Verzweifelt wehrte ich mich gegen alles und jeden, der unsere großartige Sache anzuzweifeln wagte. Durch ungenügenden und unruhigen Schlaf, lange, arbeitsreiche Tage, voll gestopft mit Lernen und freiwilligem Arbeitseinsatz, und stundenlanges Sitzen im kalten Luftschutzbunker hatte ich oft Schwierigkeiten, meine Gedanken zu ordnen. Doch ich vertraute darauf, dass der Führer wusste, was er tat. Seine häufig im Radio übertragenen Reden gaben mir immer wieder neuen Mut. Ich war fest davon überzeugt, dass der Krieg bald siegreich beendet werden würde.

Erwin und ich trafen uns nach diesem Abend nie wieder. Ich musste Prag für einige Wochen verlassen, um in der Stadt, in der meine leibliche Schwester lebte, an einem besonderen Kurs teilzunehmen. Wir kannten einander nur sehr flüchtig, aber sie bat mich dringend, meinen richtigen Vater einmal kennen zu lernen. Es wurde eine langweilige Begegnung: Wir schüttelten uns die Hände wie höfliche Fremde und gingen beide in die Defensive.

„Du gehörst also jetzt zur Hitlerjugend", sagte Vater mit einem dünnen Lächeln. „Ich hätte mir ja nie träumen lassen, dass mir eine meiner Töchter jemals solche Ehre machen würde!" Das klang gewollt sarkastisch.

„Ich bin nicht Ihre Tochter", erwiderte ich kalt. „Und was ich mit meinem Leben anfange, geht Sie gar nichts an. Sie haben sich nicht um mich gekümmert, als ich einen Vater gebraucht hätte."

Er öffnete den Mund, um zu antworten, und sein Gesicht lief rot an vor Wut. Aber er sagte nichts, sondern wandte sich einfach ab.

Ich zuckte gleichgültig die Schultern. Wer war er schon? Ich gehörte zu der wichtigsten Bewegung unserer Zeit und zum Führer, aber er nicht. Beim Abschied schüttelte ich nicht einmal seiner zweiten Frau, einer tschechischen Bäuerin, die Hand. Ich schämte mich ihrer genauso wie meines Vaters.

Ich konnte es kaum erwarten, wieder nach Prag zurückzukehren, in meine geliebte Schule, wo man mich anerkannte und liebte und wo ich mich geborgen fühlte.

***

Der Höhepunkt an jedem Schultag war die Verteilung der Post. Post war das Einzige, was es außer den täglichen Pflichten reichlich gab. Ich freute mich über jeden Brief und führte eine umfangreiche Korrespondenz. Oft schrieb ich im Luftschutzbunker mitten in der Nacht oder während der Unterrichtspause, immer dann, wenn ich eine freie Minute finden konnte. Fast täglich erhielt ich eine Hand voll Briefe von Freunden, die fast alle Soldaten und Offiziere waren. Wir wussten alle, wie sehr unsere Jungen auf Post von zu Hause warteten, und bemühten uns, sie nicht zu enttäuschen.

Aber die Post brachte nicht nur Freude, sondern oft auch großen Kummer. Manchmal kam ein Brief mit dem Aufdruck „Gefallen für Führer und Vaterland" zurück. Diese wenigen Worte unter der Adresse eines Soldaten erschütterten uns jedes Mal. Viele dieser Jungen hatten mit mir in der Hitlerjugend gearbeitet, und ich hatte ihnen beim Abschied zum Arbeitsdienst oder zur Front fest versprochen, regelmäßig zu schreiben. Keinem gegenüber hatte ich dieses Versprechen gebrochen.

Der erste Brief, der mit dem gefürchteten Aufdruck zurückkam, war an Fluntl gerichtet gewesen, einen Freund aus Kindertagen. Er hatte zur SS gehört, ein großer, blonder Junge. Besonders sein Lächeln hatte es mir angetan, und ich mochte seine klaren, offenen Augen, seine sprudelnde Begeisterung und sein aufrichtiges Wesen.

Wochenlang konnte ich einfach nicht fassen, dass er tot sein sollte. Ich weinte nicht; eine Führerin der Hitlerjugend weinte nicht. Es war die höchste Ehre, im Dienst für Führer und Vaterland zu sterben. Ich wusste, dass Fluntl an diese Sache geglaubt hatte; bestimmt war er mit einem „Heil Hitler" auf den Lippen gestorben. Die Selbstaufopferung war das höchste Ziel des nationalsozialistischen Menschen! Würden Tränen seinen Heldentod nicht entehren? Also hielt ich sie tapfer zurück; aber die Traurigkeit in meinem Herzen konnte ich nicht verhindern. Warum nur hatte er sterben müssen?

Diese Frage stieg von neuem in mir auf, als ich einige Monate später an einem Übungskurs in der Zentrale einer nationalsozialistischen Wohlfahrtsorganisation in Reichenberg teilnahm. Seit ich meine leibliche Schwester Margret während der vorherigen Unterrichtseinheit besucht hatte, schrieben wir uns öfters, und sie hatte mich eingeladen, diesen Sommer bei ihr zu verbringen. Wir wollten uns besser kennen lernen, obwohl wir offensichtlich nicht viel gemeinsam hatten.

Eines sonnigen Tages tauchte plötzlich mein leiblicher Vater bei uns auf. Ich stand sofort auf, um das Zimmer zu verlassen, da wir uns gegenseitig mieden, aber er bedeutete mir zu bleiben. Sein Gesicht war grau, und er sah sehr alt aus.

„Margret", flüsterte er, „Margret, mein liebes Kind, du musst jetzt um deiner Kinder willen sehr tapfer sein!"

Meine Schwester zuckte zusammen, und ihre weit geöffneten Augen verrieten, dass sie genau wusste, was jetzt kommen würde. „Ist er tot?", fragte sie leise.

Papa nickte. „Setz dich hin, mein Mädchen, setz dich hin! Er ist im Dienst für den Führer gestorben!" Er warf einen verstohlenen Blick auf mich. Dann biss er sich auf die Lippen.

Ich stand auf und verließ den Raum. Papa war nicht in der Partei, und ich fühlte, dass er irgendetwas Abfälliges darüber sagen wollte. Warum nur? Schließlich war es doch nicht Hitlers Schuld, dass Margrets Mann sterben musste. Aber wessen Schuld war es eigentlich? Oh, dieses sinnlose Sterben! Sinnlos auch für die, die allein zurückblieben. Margret hatte zwei Stiefkinder und ein eigenes Baby, für die sie sorgen musste. Der Vater durfte einfach nicht tot sein! Und doch war es so!

Trotz allem war Margret immer noch besser dran als viele andere Frauen. Oft kamen Briefe an Soldaten mit dem Stempel: „Vermisst an der russischen Kampffront" zurück. Diese Worte wurden mehr gefürchtet als die Nachricht vom Tod des Betreffenden, denn sie bedeuteten möglicherweise jahrelange Ungewissheit über sein Schicksal; vielleicht war er tot, vielleicht in Gefangenschaft in einem grausamen Lager in Sibirien. Nur das Fünkchen Hoffnung, dass der Vermisste vielleicht doch überlebt hätte und eines Tages nach Hause zurückkehren würde, hielt die Angehörigen aufrecht.

Briefe stärkten die Kampfmoral. Das Führerhauptquartier hatte für die Kriegsfront angeordnet, dass die Post zuerst ausgeteilt werden musste – vor dem Essen. Solange die Soldaten Post von zu Hause hatten, so hieß es, konnten sie auch den

Hunger besser ertragen. Und auch für uns war es leichter, den knurrenden Magen und den durch zu wenig Schlaf benommenen Kopf zu ertragen, solange es interessante Briefe zu lesen gab.

***

Eines Tages im Frühling 1942 verließ ich heimlich das Klassenzimmer, um nach Post zu sehen. Ein langer, vornehm aussehender weißer Umschlag fiel mir auf. Er war an mich gerichtet. Die Schrift war mir fremd. Und was für eine Schrift das war! Ich hatte mich schon immer für Handschriften interessiert, seit ich einmal in der Schule ein altes Buch über Graphologie erwischt hatte. Diese kühnen, großen Schriftzüge faszinierten mich; nur brachten sie eine kleine Schwierigkeit mit sich: Teilweise waren sie so unleserlich, dass ich nicht einmal den Namen des Absenders vollständig entziffern konnte. Ich vergewisserte mich noch einmal, dass der Brief wirklich an mich adressiert war, öffnete den Umschlag und begann neugierig zu lesen.

Nach einer Weile ließ ich mich amüsiert auf einen Stuhl fallen und rief meine Freundin Liese. Wer hätte das gedacht! Vor ein paar Monaten hatten Liese und ich Briefe an unbekannte Soldaten geschrieben. Im Führerhauptquartier hatte man diese Aktion gestartet, um die Verbindung zwischen „Heimatfront" und „Kampffront" zu stärken. Die Idee hatte sofort gezündet, da Post an die Front als „Feldpost" galt und nicht frankiert werden musste. Fast jede von uns schrieb an mindestens einen unbekannten Soldaten.

Da mir die blaugoldenen Uniformen der Marine am besten gefielen und keiner meiner Freunde zur Kriegsmarine gegangen war (die meisten von ihnen gingen zur SS), hatte ich meinen hübschen kleinen Brief „An einen unbekannten Soldaten der deutschen Marine" adressiert. An jenem regnerischen Nachmittag, als wir die Briefe schrieben, stellten wir uns die Empfänger unserer Post als schneidige, gut aussehende Helden vor. Aufgeregt kichernd hatten wir die Briefe in den Kasten geworfen.

Wie erwartet kam keine Antwort, und schon bald hatten wir die ganze Sache wieder vergessen. Ganz geheuer war uns dabei sowieso nicht gewesen. Es war doch ziemlich ungewöhnlich, einem Mann zu schreiben, der gar nicht darum gebeten hatte! Das passte so gar nicht zu unserem strengen Kodex von Frauenehre und -würde! Sechs Monate später also hielt ich die Antwort auf meinen längst vergessenen Brief in der Hand, und meine neugierigen Klassenkameradinnen erboten sich großmütig, mir beim Entziffern zu helfen.

Stil und Wortwahl des Schreibens gefielen mir sehr gut. Der Brief klang sehr freundlich, höflich und intelligent und beeindruckte mich außerordentlich. Rudi – so hieß der Verfasser – ging auf eine Marineschule. Er machte einen sehr fleißigen und ehrgeizigen Eindruck. Ich antwortete postwendend und erhielt auch prompt ein paar Tage später den nächsten Brief.

Mit der Zeit nahm Rudi einen immer größeren Raum in meinem Leben ein, obwohl ich es mir selbst nicht eingestehen wollte. Seine großzügige Handschrift beanspruchte eine Menge Papier; deshalb waren seine Briefe wegen ihrer Unförmigkeit bald überall bekannt. Sie wurden immer häufiger, so dass meine Freundinnen anfingen, mich damit zu necken. Das ärgerte mich natürlich. Warum sollte ich nicht eine vollkommen harmlose, platonische Freundschaft mit einem jungen Marineoffizier pflegen, der meine Ideale und Interessen teilte? Deshalb brauchte man mich doch nicht gleich einer Liebesaffäre zu verdächtigen!

Außerdem, in was sollte ich denn verliebt sein? In ein paar Briefe, ein Bild oder die Bücher, die er mir geschickt hatte? Auf dem Bild sah ich, dass Rudi sanfte, dunkle Augen und ein warmes Lächeln hatte. Aber wie sollte ich erfahren, wie seine Stimme klang, wie er sich bewegte und wie er lachte? Ich wusste einfach nicht genug über ihn, um mich in ihn verlieben zu können. Oder doch?

Im Herbst des gleichen Jahres erhielt ich ein Telegramm von Walter, einem Infanterieoffizier, der lange Zeit mein guter Freund gewesen war. Meine Briefe hatten ihm durch glückliche und traurige Stunden hindurchgeholfen und ihn bei seinen zahllosen Mädchenbekanntschaften beraten. Nun bat er mich, sofort zu ihm zu kommen, weil er an die russische Front zurückmusste. Ich wusste, dass er als Infanterieoffizier zu den gefährlichsten Einsätzen abkommandiert wurde. Schweren Herzens zeigte ich der Schulleiterin das Telegramm.

„Fahr nur hin, Maria", sagte sie freundlich. „Ich würde nicht jede gehen lassen, aber ich weiß, dass ich dir vertrauen kann."

Ich fühlte, wie mir das Blut in die Wangen schoss und meine Augen brannten. „Sie können sich auf mich verlassen", erwiderte ich leidenschaftlich. „Walter und ich sind gute Freunde, aber ich bin nicht seine Braut. Ich mache mir nur Sorgen um ihn wegen dieses Telegramms!"

Walter machte ein ernstes und verschlossenes Gesicht, als er mich am Militärbahnhof in Polen abholte. Wir unterhielten uns eine Weile über belanglose Dinge, und ich nahm ein Zimmer im Gästehaus, das die Wehrmacht für Familienangehörige von Soldaten zur Verfügung stellte.

Die Schule hatte mir Lebensmittelmarken für drei Tage mitgegeben. In einem Restaurant sprachen wir über Walters baldige Rückkehr an die russische Front, und ich sagte ihm, wie besorgt ich um ihn sei. Er hatte sich gerade erst von einer Schusswunde in der Schulter erholt und sah eigentlich noch viel zu geschwächt aus, um den russischen Winter zu überstehen.

„Ich würde mich gern verloben, bevor ich nach Russland gehe", platzte Walter plötzlich heraus.

„Was? Du willst Ernst machen mit einem Mädchen?", fragte ich überrascht. „Ich dachte, ich würde es nie erleben, dass du dich mal binden würdest! Wer ist denn die Glückliche?"

„Vielleicht du, Maria Anne. Willst du mich heiraten?"

Ich starrte fassungslos in sein offenes, hübsches Gesicht und die freundlichen Augen, die jetzt vor Aufregung dunkel schimmerten. Dann schüttelte ich langsam den Kopf.

Verletzt und enttäuscht schaute er mich an. „Und warum nicht, Maria Anne? Fällt es dir so schwer, mich zu lieben?"

Lange betrachtete ich den gut aussehenden jungen Mann, der mir da gegenübersaß, von seinem blonden, welligen Haar über die breiten Schultern mit den goldenen Abzeichen seiner Uniform bis zu den großen, kräftigen Händen, mit denen er jetzt die meinen ergriff.

Nein, es würde mir bestimmt nicht schwer fallen, diesen lieben Jungen mit der tiefen, männlichen Stimme lieb zu haben!

Eigentlich entsprach er sogar genau dem Ideal meiner Teenagerjahre. Er sah so „deutsch“ aus, aus echtem Schrot und Korn, dabei war er ritterlich und gewinnend in seiner Art – genau mein Typ.

„Walter“, sagte ich sanft, „ich könnte mich leicht in dich verlieben, aber ich glaube, das würde nicht gut gehen. Du stammst aus einer alten, angesehenen Offiziersfamilie mit dem besten Ruf. Deine Familie erwartet, dass du ein Mädchen aus deinen Kreisen heiratest. Ich glaube, du vergisst, dass ich nur eine Waise bin, die aus einer einfachen Bauernfamilie kommt, und dass deine Eltern mich nie akzeptieren würden.“

„Unsinn, Liebes“, erwiderte Walter. „Hitler hat doch das Klassenproblem in unserem Land gelöst. Solange du arisch bist und gesunde Kinder haben kannst, bist du mir ebenbürtig.“

Ich fühlte, wie ich errötete, und schüttelte den Kopf. „Walter, ich gehöre zur nationalsozialistischen Partei. Sie hat mir eine Ausbildung, Ansehen und Heimat verschafft. Ich kann das nicht so einfach aufgeben und plötzlich eine kleine Hausfrau werden – auch nicht für jemanden wie dich. Es wäre nicht gerecht dem Führer gegenüber!“

Walter sah mir fest in die Augen. „Maria Anne, sei bitte ganz ehrlich. Es klingt nicht sehr überzeugend, was du da sagst. Liebst du einen anderen?“

Ich schüttelte heftig den Kopf.

„Und was ist mit dem Marinejungen, der dir ständig schreibt? Du hast ihn in deinen Briefen ziemlich oft erwähnt.“

Ich errötete wieder.

Walter lächelte ironisch. „Hör mal, Mädchen“, sagte er. „Es war ein anderer Ton in deinen Briefen an mich, seit du ihm schreibst. Bitte, sei ehrlich zu mir!“

Ich zuckte hilflos die Schultern. „Walter, da ist gar nichts, wirklich! Ich kenne ihn ja gar nicht. Wir haben uns nie gesehen. Seine Briefe machen mir Freude, aber du solltest mich gut genug kennen, um zu wissen, dass ich mich nicht Hals über Kopf verliebe. Ich weiß nur, dass ich ihn einmal sehen muss, sonst werde ich mich wahrscheinlich bis an mein Lebensende fragen, ob ich nicht etwas versäumt habe. Bist du bereit, mir Zeit zu geben?“

Noch am selben Abend fuhr ich mit dem Zug zur Schule zurück.

Bevor ich in das überfüllte Abteil stieg, nahm mich Walter in die Arme und küsste mich zum ersten Mal richtig auf den Mund. „Auf Wiedersehen, mein liebes, kleines Mädchen", sagte er mit leiser Stimme. „Ich wünsche dir alles Glück der Welt. Du hast es verdient. Und sag diesem Marinemann, er soll dich glücklich machen!"

Tränen schwammen mir in den Augen. Ich wollte protestieren, aber ich konnte nicht. Irgendwie hatte ich das Empfinden, es seien seine letzten Worte an mich, obwohl ich fand, dass seine Eifersucht auf „diesen Marinemann" völlig unbegründet war. Ich war wie vor den Kopf geschlagen. In kurzer Zeit würde Walter den Strapazen des russischen Winters, der Einsamkeit und vielleicht sogar dem Tod ins Auge sehen müssen – und ich hatte ihm den Abschied nicht gerade leicht gemacht.

„Ich werde dir jeden Tag schreiben, Walter", rief ich ihm nach, als der Zug aus dem Bahnhof rollte. „Du bist mein bester Freund!"

Walter drehte sich um, ohne zu antworten.

***

Erst nachdem wir uns über ein Jahr lang geschrieben hatten, wurde mir klar, wie viel mir mein unbekannter Marinesoldat wirklich bedeutete.

Eines Tages blieben seine unförmigen Briefe plötzlich aus. Eine Woche verging, dann zwei, drei, fünf Wochen ohne ein Lebenszeichen von ihm.

Ich wartete und machte mir Sorgen. Wenn nun eines Tages mein letzter Brief mit dem gefürchteten Aufdruck „Vermisst" zurückkäme? Ich hatte Angst, nach Post zu fragen. Jeden Tag hörte ich mit bangem Herzen die Nachrichten im Radio, besonders die U-Boot-Nachrichten. Rudi war in jenem Jahr dritter Offizier auf einem U-Boot geworden, und ich wusste, in welcher Gefahr die Männer auf diesen Booten oft schwebten.

Die Mädchen fingen wieder an, mich aufzuziehen, aber sie meinten es nicht böse. Sie konnten nur nicht begreifen, warum ich mir um einen Unbekannten solche Sorgen machte. Zu heftig stritt ich meine Besorgnis ab, als dass sie mir geglaubt hätten.

Allmählich begann ich, mich selbst in Frage zu stellen. War es denn nicht absurd, an diesen Mann so viele Gedanken zu verschwenden? Vielleicht war ich ihm völlig gleichgültig! Oder bedeutete ich ihm genauso viel wie er mir? Warum schrieb er mir oft so lange und liebe Briefe?

Vielleicht war sein Boot vermisst. Vielleicht hatte er sich auch nur entschlossen, den Briefverkehr mit mir einzustellen. Nein, irgendwie wusste ich, dass mein junger Offizier nicht tot war. Es konnte nicht sein, dass ich ihn nie sehen würde. Er war bereits zu einem Teil meines Lebens geworden. Ich wollte einfach an ihn und seine Zukunft glauben.

Als nach langen Wochen endlich ein Brief von ihm eintraf, gab ihn mir die Direktorin erst nach dem Abendessen. Sie fürchtete, ich hätte sonst meine Zeit nicht mit Essen verschwendet, sondern mich gleich auf den 20-seitigen Brief gestürzt, und ich wäre sowieso schon zu mager.

Ungeduldig riss ich den Brief auf, mit den Tränen kämpfend und ohne auf die neckenden Bemerkungen meiner Freundinnen zu achten. Er hatte geschrieben – endlich! Zuerst überflog ich den Brief, dann las ich ihn in Ruhe noch ein zweites und drittes Mal.

Rudi war lange Zeit auf See gewesen. „Feindfahrt“ nannte man das, wenn die U-Boote durch den Ozean streiften und feindliche Geleitzüge verfolgten. Rudis Brief war wie ein Tagebuch verfasst; er hatte ihn einige Wochen lang nicht aufgeben können. Manche Dinge durfte er nicht schreiben, da sie geheim waren, aber was immer mitgeteilt werden durfte, berichtete er.

Mir war egal, wie viele Schiffe sie torpediert hatten und wo sein Boot angegriffen worden war; alles, was mich interessierte war, etwas über ihn persönlich zu erfahren. In einem Teil seines Briefes schrieb er: „Wenn ich während der Nachtwache auf der Brücke stehe und zu den Sternen aufsehe, denke ich oft, ob du wohl jetzt schläfst, Maria Anne, oder ob du die gleichen Sterne betrachtest. Eines Tages, meine liebe Brieffreundin, werden wir uns persönlich kennen lernen. Wäre es doch nur endlich soweit!“

In jener Nacht betrachtete ich lange sein Foto. Ich kannte mittlerweile jeden Zug seines Gesichts auswendig, dennoch musste ich es von neuem studieren.

Nachdem ich das Bild wieder sorgfältig weggeschlossen und das Licht ausgeschaltet hatte, ging ich leise ans Fenster hinter meinem Bett und hob die schweren Gardinen ein paar Zentimeter hoch. Das war eigentlich nicht erlaubt, weil jedes Haus nachts verdunkelt werden musste. Jeder Lichtstrahl konnte den feindlichen Fliegern verraten, wo menschliches Leben war. Niemand hätte es je gewagt, die Verdunkelungsvorhänge vor dem Morgengrauen zu entfernen, aber diesmal musste ich es tun! Einmal nur wollte ich die Sterne wieder sehen, die seit frühester Kindheit meine Freunde und Vertrauten gewesen waren. Wie oft hatte ich die wandernden Lichter von meinem Heuboden aus beobachtet und mich heimlich sogar mit ihnen unterhalten.

Jetzt war die Zeit gekommen, wieder zu ihnen zu sprechen. Irgendwo auf dem weiten Ozean schwamm ein kleines U-Boot, auf dem ein junger Offizier mit braunen Augen und einer hohen Stirn stand. Vielleicht würde er jetzt gerade auch zu den Sternen aufsehen. Würden sie ihm wohl meine Grüße bringen? Würden sie ihm von meiner scheuen Liebe zu ihm erzählen und von den Träumen, die ich nicht mehr los wurde? Niemals hätte ich gewagt, meine Gefühle in Worte zu fassen. Unsere Freundschaft war so zart und kostbar, dass Worte sie vielleicht zerstört hätten.

Als ich die Verdunkelung wieder herabließ und unter meine rauen Decken kroch, flüsterte Micherle, das Mädchen im Bett neben mir: „Bitte, Hansi, sing uns doch in den Schlaf!"

Gern sang ich für sie und die andern, wie ich es schon oft getan hatte. Dabei wurden wir dann ruhig und still. All die sentimentalen Schlager, die ich aus dem Radio kannte, sang ich leise in die Dunkelheit: die traurigen Worte von Einsamkeit, Krieg und Liebe. Ich schloss mit meinem Lieblingslied: „Ich weiß, es wird einmal ein Wunder gescheh'n, und ich weiß, dass wir uns wiedersehn."

Aber wann nur, Rudi? Wann werden wir uns endlich sehen?

Der Traumprinz vor der Tür

Als im Sommer 1944 der totale Krieg ausgerufen wurde, wurden wir Mädchen in die Sudetenberge evakuiert. In Deutschland wusste man nicht mehr, was „Ferien" bedeuteten, auch wir hatten es vergessen. Mit 19 Jahren wurde ich Stubenälteste einer Reichsarbeitsdienstgruppe, die auf den Feldern schwere Arbeit leisten musste. Die männlichen Landarbeiter waren alle längst eingezogen worden. So arbeiteten die Frauen verbissen, pflanzten und jäteten, säten und ernteten, und das alles in größter Eile.

Unsere Arme schmerzten vom Rechen, Ziehen und Heben vom frühen Morgen bis in den späten Abend. Doch wir wussten alle, wofür wir uns abrackerten. Die Bauersfrau, bei der ich arbeitete, war lieb und mütterlich, aber sie sah überarbeitet und abgezehrt aus. Jeden Tag schmuggelte sie mir ein bisschen Essen außer der Reihe in meine Schürzentasche, und ich versuchte, es mit zäher Arbeit wieder gutzumachen.

Die Sonderration Lebensmittel, die warme Sonne und die Arbeit an der frischen Luft taten mir gut. Ich wurde ein bisschen rundlicher und bekam frische Farbe. Mein Haar wuchs bis auf die Schultern, und die Sonne bleichte es fast blond. Der Krieg schien uns weit entfernt. Keine Sirenen heulten in der Nacht, und jeden Morgen weckte uns das Singen der Vögel.

Der Tau glitzerte in der Sonne wie tausend Diamanten, wenn wir morgens zur Arbeit in die Dörfer zogen. Das war der schönste Sommer seit meiner Kindheit – und Rudi schrieb immer noch lange Briefe.

Eines Nachmittags kamen wir von der Arbeit zurück, um eine Pause einzulegen. Wir duschten uns eiskalt ab und bereiteten dann das Abendessen und die abendlichen Aktivitäten vor. Die meisten Mädchen übten Volkstänze oder plauderten draußen auf dem Sportplatz, wo eine das Akkordeon spielte. Ich hatte

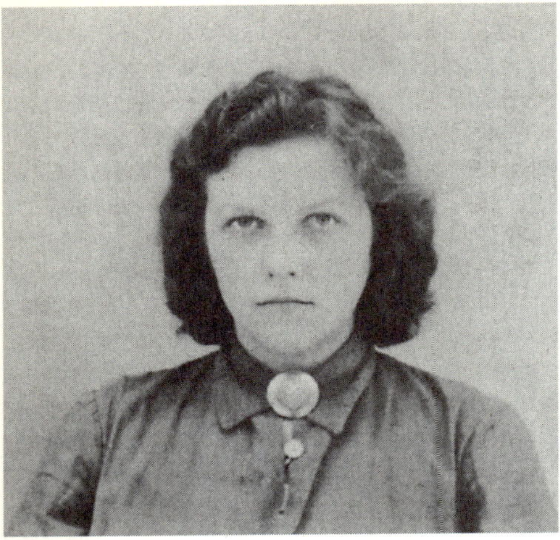

Hansi im Sommer 1944 in ihrer Arbeitsuniform beim Landeinsatz.

als Stubenälteste noch einiges zu erledigen und sang ihre Melodien im Haus mit, während ich mir die Haare bürstete und Öl auf meine verbrannte Haut rieb. Dann fiel mir wieder mein geheimer Kummer ein, und ich begann darüber nachzugrübeln. Seit längerer Zeit hatte ich nichts von Rudi gehört, und ich bemühte mich verzweifelt, nicht daran zu denken. Es war einfach schrecklich, dass mir dieser Junge nicht aus dem Kopf ging!

Im Nu war der Sommer vergangen. Bald würde es Zeit sein, meine Sachen zu packen und nach Prag zurückzufahren. Der Abschied würde mir schwer fallen. Dieser Sommer war so wunderbar friedlich gewesen. Bis auf ein paar Schwierigkeiten mit der Lagerleiterin, mit der ich nicht besonders gut auskam, waren es traumhaft schöne Wochen gewesen. Das Einzige, was ihn noch hätte verschönern können, wäre ein Besuch von ... nun, es hatte keinen Sinn, wieder daran zu denken. Rudi würde sicher niemals in diese verlassene Gegend kommen. Warum sollte er auch?

Laut pfeifend lief ich die Eingangstreppe hinunter. Plötzlich blieb ich wie versteinert stehen. In dem hohen sonnendurchfluteten Türbogen stand ein Marineoffizier. Dieses Gesicht – ich kannte es! Ja, ich kannte jeden Zug auswendig ... ich musste träumen! Dann packte mich die Angst, und ich rannte die Treppe wieder hinauf in meine Stube. Mit zitternden Knien saß ich auf der Bettkante und versuchte, mein wild pochendes Herz und die rasenden Gedanken zur Ruhe zu bringen. Ich hätte mir nicht träumen lassen, dass ein Mensch so aus der Fassung geraten und trotzdem so unsagbar glücklich sein kann! Liebe Zeit, was machte ich nur, wenn mich Rudi nicht hübsch fand? Was, wenn ... ich begann, mir wie wild die Haare zu bürsten, rückte meine Dienstbrosche zurecht und drehte und wendete mich aufgeregt vor dem Spiegel. Wenn ich mich doch jetzt nur in eine wunderschöne Prinzessin verwandeln könnte, so wie im Märchen!

Ich hörte, wie man unten meinen Namen rief. Schließlich nahm ich meinen ganzen Mut zusammen und stieg langsam die Treppe hinunter.

Mit verschmitztem Lächeln wies die Unterführerin auf den Marineoffizier und sagte: „Du hast Besuch, Maria Anne. Komm her und begrüß ihn!"

Ich sah in Rudis lächelndes Gesicht und streckte ihm zur Begrüßung die Hand entgegen.

Er strahlte mich an und sagte ein bisschen zu gelassen: „Na, hier bin ich also, kleine Hansi!"

Verlegen stotterte ich: „Ja, das sehe ich!", und fühlte, wie mir das Blut in die Wangen schoss.

Da mich meine Vorgesetzte vorher nie sprachlos oder unsicher erlebt hatte, sah sie mich erstaunt an und fing plötzlich an, aus vollem Halse zu lachen. Damit war die Spannung gebrochen, und alle lachten befreit.

Dann erst brachte ich den Mut auf, Rudi richtig zu begrüßen. Ich lud ihn ein, mit mir zu den anderen nach draußen zu gehen, wo die Mädchen Volkstänze übten.

Plötzlich wurde mir bewusst, welche Sensation Rudis Erscheinen bedeutete. Das brachte mir mein Selbstvertrauen rasch zurück. Stolz stellte ich ihn meinen Freundinnen vor, die mir hinter seinem Rücken Blicke voller Neid und Bewunderung zuwarfen.

Als die Glocke zum Abendessen läutete, wurde auch Rudi

dazu eingeladen. Er saß neben der Lagerführerin, einer Frau von hohem Rang und strengen Sitten. So gut ich konnte, ging ich meinen Pflichten als Küchenälteste nach, aber mein Herz hörte nicht auf, laut zu klopfen, besonders, wenn ich Rudi verstohlene Blicke zuwarf. Als geborener Charmeur plauderte er angeregt mit der Führerin, wobei er mich immer wieder mit leicht amüsiertem Blick beobachtete. Die Oberführerin war von seinem Auftreten so beeindruckt, dass sie mich, ohne dass ich darum bitten musste, für diesen Abend und den nächsten Tag beurlaubte. Da sie so etwas noch nie getan hatte, war das für die Mädchen die zweite Sensation des Tages.

Nachdem ich meine Uniform angezogen hatte, verließen Rudi und ich von zahlreichen Blicken verfolgt das Lager. Rudi nahm meine Hand, um mir den Hügel hinaufzuhelfen, und dort oben standen wir lange Zeit und bewunderten schweigend das Farbenspiel am Abendhimmel.

In unseren Briefen waren wir uns so nah gewesen, und obwohl wir unsere Gefühle nicht in Worte gefasst hatten, war doch zwischen den Zeilen von einer tiefen Zuneigung füreinander zu lesen gewesen. Uns war klar, dass sich unsere Freundschaft nun bewähren musste. Wir fürchteten beide, dass ein verkehrtes Wort, eine falsche Geste die zarte Verbindung stören könnte.

Ich sah nicht auf, als ich fühlte, dass Rudis Augen mein Profil abtasteten. Das goldene Zwielicht wich langsam einer samtenen Dunkelheit.

„Sind Sie enttäuscht, kleine Hansi?", fragte Rudi sanft.

Ich schüttelte heftig den Kopf und erwiderte schnell: „Nein ... Sie denn, Rudi?"

Er verneinte ebenfalls, und doch wussten wir beide, dass es gelogen war. Beide waren wir etwas enttäuscht. Nicht, dass wir einander nicht gemocht hätten, wir hatten uns nur jeder vom anderen ein ganz anderes Bild gemacht. In unseren Träumen und Vorstellungen war der andere vollkommen. Aber Menschen haben ja alle ihre Fehler und Eigenarten. Zweieinhalb Jahre einer unwirklichen Freundschaft waren plötzlich zu Ende, und unsere Träume verflogen. Jetzt würde es sich zeigen müssen, ob unsere Bindung stark genug war, um auch in der Wirklichkeit weiterzubestehen.

Wir waren beide fest entschlossen, das Risiko einzugehen und es auf einen Versuch ankommen zu lassen. Nach einer Weile ließen wir uns auf einem Baumstamm im Wald nieder und begannen zu erzählen.

Ich hatte so viele Fragen!

Rudi war der einzige Sohn einer wohlhabenden, angesehenen Familie aus einem Dorf in Schlesien. Er hatte nur eine Schwester, die zwei Jahre jünger war als er. Sein Vater besaß die beste Gaststätte im Dorf und eine Fleischerei. Armut oder Mangel hatte Rudi in seinem ganzen Leben nie gekannt.

Er war der Liebling seiner Großmutter gewesen, die im selben Haus wohnte. Das Hausmädchen, eine treue alte Seele namens Selma, nannte ihn ihren „Prinzen“ und behandelte ihn auch so.

„Ich glaube, ich war ein typischer, verwöhnter Junge“, schmunzelte Rudi, „und manchmal wünschte ich, man hätte mir nicht so viel durchgehen lassen. Aber Großmutter konnte mir nie etwas abschlagen, und selbst heute noch erfüllen mir meine Eltern jeden Wunsch, wenn auch manchmal ungern.“

Während mir Rudi von seiner Kindheit erzählte, stellte ich mir im Geist den süßen kleinen Jungen vor, der er gewesen sein musste – ein Kind, das in einer einsamen Traumwelt lebte, mitten unter den drei Frauen, die ihn mit Aufmerksamkeit und Liebe überschütteten. Eifrig versuchte er, sich abzuhärten und in allen Sportarten der Beste zu sein. Er kam in die Schule, wo er ohne viel Mühe brillierte. Dann folgte das Gymnasium in der Provinzhauptstadt Breslau. Zu viel Freiheit auch hier, zu viel Geld zum Verschwenden. Und dann der Krieg!

„Nach dem Abitur meldete ich mich freiwillig zur Marine, und mein Großvater prophezeite mir, dass ich die Strapazen dort nicht aushalten würde. Ich erwiderte ihm, ich würde bei meinem ersten Heimaturlaub nach der Grundausbildung entweder als Offizier oder mit dem Eisernen Kreuz zurückkommen.“

„Und? Haben Sie eins von beiden bekommen?“

„Ich kam mit beidem zurück, dem Rang und dem Orden“, antwortete er stolz, doch seine Stimme blieb sanft.

„Ach, Rudi, und womit haben Sie den Orden verdient?“

Er schwieg eine Weile, bevor er mir antwortete. „Ich denke nicht gern daran zurück“, sagte er schließlich. „Es war, nachdem ich meinen Dienst als Maschinengewehrschütze auf einem Patrouillenboot angetreten hatte. Eines Tages begleiteten wir einen riesigen Geleitzug durch die Straße von Calais, als wir von etwa zwanzig Spitfires und genauso vielen Bombern angegriffen wurden."

„Was sind Spitfires?"

Rudi lachte. „Tut mir Leid, dass ich so viel Kriegsvokabular gebrauche, als wären Ihnen diese Ausdrücke geläufig, kleine Hansi. Spitfires sind englische Kampfflugzeuge, und mit eben diesen Kampffliegern müssen Patrouillenboote immer rechnen. Die Bomber konzentrieren sich meistens auf den Geleitzug, aber die Kampfflieger haben es auf die Flak auf den Patrouillenbooten abgesehen. Diese Dinger haben eine ganz besondere Art, sich auf die Boote zu stürzen." Rudi sprach mit unbeteiligter Stimme. „Zuerst schießen sie ins Wasser, dass die Kugeln auf das Boot zuspritzen, und dann, wenn sie ein gutes Ziel gefunden haben, feuern sie aus allen Rohren."

Ich schauderte, und Rudi rückte etwas näher an mich heran. Ein längeres Schweigen folgte.

„Und wie bekamen Sie nun den Orden?"

„Hm, ich habe an dem Tag zwei Spitfires abgeschossen. Außerdem spielten da noch andere Dinge mit."

„Zum Beispiel?"

„Um den Kampffliegern kein festes Ziel zu bieten, hatte der Kapitän unser Boot im Kreis gesteuert. Nachdem die beiden Männer, die mir Munition zugereicht hatten, schon kurz nach dem Angriff ausgefallen waren, wunderte ich mich, dass unser Boot immer noch große Kreise auf dem Wasser zog. Also befreite ich mich aus den Riemen meines Flaksitzes und sah, dass auf Deck ein heilloses Durcheinander herrschte. Schließlich dämmerte mir, dass auf der Brücke irgendetwas passiert sein musste. Also rannte ich hinauf und musste feststellen, dass dort oben alle entweder tot oder verletzt waren. Der Steuermann war nach vorn übers Steuerrad gefallen. Ich legte seine Leiche auf den Boden und stellte das Steuer auf Mittschiff. Dann gab ich Order, die Maschinen zu stoppen. Damals war ich noch nicht in der Lage, ein ganzes Schiff zu befehligen."

„Ich bin froh, dass Sie jetzt auf einem U-Boot sind", sagte ich erleichtert. „Da ist es doch nicht so gefährlich, weil es ja unter Wasser fährt."

Rudi brach in schallendes Gelächter aus. „So stellen sich kleine Mädchen den U-Boot-Krieg vor, Hansi! U-Boote sind nur selten unter Wasser. Wir tauchen nur, wenn wir bei Tag angreifen oder selbst angegriffen werden. Bei Nacht versuchen wir auch dann über Wasser zu bleiben, wenn wir gejagt werden, weil wir so schneller vorankommen."

„Werden Sie oft gejagt?", fragte ich und versuchte, meiner Stimme einen festen Klang zu geben.

„Bis 1943 ging es. Da hatten wir wirklich die Oberhand im Atlantik."

„Wurde es dann schlimmer, als uns die Amerikaner den Krieg erklärten? Ich habe mich immer gefragt, warum sie das überhaupt gemacht haben. Wir haben ihnen doch nichts getan!"

„Nein, das war es nicht, was unsere Lage verschlechterte. Wir versenkten die amerikanischen und englischen Boote schneller, als sie sie nachbauen konnten. Problematisch wurde es für uns erst, als die Engländer das so genannte Radar einführten. Das war am Anfang ausgesprochen unheimlich. Wir hatten uns so daran gewöhnt, dass wir uns nachts entspannen konnten, dass wir uns fast immer auf der Oberfläche bewegten, sogar beim Angriff auf feindliche Geleitzüge. Ein kleines U-Boot ist nachts nur sehr schwer zu erkennen. Deshalb achteten wir nur bei Tag auf die feindlichen Flieger. Eines Nachts hat uns dann der Scheinwerfer eines feindlichen Kampffliegers aufgespürt, und wir konnten ihm nicht einmal durch Zickzackfahren entkommen."

„Warum seid ihr denn nicht untergetaucht?"

„Das haben wir auch sofort getan, aber wir wussten, dass wir ihnen völlig ausgeliefert waren. Ein U-Boot kann einfach nicht schnell genug untertauchen, um einem Kampfflugzeug zu entwischen. Gott sei Dank haben sie uns aber verfehlt!"

„Wie konnten sie Sie denn überhaupt entdecken?"

„Wir rätselten monatelang herum, wie das möglich sein konnte. Es war die Hölle für alle deutschen U-Boote. Wir erlitten so viele Verluste –" Für einen Moment versagte ihm die Stimme. Er griff nach meiner Hand und hielt sie fest. „Viele meiner Kameraden starben. Manchmal frage ich mich, wie es möglich war, dass ich ohne eine Schramme aus diesem Schlamassel wieder herauskam. Einige dieser Männer, die direkt neben mir umkamen, waren viel besser und anständiger als ich. Ich benehme mich oft daneben, wenn wir einen Hafen anlaufen."

„Was ist denn nun dieser Radar eigentlich?", unterbrach ich ihn.

„Der Radar hat unsere Patrouillenfahrten zu Selbstmordunternehmen gemacht", sagte Rudi ruhig. Er stockte, als er merkte, wie meine Hände die seinen fester umklammerten. Ich hatte solche Angst! Angst um diesen geliebten Fremden, der kein Fremder mehr war und so gleichmütig vom Tod sprach.

Plötzlich fing Rudi an zu lachen. „Mädchen, meinen Sie, ich bin den weiten Weg hierher gereist, um mich mit Ihnen über den Krieg zu unterhalten? Keine Sorge! Wir wissen jetzt, was Radar ist, und werden sicher bald Waffen dagegen entwickelt haben. Auch wird es bald neue, bessere Boote geben, glaube ich. Sie können monatelang unter Wasser bleiben. Ich werde wahrscheinlich als zweiter Kommandant auf ein solches Boot beordert werden. Und der Krieg wird auch bald vorüber sein!"

Ich hörte Rudi gern zu; seine Stimme klang so jung und doch reif. Ich wusste, warum er in all diesen Jahren nicht verwundet worden war, aber das konnte ich ihm nicht sagen: Das Schicksal hatte ihn sicher zu mir geführt, weil ich ihm begegnen musste, sonst wäre mein Herz leer geblieben, und ich hätte mein Leben lang eine unbewusste Sehnsucht mit mir herumgetragen.

Ich sah, wie am Horizont ein Stern nach dem andern aufleuchtete, bis der Nachthimmel wie eine diamantenbesetzte Kuppel über uns funkelte. Unsere anfängliche Befangenheit war gewichen. Rudi war doch so, wie ich ihn mir die ganze Zeit über erträumt hatte.

Und plötzlich spürte ich auch, dass Rudi alle die vergangenen Jahre hindurch meine Grüße ausgerichtet worden waren, denn nun redeten die Sterne wieder zu uns, und wir saßen still und lauschten. Mir war, als fielen sie vom Himmel und fingen an, in meinem Herzen zu leuchten. Ich hatte das Empfinden, als strahlten zwei Lichter in meinen Augen, als wir Hand in Hand ins Lager zurückkehrten. In dieser Nacht hatten wir beide etwas verloren – unsere Brieffreundschaft –, doch etwas weit Kostbareres gefunden.

***

Am folgenden Tag waren wir restlos glücklich. Es war, als ob wir uns schon jahrelang gekannt hätten. Voller Freude zeigte ich Rudi die schöne Umgebung. Stolz stellte ich ihn „meinen" Bauern vor. Meine mütterliche Freundin war zunächst etwas schüchtern, denn auch sie schien von Rudis Orden und Ehrenzeichen beeindruckt zu sein. Im Handumdrehen hatte sie uns zwei belegte Brote zurechtgemacht. Von unserem Angebot, ihr bei der Arbeit zu helfen, bevor wir fortgingen, wollte sie nichts wissen. Dann suchten wir all die schönen Plätzchen auf, wo ich so oft gesessen und an Rudi geschrieben hatte.

Als ich am wenigsten darauf gefasst war, nahm mich Rudi plötzlich in die Arme und küsste mich. Hastig machte ich mich los und schüttelte heftig den Kopf.

Rudi sah mich verwirrt und enttäuscht an. Verstand er mich denn nicht? Ich wusste, dass er viele Mädchen geküsst hatte, aber er und ich – konnte er nicht begreifen, dass das etwas ganz anderes, etwas Höheres sein musste? Jahrelang hatten wir unsere Freundschaft als etwas Besonderes angesehen. Sollte sie jetzt enden wie die meisten Kriegsliebschaften – erst Neckereien, Küsse, Leidenschaft, dann Streit und Kämpfe, die einen bitteren Geschmack zurückließen? Niemals!

Ich gehörte nicht zu den Mädchen, die sich verlieben und dann wieder trennen und wieder in einen anderen verlieben. Vielleicht war ich eine Träumerin, aber ich war davon überzeugt, dass eines Tages meine große und einzige Liebe kommen würde. Ich wollte diese ungewöhnliche Beziehung zu Rudi nicht auf eine billige Art und Weise beenden.

Rudi hörte mir ernsthaft zu, als ich versuchte, ihm das zu erklären. Er hob mein Kinn, bis ich ihm direkt in die Augen sehen musste, und sagte: „Maria Anne, glaubst du denn, ich wollte dich wie eine billige Ware behandeln? Du bist ein Teil meines Lebens geworden! Ich kann mir mein Leben ohne dich und deine Briefe überhaupt nicht mehr vorstellen. Du bist das

Mädchen, das ich eines Tages einmal heiraten möchte. Willst du?"

Hatte ich recht gehört? Er hatte mir doch nicht etwa einen Heiratsantrag gemacht? Wie konnte er nur! Wir hatten uns doch erst gestern kennen gelernt! Ich verbarg mein Gesicht an seiner Schulter und sah zu ihm auf, als er sanft die Arme um mich legte. In seinen Augen las ich, dass er die große Liebe war, von der ich immer geträumt hatte. Wir küssten uns zärtlich.

Später, als wir zusammen in der Sonne saßen, schmiedeten wir Pläne für eine gemeinsame Zukunft.

Plötzlich sagte Rudi: „Kleine Hansi, wir reden hier über unser zukünftiges Heim, und dabei weiß ich eigentlich gar nichts über dich und dein Zuhause. Ich habe so viel von mir und meinem Leben erzählt, nun erzähl mir von dir, deiner Kindheit, deiner Familie ..."

Ich zuckte die Schultern. Was gab es da schon groß zu erzählen? Von der kleinen Hütte in den Wäldern und meiner Schlafstelle im Heu? Was würde er dazu sagen? Seine Kindheit war so ganz anders gewesen; er hatte nie Geldsorgen gehabt und Luxus sogar während der Kriegsjahre nicht entbehren müssen. Oder sollte ich ihm von dem Tag erzählen, als mich Mutter an die Bahn brachte mit der großen Sorge, dass ich Gott vergessen könnte? Wie sollte er das jemals verstehen können? Er kam aus einer lutherischen Familie, aber Religion bedeutete ihm im Grunde nichts. Er war ein Nationalsozialist wie ich. Was sollte ich ihm erzählen?

„Ach, Rudi, von mir gibt es nicht viel zu berichten. Ich bin eine Waise, die von einer religiösen Familie aufgenommen wurde. Mein Pflegevater war Maurer, mein richtiger Vater Gärtner. Ich bin arm wie eine Kirchenmaus und hatte das ungeheure Glück, von den Deutschen ausgewählt zu werden, um die Schule in Prag zu besuchen. Du weißt, ich bin Hitlerjugendführerin und hoffe, dass ich in der Partei noch weiter aufsteigen werde."

Ich atmete tief durch, da mich die Erinnerungen überwältigten. „Ich habe eigentlich nie an eine Heirat gedacht, weil das meine Zukunftspläne völlig durcheinander gebracht hätte. Einmal allerdings ..." Ich sah mich einem blonden Offizier gegenüber am Tisch sitzen und dieselben Worte sagen, und es tat ein bisschen weh. „Wäre es nicht undankbar, wenn ich heirate? Eines Tages will ich meinem Führer und Vaterland all das zurückzahlen, was ich Gutes von ihnen empfangen habe!"

„Ich habe eine noch bessere Idee", sagte Rudi schmunzelnd. „Das können wir doch gemeinsam tun. Sobald der Krieg vorbei ist, will ich zur Handelsmarine gehen, und da werde ich oft auf Reisen sein. Dann kannst du deinem Ruf folgen und unterrichten. Ich werde dich ganz bestimmt nicht daran hindern."

Ich lächelte erleichtert. Wie einfach auf einmal alles war, wie wunderbar klar! Endlich brauchte ich mir keine Sorgen mehr zu machen, sondern konnte gelassen in die Zukunft blicken. Dies war der schönste Tag meines Lebens! Ich hatte die große Liebe gefunden und konnte Rudi bedingungslos vertrauen. Er war lieb und intelligent, außerdem reif und erfahren. Er war die Antwort auf all meine Fragen, und ich dummes kleines Mädchen wollte mir noch weiter Sorgen machen.

Aber jetzt wusste ich, dass ich geliebt wurde, und zum ersten Mal im Leben wagte auch ich zu lieben. Krieg, Not und Tod – all das schien auf einmal unendlich weit fort, fast unwirklich zu sein, als wir inmitten der grasenden Kühe auf der Weide saßen, eng aneinander geschmiegt. Duftige weiße Wölkchen zogen an dem hellen Sommerhimmel über uns hin. Vielleicht träumte ich nur und würde plötzlich aufwachen. Dann wäre alles vorüber. Doch es wäre der schönste Traum, den ich je geträumt hatte. Vertrauensvoll blickte ich zu Rudi auf, dann betrachtete ich den goldenen Ring, den er mir über den Finger gestreift hatte. Er würde einmal unser Ehering sein!

***

Am nächsten Tag fuhren wir zu Rudis Eltern. Eine gewisse Spannung lag in der Luft. Rudi war offensichtlich etwas nervös, und ich hatte Angst davor, seiner Familie vorgestellt zu werden. Wir unterhielten uns über belanglose Dinge und lachten über dumme Scherze, beide in dem Bewusstsein, dass uns möglicherweise harter Widerstand erwartete.

Rudis Eltern, seine Schwester und das Hausmädchen waren vor der Tür versammelt, um uns zu begrüßen. Trotz meiner

Nervosität konnte ich mir ein Lächeln nicht verkneifen, als ich bemerkte, wie Rudi die linke Hand hinter seinem Rücken versteckte. Ich tat das Gleiche, denn wir hatten die Ringe vor der Ankunft nicht abgenommen.

Rudis Mutter war eine kleine, aber stämmige Dame mit silberschimmerndem Haar und ruhelosen braunen Augen. „Herzlich willkommen in unserem Haus", sagte sie mit einem höflichen Lächeln. Ihre Augen blieben aber kalt und gingen forschend über mein Gesicht.

Rudis Vater, ein kleiner, untersetzter Mann mit wässrigen blauen Augen, zog mich zu sich herunter, um mich auf die Wange zu küssen. Seine rote Nase verriet eine ausgeprägte Neigung zum Alkohol, und er hatte Schwierigkeiten beim Atmen. Rudi hatte mir von den Herzproblemen seines Vaters erzählt, und ich hatte Angst, dass ihm die Nachricht von unserer überstürzten Verlobung vielleicht zu sehr zusetzen könnte.

„Maria Anne und ich haben uns verlobt", sagte Rudi da auch schon mit betont lässiger Stimme und zeigte allen den Ring an seiner linken Hand. Am liebsten hätte ich mich an ihn geklammert, denn meine Knie wurden auf einmal weich wie Butter.

Das Lächeln gefror den Eltern auf den Lippen, nur Annemarie, die Schwester, hatte genug Geistesgegenwart, um die Situation zu retten. „Ich freue mich so für euch", sagte sie herzlich und umarmte uns beide. „Kommt doch herein und macht es euch gemütlich! Das Abendessen ist schon bereit!"

Wir gingen ins Haus, wo uns Selma die Mäntel abnahm. Ich erfuhr, dass sie gar keine Angestellte war, sondern eine „Überlieferung" der Familie. Sie hatte schon als junges Mädchen bei Rudis Großeltern gearbeitet, als diese jung verheiratet waren. Als Rudis Eltern dann den Gasthof und die Fleischerei erbten, siedelte Selma zu ihnen über. Rudi und seine Schwester waren die dritte Generation, die von Selma liebevoll versorgt wurden.

„Unser Prinz hat sich eine Prinzessin mitgebracht", verkündete Selma stolz den Gästen, die in dem gemütlichen, dunkel verkleideten Gästeraum saßen, als wir durch den Gasthof zum Esszimmer der Familie gingen. Das ganze Haus atmete gutbürgerlichen Wohlstand und Geschmack. Mein Blick fiel auf einen geschnitzten Mahagonitisch, der mit kostbarem Porzellan und Leinen gedeckt war.

Wir setzten uns zu einem herrlichen, reichhaltigen Mahl, das Rudis Mutter selbst zubereitet hatte, was sie sich nie nehmen ließ. Rudi hatte mir stolz von den Kochkünsten seiner Mutter erzählt, und als ich ihr nach beendeter Mahlzeit sagte, dass ich schon jahrelang nicht mehr so gut gegessen hätte, wurde ihr Blick etwas wärmer.

Annemarie, die zu meiner Rechten saß, schwatzte unbekümmert und drängte mich, mehr zu essen, als ich eigentlich vertragen konnte. Mein Magen wurde schließlich so schwer, als läge ein Stein darin. Ich mochte Annemarie vom ersten Augenblick an gern. Obwohl sie zwei Jahre älter war als ich, fühlten wir uns auf Anhieb wie Schwestern. Ihre Augen waren haselnussbraun wie die Rudis, und sie war ungefähr so groß wie ich, doch schlanker. Sie erinnerte mich an eine kostbare Porzellanpuppe, die ich als Kind bewundert hatte, so zart und apart wirkte sie.

Annemarie gab sich alle Mühe, mir den Aufenthalt bei ihrer Familie schön zu gestalten. Wir schliefen gemeinsam in einem Zimmer. Ich versuchte mir vorzustellen, wie es wohl sei, als einzige Tochter wohlhabender Eltern in einem eigenen Zimmer mit Eichenmöbeln, schweren Vorhängen und einem richtigen Himmelbett zu wohnen – ganz für mich allein! Aber es war schwer, sich das vorzustellen.

In Gegenwart von Rudis Eltern fühlte ich mich unsicher und verkrampft. Wahrscheinlich ging es ihnen genauso! Unsere Verlobung war nicht nur für sie, sondern für das ganze Dorf überraschend gekommen. Dennoch nutzten mein „Prinz" und ich die Zeit, um uns besser kennen zu lernen. Um alles andere kümmerten wir uns wenig.

***

Wie schnell die Zeit verging! Wir gaben uns alle Mühe, nicht an den nahenden Abschied zu denken. Wir bekamen sogar eine kleine Verlobungsfeier arrangiert, mit roten Rosen und erlesenem Wein, die mich in ihrer fremdartigen Vornehmheit fast einschüchterte. Dann kam der Tag, an dem ich mit Rudi im Pferdewagen zum Bahnhof fuhr. Die gemütliche Kleinbahn brachte uns nach Breslau, in die Hauptstadt Schlesiens. Dort würden sich unsere Wege trennen.

Wir kamen am Vormittag an, und Rudi nutzte die Gelegenheit, mir während der wenigen Stunden, die uns noch blieben, die Stadt zu zeigen, die er so sehr liebte. Er war sieben Jahre dort zur Schule gegangen und kannte jeden Winkel.

In einem kleinen Café nahmen wir einen Imbiss ein, den wir mit Rationskarten seiner Mutter bezahlten. Schließlich war es Zeit, wieder zum Bahnhof zurückzugehen. Verzweifelt versuchten wir, aufmunternde Worte und Scherze zu machen, um keinen Trennungsschmerz aufkommen zu lassen.

Rudis Zug fuhr zuerst ab. Er stieg in einen Erste-Klasse-Wagen ein. Ihm blieb auch im Krieg dieses Privileg als Element einer besseren Gesellschaftsschicht erhalten. Er belegte seinen Sitzplatz, verstaute das Gepäck und kam zu mir auf den Bahnsteig zurück. Ich hatte mir fest vorgenommen, eine tapfere Braut zu sein, und zwang mich zu einem strahlenden Lächeln.

Rudi nahm mich tröstend in die Arme. „Sei nicht allzu traurig, meine kleine Hansi, wir werden uns bald wieder sehen, ganz bestimmt! Sei ein tapferes Mädchen und warte auf mich. Wir müssen uns jeden Tag schreiben!"

Das gab mir den Rest! Ich konnte mich nicht länger beherrschen und vergrub schluchzend den Kopf an Rudis Schulter. Er zog ein blütenweißes Taschentuch aus der Tasche und begann, mir damit sanft die Tränen abzuwischen.

Eine bange Ahnung stieg in mir auf. Warum hatte ich nur auf einmal solch schreckliche Angst? Ich versuchte, mich zusammenzunehmen, aber es hatte keinen Sinn. Ich weinte bitterlich und hatte das Gefühl, als bräche mir das Herz.

Der Zugführer gab das Signal zur Abfahrt. Ein schriller Pfiff ertönte. Rudi küsste mich ein letztes Mal und sprang dann auf den anfahrenden Zug. In seinem Gesicht stand die ganze Anspannung der letzten Stunden und die Sorge um mich geschrieben. Mit größter Mühe brachte ich schließlich ein Lächeln zustande, aber sagen konnte ich nichts. Der Zug fuhr immer schneller, und Rudis blauer Arm mit den goldenen Ärmelabzeichen winkte verschwommen in der Ferne.

Ich winkte noch eine Weile, als der Zug schon längst nicht mehr zu sehen war. Dann war es Zeit, mich nach meinem eigenen Zug umzusehen. Wie ich ihn gefunden habe und eingestiegen bin, weiß ich heute nicht mehr. Würde ich Rudi je wieder sehen? Würde er gesund aus dem Krieg zurückkommen? Was hielt die Zukunft wohl für uns bereit? Nur ein paar Tage lang war mir die Freude der Liebe und die Nähe eines geliebten Menschen vergönnt gewesen. Alle meine Gedanken drehten sich um Rudi. Ich hatte nur den einen Wunsch, bei ihm zu sein. Aber unsere Züge fuhren weiter – meiner nach Osten, seiner nach Westen. Mit jeder Minute vergrößerte sich die Entfernung zwischen uns. Die Sonne ging unter, und eine lange Nacht nahm ihren Anfang.

Auf Rudi wartete der Krieg, und mich rief die große Stadt. Ich hütete die kostbare Erinnerung an ein paar wundervolle Tage und betrachtete den goldenen Reif an meinem Finger als ein Pfand unseres Glücks. Wenn ich die Hand hob und das kühle Metall an mein erhitztes Gesicht presste, fühlte es sich fremd und kalt an wie mein einsames Herz.

Wieder sangen die Räder im Takt, nur war es diesmal ein anderes Lied: „Ich liebe dich. Auf Wiedersehen! Ich liebe dich. Auf Wiedersehen!"

Auf Wiedersehen, mein geliebter Seemann!

Im Angesicht des Todes

Ich hielt einen Brief von Rudi in der Hand. „*Meine geliebte kleine Braut*“, *schrieb er.* „*Es ist wie ein Traum, dass wir uns endlich doch begegnet sind. Bitte vergiss nicht, dass ich Dich liebe und dass wir ein langes Leben vor uns haben, in dem wir zusammen sein und uns noch viel besser kennen lernen dürfen. Warte auf mich und sei nicht traurig. Mein Herz wird immer bei Dir sein, bis ich wiederkomme und Dich in die Arme schließen werde, um Dich nie wieder loszulassen. Mit vielen Küssen ...*“

Wieder kamen mir die Tränen. Ich vermisste ihn nicht nur schrecklich, sondern hatte auch große Angst. Alles schien so einfach und klar, als wir zusammen waren. Es war auch leicht gewesen, ihm zu schreiben, als er noch ein unbekannter Seemann für mich war. Aber auf Liebesbriefe zu antworten war mir völlig fremd und ungewohnt, und ich wusste einfach nicht wie!

Natürlich fiel Rudi das Briefeschreiben leicht, und er schrieb so herzlich und verliebt. Beinahe jeden Tag kam ein Brief von ihm. Ich konnte die bohrende Angst immer noch nicht loswerden, dass alles nur ein schöner Traum war. Manchmal erwischte ich mich dabei, dass ich mir den unverbindlichen Ton aus der Zeit unserer Brieffreundschaft zurücksehnte, als ich meine Gefühle noch hinter Gedichten und tiefen Gedanken verbergen konnte.

Rudi war sein ganzes Leben lang verhätschelt, umsorgt und geliebt worden, während es in meiner Familie verpönt war, seine Gefühle zu zeigen. Das einzige Mal, wo ich jemandem Zärtlichkeit erweisen konnte, ergab sich, als ich einmal einen kleinen Ziegenbock geschenkt bekam. Wir waren unzertrennlich. Er sprang mir auf den Rücken und knabberte mir am Ohr herum. Oft drückte ich mein Gesicht in sein weiches Fell und hielt ihn fest in meinen Armen, aber immer nur, wenn niemand zusah. Einmal gab ich ihm sogar einen Gute-Nacht-Kuss, weil ich in einer Geschichte gelesen hatte, wie sich in einer Familie alle vor dem Zubettgehen einen Kuss gaben. Unglücklicherweise beobachtete mich Sepp dabei und zog mich wochenlang damit auf. Ich war in tiefster Seele verletzt.

Wie verhält sich nun ein junges, unberührtes Bauernmädchen, das plötzlich mit einem vornehmen jungen Mann aus gutem Hause verlobt ist, der selbst kein unbeschriebenes Blatt mehr ist?

An meinen Briefen änderte sich wenig. Sie blieben, was sie immer gewesen waren: lange Enthüllungen meiner geheimsten Gedanken und sehr scheu und zaghaft, wenn sie von Liebe sprachen.

Kurz nach unserer Verlobung hatte Rudi seinen 22. Geburtstag. Mit bescheidenen Mitteln, aber einem Herzen voller Liebe packte ich mein Päckchen: zwei Bücher, einen kleinen Band mit Gedichten und Zeichnungen, die ich selbst angefertigt hatte, und Bonbons, die ich seit Wochen gesammelt hatte. Dazu legte ich einen Brief. Zum ersten Mal nahm ich all meinen Mut zusammen und beendete den Brief mit: „*Ich sende Dir meine ganze Liebe und einen Kuss, Deine Hansi.*"

Dann stellte ich mir plötzlich vor, wie Rudi beim Lesen dieser Worte amüsiert lächeln würde. Verzweifelt ließ ich den Kopf aufs Papier sinken und begann zu weinen. Ich hatte solche Angst, Angst vor seiner fordernden Liebe und vor mir selbst! Würde ich ihm jemals eine gute Frau sein können? War ich überhaupt fähig, ihn glücklich zu machen? Ich fühlte mich so elend und erschöpft. Die Strapazen des Krieges und der Schule gingen allmählich über meine Kraft.

Mit der Zeit bemerkte ich, dass Rudis Briefe einen gespannten Ton annahmen. Ich fragte in einem meiner Briefe, was ihn bedrücke, aber er ging zunächst nicht darauf ein.

Nach drei Monaten erzählte er mir endlich die ganze Geschichte. Seine Eltern, geschäftstüchtig und materialistisch wie sie waren, hatten unsere Verlobung von Anfang an nicht gebilligt. Sie versuchten ständig, ihn dazu zu bewegen, unsere Verbindung zu lösen, und hinter ihrer Forderung stand die Autorität der ganzen Familie. Rudi liebte seine Angehörigen, und ein Krach mit ihnen war seiner friedliebenden

Natur zutiefst zuwider. Allmählich konnte er das Problem nicht länger ignorieren. Es musste zu einer Entscheidung kommen.

Mir blieb keine Wahl. Ich zog den Ring vom Finger, wickelte ihn in ein Tüchlein und sandte ihn ohne Kommentar an Rudis Eltern. Dann kam der schwierige Teil der Sache: Ich musste Rudi meinen letzten Brief schreiben.

„*Lieber Rudi, mir ist vollkommen klar, dass ich niemals zwischen Dir und Deinen Eltern stehen kann. Ich habe heute meinen Ring an Deine Mutter gesandt. Ich weiß, wie viel Dir Dein Zuhause bedeutet, und meinetwegen sollst Du es nie aufgeben müssen.*

Ich weiß nicht, was Deine Mutter gegen mich hat. Mir ist klar, dass Du viel Geld hast und Du aus einer ehrenwerten Familie kommst, während ich nur eine arme Waise bin. Aber das ist schließlich nicht meine Schuld, und ich kann auch nichts daran ändern. Du weißt, dass ich versuche, Sinn und Ziel meines Lebens zu finden. Ich bin zwar arm, aber ich habe meinen Stolz. Ich habe mein Leben dem Führer und meinem Vaterland verschrieben, und für sie werde ich mich immer mit ganzer Kraft einsetzen.

Rudi, ich habe nie Deiner Mutter oder Dir etwas Böses getan. Das Einzige, was sie gegen mich anführen kann, ist, dass ich Dich liebe und Dir vertraue. Möge sie es mir verzeihen!

Ich möchte Dir dennoch für die wunderschönen Tage danken, die wir zusammen verbracht haben. Irgendwie hatte ich von Anfang an das Gefühl, dass alles nur ein Traum war, dem eines Tages ein raues Erwachen folgen würde.

Rudi, Du kennst mich durch und durch. Du wirst sicher verstehen, dass es für uns keinen neuen Anfang mehr geben kann. Ich habe nichts als meinen Stolz. Wir müssen einander vergessen, und ich werde tun, was ich kann, da ich kein Recht mehr habe, Dich zu lieben. Du warst der Einzige, dem ich je meine ganze Liebe geschenkt habe, und vielleicht klingt es bitter, wenn ich sage, es wäre besser, ich hätte es nie getan. Aber es ist ein Sprichwort, dass man nicht weiß, was Liebe ist, bis man der Liebe Leid erlebt. Nur scheint es mir eine Menge Leid zu sein für die wenigen Stunden, die uns geschenkt waren! Vielleicht ist es mir gar nicht bestimmt, je einem Mann meine Liebe zu schenken.

Ich wünsche Dir alles Gute für Deine Zukunft und viel Glück!

Komm gesund aus dem Krieg zurück, und möge Deine Mutter ein Mädchen finden, das besser zu Dir passt!

Zum letzten Mal sende ich Dir viele herzliche Grüße. Leb wohl! Maria Anne."

***

Ich war völlig verzweifelt. Ich fühlte mich so gedemütigt und einsam wie nie zuvor. Nicht nur meine Liebe hatte ich verloren – auch eine Schwester. Annemarie war mir eine gute Freundin geworden, und wir hatten uns regelmäßig geschrieben. Aber was ich immer befürchtet hatte, war eingetreten: Alles war nur ein Traum gewesen, ein Luftschloss, das jäh zusammenfiel.

Ich vergoss keine Tränen. Der Schmerz saß zu tief, um sich auf diese Art zu lösen. Verbissen vergrub ich mich in meine Studien und Pflichten und lag nachts stundenlang wach. Die Sterne wollte ich nicht mehr sehen, die Verdunkelungsvorhänge blieben dicht geschlossen. Die Herbsttage waren kalt, und die Kohlenknappheit machte sich in unseren frostigen Klassenzimmern bemerkbar. Ich hatte das Gefühl, als sei auch mein Herz vor Kälte erstarrt.

Es kostete mich harte Selbstdisziplin, jeden Morgen in den kalten Regen hinauszugehen und die Fahne zu grüßen. Seit Tagen war mir nicht mehr richtig warm geworden, da es im ganzen Haus kein warmes Plätzchen gab. Die Zimmer waren klamm und feucht, und die Essensrationen mager, aber ich hatte sowieso keinen Hunger. Eines Morgens überkam mich beim Fahnengruß ein Schwindelgefühl. Ich zwang mich, aufrecht ins Haus zurückzugehen. Dann verließen mich die Sinne.

Man brachte mich in ein Jugendlazarett nach Brunn, die Landeshauptstadt Mährens. Die Pflege war ausgezeichnet, aber ich war zu krank, um das wahrzunehmen. Die Diagnose hieß „ansteckende Gelbsucht". Viele waren von dieser Krankheit befallen worden. Deshalb war das Krankenhaus seit Wochen überfüllt. Von der Kraft, die mir der Sommer gebracht hatte, blieb nichts mehr übrig. Ich wurde blass und verlor immer mehr an Gewicht. Verzweifelt versuchte ich, nicht zu grübeln. Das Leben erschien mir wie ein Rätsel ohne Antwort.

Aus den Tagen wurden Wochen. Meine Ärztin veranlasste eine Röntgenuntersuchung, bei der sich herausstellte, dass ich ein Magengeschwür hatte. Sie ließ sich an meinem Bettrand nieder und fragte mit einem mütterlichen Lächeln: „Gibt es irgend etwas, was dich bedrückt, Hansi? Irgendein großer Kummer, ein Problem? Du bist so teilnahmslos und in dich gekehrt."

„Nein." Ich schüttelte heftig den Kopf. Kein Mensch sollte erfahren, dass mich etwas erschüttern und aus der Bahn werfen konnte.

Ein paar Tage später, kurz nach meinem 18. Geburtstag (es war November), brachte mir die Schwester einen Brief. Auf dem Umschlag erkannte ich sofort Rudis Handschrift. Allem Anschein nach war er befördert worden: „Oberleutnant zur See" hieß der Absender. Ob er jetzt zweiter Kommandeur auf einem dieser neuen U-Boote war, so wie er gehofft hatte? Seine Eltern waren mit Recht stolz auf ihn!

Ich kämpfte eine Zeit lang mit meinem Stolz und riss dann kurz entschlossen den Umschlag auf. Rudi sandte mir einen lieben Geburtstagsgruß. Ich las ihn wieder und wieder, besonders den Satz: „*Kleine Hansi, ich konnte Deinen Geburtstag nicht vorübergehen lassen, ohne Dir meine herzlichsten Wünsche zu senden.*"

Nein, es hatte keinen Sinn, ich musste fest bleiben. Hastig faltete ich den Brief zusammen, steckte ihn in den Umschlag und sandte ihn an Rudi zurück. Er wusste ja nicht, dass ich krank war, und ich wollte nicht, dass er es erfuhr.

Mit der Zeit wurde ich wieder kräftiger, und eines Tages erklärte mir die Ärztin, dass ich am nächsten Tag entlassen werden würde. Ich war so froh!

In der folgenden Nacht heulten plötzlich die Sirenen und holten uns aus den Betten in den Luftschutzkeller. In Decken gehüllt horchten wir auf das Dröhnen der Flugzeuge. Wie bei jedem Alarm fragten wir uns: *Werden die Bomber über uns hinwegfliegen, oder werden wir heute Nacht ihr Ziel sein*?

Nur zu schnell bekamen wir die Antwort. Immer lauter wurde das Pfeifen der fallenden Bomben. Wir wussten, dass wir die Bombe, die uns treffen würde, nicht hören würden. So saßen wir starr vor Angst und Entsetzen im Dunkeln und warteten und horchten. Es war der schlimmste Angriff, den ich je erlebt hatte. Es war grauenvoll.

Endlich verkündeten die Sirenen den Abzug der feindlichen Flieger, und wir durften wieder in unsere Betten zurückkehren. Aber schlafen konnte niemand mehr. Wir hatten die Verdunkelungen aufgezogen, um den brennenden Himmel zu sehen. Gas und Strom waren abgestellt worden, und die Schwestern mussten sich mit Kerzen helfen, um die Kranken zu versorgen. Der Nachthimmel war vom Feuer hell erleuchtet, und überall hingen Rauchschwaden in der Luft.

Wie versteinert sah ich auf die zerstörten Gebäude und dachte an die vielen Menschen, die in dieser Nacht ihr Leben lassen mussten. Bohrende Fragen quälten mich.

Ein paar Schwestern fielen mir auf, die aufgeregt hin und her rannten und miteinander flüsterten. Ich schlüpfte aus dem Bett und ging zu ihnen, um zu fragen, was los sei. Sie erzählten mir, jemand habe einen dunklen Gegenstand auf der Hintertreppe des Gebäudes gefunden. Es müsse ein Blindgänger sein, das heißt eine Bombe, die aus irgendeinem Grund nicht explodiert sei. Entweder hatte sie einen Zeitzünder, der in wenigen Minuten oder Stunden hochgehen würde, oder es war eine normale Bombe, die nicht explodiert war. Jedenfalls bestand die Gefahr, dass sie das kleine Krankenhaus zerstören könnte. Da die kleinste Schwingung, sogar ein lauter Schrei, die Bombe zur Explosion bringen konnte, durften die Patienten nicht evakuiert werden. Außerdem gab es keinen Zufluchtsort, weil alles um uns herum brannte oder in Trümmern lag.

Ich schlich zum Fenster. Im Schein der brennenden Häuser am anderen Flussufer konnte ich die Umrisse des birnenförmigen Gegenstandes da draußen erkennen. Ein paar andere Patienten, die die Nachricht bereits gehört hatten, traten neben mich und sahen auch hinaus. Da die Schwestern eine allgemeine Panik befürchteten, hatten sie versucht, nichts von der erneuten Gefahr zu verraten, aber ohne Erfolg. Einige Patienten zogen sich die Decke über den Kopf, andere fingen an zu weinen – aber alle bewegten sich so leise und vorsichtig wie nur möglich.

Ich presste die Stirn gegen die kühlen Fensterscheiben. Wieder war mir der Tod beängstigend nahe gewesen, und in Gedanken setzte ich mich mit ihm auseinander. Ich hatte so viele ungelöste Fragen, die mir niemand beantworten konnte.

Wer war ich? Warum war ich überhaupt auf der Welt? Wohin ging ich? Woher war ich gekommen? Wenn ich in dieser Nacht sterben musste, was war dann eigentlich der Sinn meiner kurzen Existenz gewesen? Warum war „Selbstaufopferung" die höchste Erfüllung des menschlichen Lebens? Im Angesicht des Todes schien auf einmal alles fraglich und sinnlos. Meine hohen Ziele und stolzen Ambitionen boten mir keinen Trost. Es kam mir vor, als sitze der graue Sensenmann da draußen auf der Bombe und grinse mir ins Gesicht.

Ich sehnte mich nach Antworten auf die Rätsel des Lebens, nach Einsicht und Verständnis, doch der Himmel schien verschlossen. Die Sterne waren vom Rauch verhüllt. Langsam zog die Dämmerung über den Ruinen und Staubwolken herauf. Um mich und in mir war alles leer und ausgebrannt. Wir standen bewegungslos am Fenster und warteten.

Sobald es hell genug war, erschien lautlos eine Truppe Männer. Anscheinend waren es Gefangene, denn ein bewaffneter Soldat ging hinter ihnen her. Wir wussten nicht, woher diese grauen Gestalten kamen, da wir jungen Leute keine Ahnung von Konzentrationslagern und politischen Gefangenen hatten. Schweigend gingen sie auf die Bombe zu und untersuchten sie lange und eingehend. Einer beugte sich vor, und man reichte ihm Werkzeuge. Ganz vorsichtig begann er, die Zündkapsel auseinander zu nehmen. Schließlich richtete er sich auf, nickte und wischte sich mit der Hand die Stirn ab. Die Bombe war entschärft. Seine Kameraden trugen den Sprengkörper fort.

Wir wurden von den Schwestern wieder ins Bett geschickt. Mit einem letzten Blick aus dem Fenster gehorchte ich ihren Anweisungen. Der Sensenmann hatte sich wieder davongemacht. Unter den Ruinen der Stadt würde er reiche Beute finden.

***

Sobald wieder einigermaßen Ordnung herrschte und Transportmittel eingesetzt werden konnten, wurde ich entlassen. Obwohl mir der Arzt empfohlen hatte, Urlaub zu nehmen und mich zu erholen, fuhr ich sofort in meine Schule zurück. Wo sollte ich denn hingehen, um Ruhe zu finden? Das kleine Haus in den Wäldern war unendlich weit weg, und ich hatte lange nichts mehr von Mutter gehört. Die Post war ewig unterwegs, weil so viele Züge und Geleise zerstört worden waren. Rudi gehörte mir nicht mehr, und ich hatte kein Recht, in seinem komfortablen Elternhaus in Ostdeutschland Zuflucht zu suchen. Wahrscheinlich waren seine Eltern und Annemarie nicht einmal mehr dort. Es gingen Gerüchte um, dass die Russen schon bis nach Schlesien gekommen und die Bewohner trotz der Winterkälte geflohen seien.

Ich hatte keine Bleibe, wo ich hätte hingehen können, und außerdem sehnte ich mich danach, wieder zu arbeiten. Meine Gruppenführerin war sehr froh, mich wieder zu sehen, denn jede helfende Hand wurde dringend benötigt. Woche um Woche plagten wir uns ab. Oft teilten wir unsere ohnehin mageren Rationen mit den Flüchtlingen und verwundeten Soldaten. Ich litt unter starken Magenschmerzen. Bei Magengeschwüren sollte man ja Diät essen, aber wer konnte sich um solche Kleinigkeiten kümmern?

Fräulein Walde beobachtete mich mit wachsender Sorge. Oft setzte sie durch, dass man mir einen Stadtbummel erlaubte. Normalerweise war das nicht erlaubt, aber die anderen sahen, dass ich Schmerzen hatte und elend aussah. Deshalb protestierte niemand dagegen.

***

Eines Morgens im Frühjahr wanderte ich teilnahmslos durch die Straßen der Altstadt und kam an einem kleinen Stand vorbei, wo Postkarten und selbst gemachte Andenken verkauft wurden. Ich staunte immer wieder darüber, wie die Tschechen es fertig brachten, aus dem Nichts Dinge zum Verkaufen zu basteln, denn der totale Krieg hatte uns alles genommen, was man im normalen Leben brauchte. Es gab weder Sicherheitsnadeln noch Zahnbürsten noch Papierwaren oder anderen „Luxus" zu kaufen. Unsere Schuhe hatten Holzsohlen und waren mit Stoff bezogen. Meine einzigen Schuhe hatten Löcher, und die Uniform war ausgebleicht und verwaschen.

Tief in Gedanken versunken blätterte ich die Postkarten durch, die eine Rarität waren, um ein paar davon für meine Freundinnen auszusuchen, als mich plötzlich eine sehr angenehme Stimme von hinten ansprach: „Mein Fräulein, brauchen Sie einen Begleiter?"

Ärgerlich blickte ich mich um, da ich es nicht ausstehen konnte, einfach angesprochen zu werden, aber was ich sah, milderte meinen Groll. Ein großer junger Offizier stand vor mir. Er trug den rechten Arm mit einem schweren Verband in der Schlinge. Sein Gesicht war von einer breiten Narbe auf der linken Wange verunstaltet. Sein Lächeln war jedoch so jungenhaft und bittend, dass ich trotz meines Ärgers schmunzeln musste.

„Na gut", sagte ich mit hoch erhobenem Kopf, „kommen Sie mit!"

Er stellte sich vor und plauderte dann fröhlich drauflos, ohne sich um meine kühlen Antworten zu kümmern. Er wollte Einzelheiten über die Geschichte des Schlosses und anderer Sehenswürdigkeiten der Stadt wissen. Das gab den Ausschlag, denn wer so an meiner geliebten Stadt interessiert war, war von vornherein mein Freund. Schnell taute ich auf, und bald schwatzten wir wie alte Bekannte. Ich erfuhr, dass Kurt in dem Militärkrankenhaus in der Nähe meiner Schule stationiert war, drei Monate an der russischen Front gewesen war und damit rechnete, bald wieder dorthin versetzt zu werden.

„Diesmal muss ich nicht weit reisen", sagte er, und sein Lächeln wurde ironisch. „Die russische Front ist nur noch eine Tagereise von hier!"

Er brachte mich zur Schule zurück und bat höflich um ein Wiedersehen. Eigentlich hatte ich keine Lust, mich mit Männern abzugeben, aber ich konnte ihm diese Bitte nicht abschlagen. Er hatte etwas an sich, das mich in Bann hielt, obwohl ich nicht genau wusste, was es war. Erst nach ein paar Tagen kam ich darauf – es war der Ausdruck seiner grauen Augen.

Er hatte das gewinnendste Lächeln, das ich je gesehen hatte, aber seine Augen lächelten nicht mit. Sie blieben immer ernst und voll zurückgedrängter Gefühle. Erst nach Tagen, als wir uns besser kennen gelernt hatten, wurde mir der Grund dafür klar.

Es waren die Erinnerungen an zwei russische Winter, die Gefangenschaft in Stalingrad, das Ende seines Bataillons, das nur er allein überlebte, und die Flucht mit zwei erfrorenen Füßen und erfrorenen Gesichtsteilen. Als blutjunger Freiwilliger war er in den Krieg gezogen und als reifer, ernüchterter Mann zurückgekehrt.

Eines Tages, als wir die Mala Strana entlanggingen, die zum Fluss führt, blieb er plötzlich mitten auf der Straße stehen und sah mir ernst in die Augen. „Hansi, ich habe noch nie mit jemandem darüber gesprochen, aber dir möchte ich es erzählen. Erinnerst du dich daran, wie Stalingrad gefallen ist?"

Ich nickte. Ich sah es genau vor mir – wir hatten uns um das Radio gedrängt, und der Führer selbst hatte die große Tragödie verkündet und allen versichert, dass der Tod unserer Soldaten die Saat für den baldigen Sieg sei.

„Mein bester Freund wurde dort gefangen genommen", fuhr Kurt mit abwesendem Blick fort. „Wir wissen bis heute nicht, ob er starb oder ob ihn die Russen gefangen halten. Aber es gehen Gerüchte um, dass, als die Russen den Ring um unsere Truppen geschlossen hatten und sie weder Essen noch Post erhalten konnten, die letzten drahtlosen Nachrichten, die wir vom Innern des Kessels erhielten, lauteten: ‚Schickt uns Bibeln! Schickt uns Bibeln!' Hansi, warum in aller Welt haben sie wohl Bibeln verlangt, um ihnen beim Sterben zu helfen? Ich weiß nicht, was in so einer Bibel drinsteht. Ist es nicht ein jüdisches Buch oder so?"

Ich war zu betroffen, um viel sagen zu können. „Und haben sie ihnen die Bibeln geschickt?"

„Ja, alle verfügbaren Bibeln wurden über ihnen abgeworfen. Es waren allerdings nicht allzu viele. Ein Kamerad, der aus der Gefangenschaft fliehen konnte, erzählte mir, dass die Jungs nur um eine einzige Seite gefleht hätten, und sie weinten beim Lesen und küssten das Papier. Die armen Kerle müssen völlig verrückt geworden sein, dass sie sich wie Weiber benahmen. Ich kann mir meinen Freund gar nicht so vorstellen. Er war immer stolz und stark, ein Idealist. Es beleidigt meine Erinnerung an ihn, auch nur daran zu denken."

Wir überquerten die Karlsbrücke und blieben stehen, um in das tiefe, dunkelgrüne Wasser hinabzusehen. Ich dachte an die Nacht, als der Blindgänger unser Krankenhaus bedroht hatte, und erinnerte mich an die ganze Hilflosigkeit, die mich angesichts des nahen Todes übermannt hatte.

„Selbstaufopferung ist die höchste Erfüllung eines Menschenlebens", sagte ich langsam. „Das ist es, was der Führer uns gelehrt hat, nicht wahr?" Ich versuchte, meine Gedanken in die richtigen Worte zu fassen. „Ich kenne die Bibel, Kurt. Ich bin in einem sehr religiösen Haus bei Pflegeeltern aufgewachsen, die oft darin gelesen haben. Es ist ein sehr schönes Buch, aber heute völlig überholt und veraltet. Es ist ein Buch für Feiglinge und Schwächlinge."

Im Geist sah ich Mutter im flackernden Lampenlicht über die Bibel gebeugt, und ein tiefes Schuldgefühl überkam mich. Meine Worte taten Mutter Unrecht, denn sie war weder schwach noch feige gewesen. Ich kannte ihre innere Kraft und ihr gutes Herz. Aber unsere Wege hatten sich getrennt. Ich hatte sie mit ihrem Glauben hinter mir gelassen und meine Kraft ungeteilt dem Führer zur Verfügung gestellt.

„Kurt, du hast dem Tod so oft ins Auge geschaut. Welche Gedanken hast du dabei gehabt?"

Kurts Gesicht war unbeweglich wie die steinernen Köpfe an der Brücke über uns. „Ich habe ihm nie wirklich ins Auge gesehen, Kleine. Ich wusste immer, dass ich ihm irgendwie entwischen würde, und genauso kam es auch! Es ist mir gleich, ob die höchste Erfüllung der Tod für das Vaterland ist. Ich will jedenfalls noch nicht sterben. Ich möchte leben und das Leben genießen, jeden Augenblick davon. Das Leben ist so kurz, und ich möchte herausholen, was herauszuholen ist. Betrogen werden wir sowieso!"

Plötzlich wurde mir klar, was in der Tiefe seiner Augen zu lesen war, was er zu verbergen versucht hatte: Lebensgier. Allen stand es in den Augen geschrieben, die aus Russland zurückkamen: Walter und – Rudi!

Langsam gingen wir weiter.

„Kurt, weißt du, warum ich diese Brücke so liebe?“

Kurt sah mich überrascht an. „Was hat denn diese Brücke mit dem zu tun, wovon wir gerade sprachen?“

Ich blickte auf die grauen alten Steine der berühmten Brücke und strich mit der Hand über die glatte Oberfläche. Gotische Heiligenfiguren, in fließende Steingewänder gehüllt und mit goldenen Heiligenscheinen sahen in ungebrochenem Stoizismus auf uns herab. Über uns war der Hradschin mit seinen tausendjährigen Mauern. Die gotisch-barocke Kathedrale ragte steil zum Himmel. Seit ich in dieser Stadt lebte, hatte ich darin in Stein gehauene Siegesgesänge gesehen, und für mein aufgewühltes Herz waren sie eine nie versiegende Quelle des Friedens und der Beständigkeit.

„Kurt, hier stehen wir zwischen Vergangenheit und Zukunft. Sieh dich um, die Geschichte wird lebendig. Ich liebe Geschichte, sie ist der Schlüssel zum Verständnis unseres Lebens und Todes, worüber wir eben gesprochen haben. Der Mensch nimmt sich selbst viel zu wichtig. Wir sind nur winzige Rädchen im Getriebe, unbedeutende Glieder in einer langen Kette von Generationen, und wir leben in den zukünftigen Generationen weiter. Das ist meine Antwort auf den Tod. Meinst du nicht auch? Hörst du, wie diese alten Steine zu uns reden? Sie erzählen von den vielen Generationen, die vor uns über diese Brücke gegangen sind. Mozart hat hier einmal gestanden, und die Schönheit dieser Brücke hat ihn zu seiner wunderbaren Musik inspiriert. Er ist tot, aber seine Musik lebt weiter. Auch die Erbauer der Kathedrale sind schon lange tot, aber ihr Werk bleibt bestehen. Das, was wir schaffen, ist es, was nach unserem Tod weiterlebt und was dem Leben und dem Tod einen Sinn gibt. Auch Stalingrad ist ein Denkmal – für die späteren Generationen unseres großen deutschen Reiches.“

Ich spürte, wie der Blick meines Begleiters forschend auf mir ruhte, aber ich vermied es, in seine gierigen Augen zu sehen, und wandte mich ab. „Komm, wir gehen zur Schule zurück“, schlug ich vor. „Es wird kalt!“

Schweigend machten wir uns auf den Rückweg. Ich wusste, was Kurt dachte. Ihn interessierte weder die Vergangenheit noch die Zukunft. Er hatte nur ein Verlangen: die Gegenwart zu genießen. Darin konnte ich ihm aber nicht entgegenkommen.

Deshalb verschloss ich mich ihm gegenüber. Es hatte keinen Sinn, ihm irgendwelche Hoffnungen zu machen. Ich wollte mich in niemanden verlieben, nicht einmal in meine Brieffreunde, die mir seit Jahren schrieben – auch nicht in Walter. Ich antwortete Walter und meinen Freunden, die ich von der Hitlerjugend her kannte, auf ihre Briefe, aber ich hatte ihnen außer meiner Freundschaft nichts zu geben und machte daraus auch keinen Hehl. Eigentlich konnte ich kaum verstehen, warum sie nicht längst aufgehört hatten, mir zu schreiben.

Auch Kurt verabredete sich immer wieder mit mir, und es machte mir Vergnügen, mit ihm zusammen die Stadt zu erforschen. Warum hängten sie sich nur alle an mich? Ich bekam eine Menge Post und konnte den Schreibern gar nicht oft genug antworten.

Schließlich fragte ich Walter in einem Brief nach dem Grund. Er hatte mir erzählt, dass auch er einmal verlobt gewesen war und wie er die Verbindung nach kurzer Zeit gelöst hatte.

„*Liebe Hansi*", schrieb er in seinem Antwortbrief, „*Du weißt wohl immer noch nicht, was uns Männer anzieht? Du musst wissen, es gibt zwei Arten von Mädchen: solche, die wir uns aussuchen, wenn wir aus dem Krieg zurückkommen, um Vergnügen und Entspannung zu finden. Die andere Art ist die Frau, von der wir heimlich träumen und die wir einmal heiraten wollen. Du gehörst zu der zweiten Sorte: Dich wollen die Männer heiraten. Die Ehe ist mehr als Sex oder Flirten, sie ist hauptsächlich eine Freundschaft. Du bist für mich der beste, vielleicht sogar der einzige Freund, den ich habe. Meine Verlobung ging kaputt, weil ich unbedacht gehandelt und gewählt hatte. Dieses Mädchen hatte außer dem Schlafzimmer und sich selbst nichts zu bieten. Aber hier, im Elend des Krieges, wollen die Männer keine Schlafzimmer-Briefe. Sie brauchen mehr. Und sie brauchen das, was Du geben kannst. Du kümmerst Dich wirklich um sie, und das wissen sie. Wenn ich je in größter Not wäre, würde ich immer nur zu Dir gehen, weil ich genau weiß, dass Du mich nie im Stich lassen würdest. Freundschaft ist die höchste Form der Liebe, und Dein größtes Geschenk für mich ist, dass Du Deinen Idealen treu bleibst. Bitte bleib so, wie Du bist! Kein Mann wird Dich dann je gehen lassen. Und ich bin der Letzte, der Dich im Stich ließe. Eines Tages werde ich zu Dir zurückkommen.*"

Ich ließ den Kopf sinken und weinte – zum ersten Mal, seit ich den Brief an Rudi geschrieben hatte. Walter hatte Unrecht! Manche Männer lassen ihr Mädchen im Stich, auch wenn es seinen hohen Idealen treu bleibt und an die große Liebe glaubt! Manche Männer benutzen ein Mädchen nur als Aufbaumittel für ihr eigenes Ego. Sie schreiben wunderschöne Briefe, stecken einen goldenen Ring an den Finger, sind aber nicht bereit, die damit verbundene Verantwortung zu tragen. All die Bitterkeit, Einsamkeit und Verzweiflung darüber, dass ich Rudi nicht vergessen konnte, nagten an mir – ich liebte ihn noch immer. Alles war so sinnlos und so schwer.

Aber schon bald ging es mir wieder etwas besser, sogar der Magen tat mir nicht mehr ganz so weh. Mit der Zeit nahm ich wieder etwas zu und konnte wieder meine Pflichten übernehmen. Es wurde auch höchste Zeit, denn eine ungewöhnliche Aufgabe kam auf mich zu, die meine ganze Kraft erfordern sollte.

Götterdämmerung

Eines Tages musste ich mich in einem Flüchtlingslager der Stadt melden. Das Führerhauptquartier in Berlin hatte die Evakuierung aller Kinder angeordnet, die unter Regierungsobhut standen. Ich fragte mich warum, aber ich hatte gelernt, Befehle auszuführen, ohne zu fragen. Ich wusste, dass ich den verantwortlichen Männern unseres Reiches vertrauen konnte.

30 Kinder sollten auf die Reise gehen. Jedes hatte einen kleinen Rucksack auf dem Rücken. Sie waren im Alter von 5 bis 12 Jahren, und alle waren fröhlich und ausgelassen und freuten sich auf die Reise.

In dem schriftlichen Befehl, den ich bekommen hatte, war das Reiseziel und die Abfahrtszeit des Zuges angegeben. Ich hatte außerdem eine Vollmacht erhalten, jeden Zug, den ich wollte, für mich und die Kinder in Anspruch zu nehmen.

Erst als sich die Kleinen in Reih und Glied aufstellten und zur Abfahrt bereit waren, wurde mir klar, dass ich ja die einzige Verantwortliche für diese Aktion war! Kein anderer Erwachsener hatte Zeit, mir beizustehen. Ich stand da mit 30 kribbeligen Kindern und einem Befehl – das war alles!

Wie ich es fertig gebracht habe, die ganze Bande in den Zug zu befördern, weiß ich nicht, aber schließlich waren alle drin. Als der Schaffner meine Papiere durchsah, sagte er mir, dass wir in der nächsten Stadt umsteigen müssten. Du meine Güte, ich hatte gar nicht gewusst, dass unser Bestimmungsort auf dem Land lag! Wir mussten in einen kleinen Bummelzug umsteigen. Die etwas älteren Kinder halfen den Kleinen, als wir ausstiegen. Endlich waren alle heil auf dem Bahnsteig, und wir zogen zu einem anderen Gleis, wo der gemütliche Personenzug schon abfahrbereit dampfte und zischte.

Der Zug war brechend voll von Menschen, fast alles Tschechen, die mich und die Kinder feindselig anstarrten und uns keine Möglichkeit zum Einsteigen ließen. Ich erklärte dem Schaffner, worum es ging, aber er tat so, als höre er nicht. Schließlich lief ich zum Bahnsteigbeamten. Er sah mich nicht einmal an, sondern gab gleichgültig das Signal zur Abfahrt des Zuges. Einige Kinder fingen an zu weinen. Da packte mich plötzlich die Wut.

„Mein Herr", sagte ich sehr laut auf Tschechisch, „wenn Sie den Zug ohne diese Kinder abfahren lassen, werde ich die SS um Hilfe bitten müssen!"

Das half! Plötzlich war der Mann wie umgewandelt. Obwohl der Zug schon fuhr, gab er auf seiner Pfeife einen schrillen Pfiff von sich, und der Zug stoppte. Der Beamte schrie Befehle in einen Wagen. Wortlos packten die Passagiere ihr Gepäck und stiegen aus dem Zug, um den Kindern Platz zu machen. Ich dankte ihnen freundlich auf Tschechisch, bekam aber keine Antwort. Nur steinerne Gesichter schauten mich böswillig an. Der Zugführer gab zum zweiten Mal das Signal zur Abfahrt, und diesmal rollte der Zug ungehindert aus dem Bahnhof.

Nachdem ich die Kinder gezählt hatte, sah ich noch einmal aus dem Fenster. In der Ferne sah ich ein paar der zurückgebliebenen Reisenden zornig die Faust schütteln. Ich quetschte mich neben das kleinste der Kinder auf den Sitz, und sofort legte es mir das Lockenköpfchen in den Schoß. Die Kleine war müde. Und auch ich war müde, erschöpft und völlig durcheinander. Ich fühlte mich schuldig und wusste nicht, warum. Oder doch?

Zum ersten Mal hatte ich meine Autorität als Führerin der Hitlerjugend benutzt, um Leute einzuschüchtern, und die Reaktion auf meine Drohung war schwerer zu ertragen als die Angst, mit den Kindern irgendwo sitzen zu bleiben. Es war dieselbe Angst, die mich dazu bewegt hatte, den Mann anzuschreien.

Ich war wie vor den Kopf geschlagen. Warum hatten die Tschechen so bedingungslos gehorcht? Hatten sie solche Angst vor der SS? Natürlich war die SS Hitlers verlängerter Arm im Land, aber auch sie befolgten doch nur Befehle, genau wie ich! Hatte ich nicht schließlich die Verantwortung für die hilflosen Kinder? Dennoch plagte mich das schlechte Gewissen, und ich hatte das Gefühl, jemanden betrogen zu haben, ohne zu wissen wen.

Als wir endlich in der kleinen Stadt ankamen, in der das neue

Notquartier auf die Kinder wartete, heulten dort die Sirenen. Verängstigt drängten sich die Kleinen an mich, und der Zug setzte sich wieder in Bewegung. Der Bahnhof war menschenleer, und so schnell ich konnte, brachte ich die Kinder zum nächsten Luftschutzraum. Aber die Tür war geschlossen. Wir warteten. Die Kleinen fingen an zu weinen. Ich gebot Ruhe und erklärte, was jetzt zu tun sei: Sie mussten sich in einer Reihe aufstellen und mir im Gänsemarsch folgen. Ganz leise und so schnell wie möglich sollten sie dicht an den Häusern entlanggehen, so dass sie nicht so leicht entdeckt werden konnten. Wenn die Flieger zum Angriff ansetzten, wollten wir irgendwo Deckung suchen oder uns einfach flach auf den Bürgersteig werfen.

Viele kleine Füße folgten mir im Takt, als wir aus dem Bahnhof marschierten. Nichts war zu hören, außer dem leisen Trappeln der kleinen hölzernen Sohlen – eins, zwei, eins, zwei –, und ganz in der Ferne hörte man das Dröhnen der Bomber. Es klang wie ein Bienenschwarm. Sie kamen näher, immer näher. Panik ergriff mich. Ich wollte rennen, nichts als rennen!

Plötzlich hörte ich Mutters Worte: „Renn nicht weg, Mariechen, Bienen stechen nur, wenn man nach ihnen schlägt und vor ihnen wegläuft. Bleib stehen, dann werden sie dich in Ruhe lassen!"

Ich blieb stehen, ebenso die 30 Paar Füße hinter mir. Ich bedeutete den Kindern, sich in den Schatten der Gebäude zurückzuziehen. Die Bomber kamen näher, und ich bildete mir ein, schon den Geruch explodierter Bomben und Rauch wahrzunehmen. Doch allmählich entfernten sich die Flieger und flogen ohne Angriff über uns hinweg.

Eine Stunde später saßen die Kinder an langen Tischen und löffelten heiße Suppe. Es war kein gutes Abendessen, aber sie kannten nichts Besseres und waren zufrieden damit. Mir ging es genauso. Ich konnte ruhig zurückfahren und melden: „Befehl ausgeführt!" Ich hatte getan, was man von mir erwartet hatte, und doch fühlte ich mich schuldig, weil ich den tschechischen Zugführer so angeschrien hatte. Aber schließlich hatte ich ja keine andere Wahl gehabt, oder? Hatte man überhaupt eine Wahl?

***

Eines Tages, Ende März 1945, erhielten wir den Befehl, Prag sofort zu verlassen und nach Hause zurückzukehren. Völlig ratlos ging ich zu meiner Unterführerin und bat sie, bleiben zu dürfen. Ich wusste nicht, wo ich hingehen sollte, und außerdem war hier noch so viel zu tun. Wir konnten doch nicht einfach alle weglaufen!

Aber meine Führerin schüttelte energisch den Kopf. „Nein, Maria Anne, Befehl ist Befehl. In der Stadt seid ihr nicht mehr sicher. Die Russen stehen schon östlich von Prag!"

Ich hielt an meiner naiven Abwehr fest. „Warum sollten wir uns darum Sorgen machen? Hitler wird Prag niemals aufgeben! Er liebt diese Stadt!"

Hatte er nicht gerade erst im Radio versprochen, dass der Sieg nun nicht mehr lange auf sich warten lassen würde? Die deutschen Wissenschaftler hatten neue Waffen entwickelt, und im Laufe von nur ein paar Tagen würden wir den Feind vernichtend geschlagen haben. Das Ende des Krieges war greifbar nahe. Warum sollte ich also nicht hier bleiben?

„Kind, du musst heute noch weg", antwortete meine Schulleiterin. „Hast du denn gar keine Verwandten?",

„Doch, eine Schwester in Reichenberg. Ich kenne sie aber nicht besonders gut. Wir haben uns erst vor ein paar Jahren kennen gelernt. Ihr Mann ist in Russland gefallen. Vielleicht kann ich für ein paar Wochen bei ihr bleiben."

Es gab keine Telefonverbindung mit dem Bahnhof, so musste ich mit der Straßenbahn hinfahren, um mich nach den Zügen zu erkundigen. Unterwegs machte ich einen Abstecher im Lazarett und verabschiedete mich von Kurt.

Auf dem Bahnhof herrschte ein heilloses Durcheinander. Es gab keinen regelmäßigen Zugverkehr mehr, aber man erklärte mir, dass in der folgenden Nacht wahrscheinlich ein Zug abgehen würde. Also fuhr ich wieder zur Schule zurück, um meine Sachen zu packen.

Meine Vorgesetzte schrieb mir eine Sonderfahrkarte aus. Ich wunderte mich über ihren merkwürdigen Gesichtsausdruck, als ich mich mit „Auf Wiedersehen" von ihr verabschiedete.

Mit dem Koffer in der einen Hand und meiner Post von diesem Tag in der anderen ging ich zum Bahnhof zurück. Die ganze

Atmosphäre war spannungsgeladen, und etwas Drohendes lag in der Luft. Die Tschechen musterten mich mit feindseligen Blicken, aber ich war zu sehr in meine eigenen Gedanken versunken, um mich davon beeindrucken zu lassen.

Unter den Briefen war eine Karte von Walter, die er nur teilweise selbst geschrieben hatte, den Rest hatte eine Krankenschwester darunter gesetzt. Er war wieder schwer verwundet worden und lag in einem Notkrankenhaus in einer Hafenstadt Litauens, wo die verwundeten Soldaten auf den Abtransport nach Norddeutschland warteten. Die krakelige Handschrift zeugte von großer Schwäche und stand in krassem Gegensatz zu der Botschaft auf der Karte, dass er bald heimkommen würde.

Plötzlich fiel mir wieder ein, was ich tags zuvor in den Nachrichten gehört hatte. Die Russen hatten erst vor kurzem verschiedene Lazarettschiffe torpediert, die deutlich als solche gekennzeichnet und mit Hunderten verwundeter Soldaten und Offizieren beladen waren. Sie waren unterwegs von Litauen nach Norddeutschland gewesen. Es gab keine Überlebenden.

Nein, das durfte einfach nicht wahr sein! Walter hatte doch nicht fünf lange Kriegsjahre überstanden, um auf der Heimfahrt hilflos und krank dem Tod in die Arme getrieben zu werden! Er war der einzige Sohn, der Liebling seiner Eltern. Ich konnte mir sein liebes Gesicht einfach nicht vorstellen, wie er mit dem eiskalten Wasser der Ostsee kämpfte und schließlich ertrank. Nein, nein! Es war zu schrecklich, um wahr zu sein. Ich fing an zu weinen. Fünf harte Kriegsjahre hatten mich zermürbt und meinen Stolz gebrochen. Ich wusste nicht mehr aus noch ein. Die Tränen waren eine Erleichterung für meine wunde Seele.

Die Reise war lang und wurde immer wieder unterbrochen. Einige Male wurde der Zug von Kampffliegern angegriffen und blieb dann stundenlang stehen. Die Passagiere weinten, fluchten, schimpften und beteten, und ich saß bewegungslos am Fenster und starrte in die Dunkelheit hinaus.

Ich kam mir vor wie eine Schauspielerin auf der Bühne, die von einer unsichtbaren Macht gezwungen wird, eine bestimmte Rolle zu spielen. Doch ich kannte meine Rolle nicht. Wie eine Marionette hing ich hilflos an den Fäden. Was würde der nächste Akt bringen? Ich tappte im Dunkeln, einem blinden Schicksal hilflos ausgeliefert.

Im Geist hörte ich die Musik, die zu meinem Stück gespielt wurde – es war die Musik Richard Wagners. Er war mein Lieblingskomponist, obwohl ich mich oft fragte, ob meine Neigung nicht etwas mit der Vorliebe Hitlers für diese Musik zu tun hatte. Wagners Musik war zu einem Teil meiner Gefühlswelt und meiner Träume geworden. Das Thema des Trauermarsches aus der „Götterdämmerung" klang mir in den Ohren. Ich wollte tapfer und unerschrocken sein und kämpfte doch vergeblich gegen das Gefühl der Einsamkeit und der Angst, das mich überfallen wollte.

Warum konnte ich nicht so mutig und furchtlos sein wie die Brunhilde in der Nibelungensage? Brunhilde war meine Lieblingsgestalt aus Wagners Opern. Jedes Mal, wenn ich den „Ring der Nibelungen" hörte, lief mir ein Schauder den Rücken hinunter. Warum liebte eigentlich Hitler diese Oper so sehr? Sie endete doch mit Zerstörung, Mord und Freitod. Warum überhaupt war das Leben so voller Widersprüche und Probleme? Und wann würde ich wohl nach Prag zurückkehren können?

Mein schönes Prag, meine Primadonna! Wie gern würde ich wieder im Schatten deiner Schönheit leben, auf deinen Herzschlag lauschen und mehr von deiner alten Weisheit lernen! Warum musste ich den Ort verlassen, der mir zur Heimat geworden war?

Margret sah verhärmt aus, als ich in ihrem Häuschen ankam. Die Kinder waren dünn und teilnahmslos. Aber wie konnte ich auch bei der herrschenden Lebensmittelknappheit einen freudigen Empfang erwarten! Jetzt galt es ja, einen hungrigen Mund mehr zu stopfen.

Deshalb beschloss ich, so bald wie möglich wieder wegzugehen. Aber wohin nur? Eine düstere Ahnung von kommendem Unheil lag in der Luft. Langsam und fast unbemerkt verging die Zeit. Die blumenbemalten Schränke in der winzigen Küche meiner Schwester wiesen immer mehr leere Fächer auf. Alle schienen auf etwas zu warten – aber auf was?

Der Zusammenbruch

Wochen später erfuhr ich, dass die Russen ein paar Stunden, nachdem ich weggefahren war, bis zum Osten der Stadt vorgedrungen waren. Mein Zug muss einer der letzten gewesen sein, der Prag noch vor dem Blutbad verlassen konnte, das dort angerichtet wurde.

Die Nationaltschechen brachten Hunderte von Nazis um und kämpften erbittert gegen die deutschen Truppen, während die Russen am Ostrand der Stadt warteten. Sicher war unsere Gruppenführerin, die mich zur Abreise bewegt und dadurch mein Leben gerettet hatte, umgekommen. Ich aber war wieder einmal davongekommen. Warum nur?

Einen Tag nach der Ankunft bei meiner Schwester stand plötzlich Kurt vor der Tür. Mir war, als stände ich einem Geist gegenüber!

„Was machen Sie denn hier, junger Mann?"

„Ich bin mit dem gleichen Zug angekommen wie du", sagte er mit seinem typischen verschmitzten Lächeln. „Ich konnte nur nicht zu dir kommen, weil der Zug so voll war. Sie wollten mich an einen sichereren Ort bringen, damit ich wieder kampffähig werde." Er zog eine Grimasse, und ich musste lachen.

Ich hatte das Gefühl, dass er seine Beziehungen ausgenutzt hatte oder einfach aus dem Lazarett in Prag weggelaufen war, nachdem ich mich von ihm verabschiedet hatte. Wie dem auch sei, er hatte überlebt, und dafür war ich sehr dankbar.

In den folgenden Wochen sahen wir uns oft. Bald wurde sein Gipsverband abgenommen, und unermüdlich trainierte er seine Finger, um beide Hände wieder voll gebrauchen zu können.

Eines Abends machten wir einen Spaziergang durch den Park und setzten uns unter einen blühenden Jasminstrauch. Sein schwerer Duft erfüllte die Luft.

Kurt schaute mich an und sagte unvermittelt: „Lass uns heiraten, Hansi – am besten gleich morgen!"

Ich lachte schallend.

„Ganz im Ernst, Hansi, ich mache keinen Spaß!", sagte er gereizt. „Ich meine es wirklich so. Wir können innerhalb von vierundzwanzig Stunden die Genehmigung bekommen. Du weißt doch, wie schnell die Armee dazu bereit ist. Morgen Abend können wir schon verheiratet sein!"

„Das mag ja sein, Kurt", lächelte ich. „Aber warum sollten wir denn heiraten?"

„Weil ich mit dir schlafen will."

Ich fühlte, wie ich errötete. „Das ist keine Grundlage für eine Ehe, Kurt. So gut solltest du mich doch kennen. Ich heirate nur aus Liebe, und ich liebe dich nicht!"

„Mag sein, aber vielleicht liebe ich dich. Ich weiß nur, dass ich dich haben will und dass ich dich nur bekomme, wenn wir heiraten!"

Ich lachte wieder. „Kurt, ob verheiratet oder nicht, du kannst mich sowieso nur haben, wenn ich meine Einwilligung gebe. Warum willst du dir die Mühe machen, mich zu heiraten, nur um mich zu bekommen? Es gibt genug Mädchen in dieser Stadt, die gerne mit dir schlafen würden."

„Ich weiß, Maria Anne, aber die will ich nicht. Ich will dich, und zwar mit jeder Faser meines Herzens. Ich kann nicht mehr essen, nicht mehr schlafen, die ganze Zeit muss ich an dich denken!"

Ich wusste, wie ihm zumute war, denn mir war es einmal genauso ergangen. Aber solch eine Liebe war falsch, sie endete nur in Enttäuschung und Schmerz. Ich schüttelte den Kopf. „Nein, Kurt, es geht beim besten Willen nicht. Ich glaube, dass ich überhaupt nie heiraten werde."

„Liebst du etwa noch immer diesen Marinesoldaten?"

„Nein, das ist es nicht, Kurt", erwiderte ich heftig, „er war im Grunde nicht mal mein Typ. Dunkel liegt mir nicht. Ich bevorzuge den nordischen Typ!"

„Na ja, dann kannst du wenigstens gegen mein Aussehen nichts einwenden", sagte Kurt sarkastisch.

Aber ich ließ ihn nicht ausreden. „Kurt, habe ich dir je meinen Lieblingsspruch gesagt?"

„Ach, du hast mir schon so viele Sprüche gesagt, dass ich nicht weiß, welcher dir der Liebste ist!"

„Rein bleiben und reif werden, das ist die höchste und edelste Lebenskunst."

„Du bist eine hoffnungslose Träumerin, Mädchen!", sagte Kurt ärgerlich. „Die Russen sind schon fast in der Stadt, und ich muss übermorgen fort. Wenn du scharf hinhörst, kannst du sogar schon die Artillerie schießen hören. Wach endlich auf, Hansi! Das Leben ist für uns schon so gut wie vorbei!"

„Was soll das heißen?", fuhr ich auf. „Sicher wird es noch ein paar harte Wochen für uns geben, bis der Krieg vollends zu Ende ist. Aber dann wird es uns gut gehen. Sobald die neuen Wunderwaffen eingesetzt werden, müssen die Russen weichen und ich kann endlich zu meiner Schule zurück!"

Kurt sah mich ungläubig an. „Hansi", sagte er weich, „in ein paar Tagen oder Wochen werden die Russen hier in dieser Stadt sein! Nichts wird sie aufhalten. Hör endlich auf, auf Hitler zu warten! Warum sollen wir uns nicht noch eine schöne Zeit machen – es bleibt uns ja nur noch wenig Zeit. Bisher hast du doch in deinem Leben nur Arbeit, Krieg und Elend gekannt. Heute leben wir noch, Hansi, wer weiß, wie bald wir sterben müssen!"

„Nein, Kurt", schluchzte ich, „du irrst dich! Ich glaube an mein Vaterland, an meinen Führer und an den Sieg! Du weißt ja nicht, was du sagst! Wenn ich an die vielen Kameraden denke, die im Kampf für unsere Sache ihr Leben lassen mussten – das soll alles umsonst gewesen sein und in Niederlage und Tod enden? Nein, Kurt, niemals! Und was uns beide anbetrifft, ich werde immer deine Freundin bleiben. Das ist alles, was ich dir anbieten kann!"

Kurt sprang auf und bekam zum ersten Mal, seit ich ihn kannte, einen Wutanfall. „Also gut, du dummes Kind", schrie er. „Geh und heb dir deine Ideale für die Russen auf! Deinen unberührten Körper, deine Träume, alles! Warte nur! Du wirst schon sehen, wie sie mit dir umgehen werden. Vergewaltigen werden sie dich! Warte nur auf sie! Heb dich nur für sie auf!" Damit rannte er weg und ließ mich sitzen.

Seine Worte klangen mir noch lange in den Ohren. Kurt war offensichtlich übergeschnappt, dass er solch entsetzliche Dinge auch nur denken konnte. Ich überlegte und versuchte zu verstehen, warum er mir solche Angst machen wollte. Doch ich fand keine Erklärung dafür.

***

Am nächsten Tag kam er und entschuldigte sich bei mir. Ich brachte ihn zum Zug, als er wieder an die Front zurück musste. Kein Lächeln stand auf seinem Gesicht, nur Enttäuschung. Seine Augen sprachen die gleichen Worte, die er mir am Tag zuvor an den Kopf geworfen hatte. Er sagte jedoch nichts mehr davon.

Ein paar Tage später sprach Rudis Kommandeur, Admiral Dönitz, im Radio. Gebannt saßen wir auf dem Sofa meiner Schwester und hörten auf seine Stimme: Dönitz hatte auf Hitlers letzten Wunsch die Führung der Nation übernommen. Schon wenige Stunden nach seiner Ansprache ging das Gerücht um, Hitler habe sich gemeinsam mit seiner Geliebten Eva Braun umgebracht.

Wir waren fassungslos! Wie kam unser Führer dazu, so etwas Furchtbares zu tun? Hatte er nicht gelobt, uns zum Sieg zu führen?

Und trotzdem zweifelte ich nicht an der Richtigkeit seiner Entscheidung. Ich konnte sie zwar nicht verstehen, aber ich vertraute darauf, dass er wusste, was das Beste für das Vaterland war, und dass er uns in einem geheimnisvollen Akt der Selbstaufopferung den Weg gewiesen hatte. Ich konnte einfach nicht glauben, dass Hitler, mein Gott, mein Idol, eine feige Tat begangen haben könnte, um sich den Folgen seiner Handlungen zu entziehen.

Zwei Tage später marschierten die Russen in Reichenberg ein. Ich stand am Fenster und sah in die fremden Gesichter der Soldaten, die dort unten am Haus meiner Schwester vorbeimarschierten. Ungläubig, fassungslos und zitternd vor Angst wartete ich. Ich wusste, dass Hitler tot war – und doch glaubte ich immer noch an ihn. Sicher war es nur eine Frage der Zeit, dann würden seine Versprechungen erfüllt, ganz bestimmt!

***

Als Admiral Dönitz die bedingungslose Kapitulation Deutschlands verkündete, wehrte ich mich mit allen Fasern meines Herzens dagegen, es zu glauben. Ich nahm Margrets schreiendes Kind auf die Arme und wiegte es, während das Radio die irrsinnige Botschaft herausplärrte. Ich war wie vor den Kopf geschlagen, unfähig, klar zu denken. Es kam mir vor, als fiele ich in einen bodenlosen Schacht und als wäre alles nur ein entsetzlicher Albtraum.

Aber der Albtraum wurde immer schlimmer. Die Kinder fragten nach Essen, doch es war nur gerade genug da, um ihnen einmal am Tag eine Mahlzeit zu geben. In den Nächten hörten wir die Frauen in den Nachbarhäusern schreien. Wir wussten, dass sie vergewaltigt wurden.

Margret und ich wagten nicht, uns zur gleichen Zeit schlafen zu legen. Eine von uns blieb immer wach. Sobald wir Schritte hörten, die sich unserem Haus näherten, versteckten wir uns. Ich hockte jede Nacht in einer dunklen Ecke auf dem Dachboden, zitternd vor Angst, und hörte wieder Kurts Stimme: „Heb dich nur für die Russen auf! Heb dich nur für sie auf!"

Es war nur eine Frage der Zeit, wann die betrunkenen Soldaten uns finden würden. Aber lieber wollte ich sterben, als mich von einem dieser brutalen Kerle anfassen zu lassen. Nein, Kurt, ich mochte zwar eine weltfremde Träumerin sein, aber das würde ich keinem gestatten. Nie! Vielleicht sollte ich Hitler und meinen Freunden folgen und mir das Leben nehmen. Aber hatte ich das Recht dazu, mich selbst umzubringen? Wofür würde ich sterben? Gab es nicht noch irgendetwas, für das man leben konnte und für das sich zu leben lohnte? Sich aufheben oder sterben – aber wofür?

Ich war nicht die Einzige, die ohne Hoffnung und voll Verzweiflung war. Viele taten den Schritt, den auch ich erwogen hatte. Sie folgten Hitler bis zum Letzten und nahmen sich das Leben. Einer meiner früheren Vorgesetzten bei der NSV, Herr Braun, war mir immer ein guter Freund gewesen. Er glaubte an den Führer mit der gleichen Inbrunst und Kraft wie ich – vielleicht noch mehr. Als Deutschland dann vor den Alliierten kapitulierte, nahm er mit seiner Frau und den fünf Kindern eine letzte Mahlzeit ein, in die er Gift geschüttet hatte. Die Familie stand nie mehr vom Tisch auf. Man fand sie später über die Teller gesunken, die Gesichter vom Gift schrecklich verfärbt. Andere Nazis mussten sich nicht selbst umbringen, weil andere das für sie erledigten.

Eines Tages nach dem Zusammenbruch wurde ich gemeinsam mit anderen Frauen gezwungen, für die örtliche kommunistische Verwaltung zu arbeiten. Wir mussten um das städtische Krematorium herum Unkraut jäten. Dort gab es zu dieser Zeit viel zu tun. Es waren viele Leichen zu verbrennen, und der Schornstein spuckte dicke Rauchwolken aus.

Plötzlich wurde unsere monotone Arbeit durch entsetzliche Schreie aus dem Innern des Gebäudes unterbrochen. Wir hatten in den letzten Tagen viele Schreie gehört und waren daran gewöhnt. Frauen schrieen, wenn sie nachts von russischen Soldaten vergewaltigt wurden. Andere schrieen, wenn die Russen auf Straßen und Plätzen eine Razzia veranstalteten, um nach Deutschen zu suchen, die ihre weißen Armbinden mit der Aufschrift „Nemci“ (Deutsche) nicht angelegt hatten. Wir waren für jedermann zum Freiwild geworden. Aber das entsetzliche Geschrei, das wir jetzt aus dem Krematorium hörten, jagte uns einen Schauder den Rücken hinunter. Was konnte passiert sein?

Kurze Zeit später wurde ein Mann von zwei tschechischen Polizisten aus dem Gebäude geführt. Wir erkannten ihn. Es war Dr. Helmer, ein bekannter deutscher Arzt und prominenter Nationalsozialist. Weinend und jammernd wurde er abgeführt, und wir sahen, wie er in hilflosem Schmerz die in Handschellen gelegten Hände rang.

Später erzählte uns ein tschechischer Beamter, dass in der Nacht Soldaten in Helmers Haus eingedrungen waren und seine Frau und die vier Kinder erwürgt hatten. Um sicherzugehen, dass sie auch wirklich tot waren, hatte man ihnen noch die Kehlen durchgeschnitten. Die fünf Leichen waren ins Krematorium gebracht worden. Dann hatte man Dr. Helmer zu ihrer Identifizierung aus einem kommunistischen Gefangenenlager geholt.

„Sie haben den armen Mann mit keinem Wort darauf vorbereitet!“, empörte sich der tschechische Beamte. Auch er schien von dem Entsetzen auf dem Gesicht des Mannes gerührt zu sein. „Es ist einfach nicht recht, einen Menschen so zu behandeln. Und was haben die vier unschuldigen kleinen Kinder getan, dass sie auf so furchtbare Art sterben mussten?“

Wir nickten zustimmend, wagten aber nicht, etwas darauf zu sagen. Man hätte uns vielleicht erschossen, wenn wir als Deutsche dieselben Gedanken ausgesprochen hätten. Aber was für ein Sturm tobte hinter unseren gleichmütigen Gesichtern!

Wie war es nur möglich, dass sich das Leben innerhalb einer Woche zu einem solch entsetzlichen Albtraum verwandeln konnte? Wie viel kann ein Mensch ertragen, ohne zusammenzubrechen?

Die furchtbaren Schreie aus dem Krematorium verfolgten mich noch tage- und nächtelang. Verzweifelt suchte ich Antwort auf das quälende „Warum“ all des Elends um mich herum. Was war der Sinn des Leidens und des Todes? Ich fand keine Antwort darauf, starrte nur unentwegt in das Dunkel meiner winzigen Dachkammer, in der ich mich immer noch jede Nacht verborgen hielt.

Ich fiel in einen Abgrund der Verzweiflung und Angst. Allmählich kam ich mir vor, als bestünde ich aus zwei Personen. Die eine war taub und empfindungslos und schauderte vor all dem Grauen, das sie mitansehen musste. Die andere betrachtete die erste Person mit ungläubigem Staunen und hoffte, alles sei nur ein furchtbarer Traum, und bald würde ich aufwachen und wieder ein normales, geordnetes Leben führen können.

Aber der Albtraum nahm kein Ende, und ich versank immer tiefer in einer Nacht voll Schrecken und undurchdringlicher Finsternis. Ich glaubte, das Maß sei voll, mehr könnte ich nicht ertragen, sonst müsste ich meinem Leben ein Ende machen.

Damals wusste ich noch nichts von der Zähigkeit und dem ungeheuren Lebenswillen, die in einem jungen Menschen stecken.

Frauen in der Sklaverei

Eines Morgens musste ich mich bei einem kommunistischen Arbeitsamt melden, um dort meine tägliche Arbeit zugeteilt zu bekommen. Zu meinem Entsetzen fand ich mich bald darauf mit vielen anderen Frauen und Mädchen in einem Lastwagen zusammengepfercht wieder. Man brachte uns mit rasender Geschwindigkeit über die deutsch-tschechische Grenze weit in das frühere Böhmen hinein. Am späten Nachmittag kamen wir dann am Zielort an, einem riesigen Gutshof nach kommunistischem Muster. Er bestand aus verschiedenen Gebäuden, darunter großen Scheunen. Der Hof war von einer hohen Steinmauer mit zwei Toren umgeben. Allem Anschein nach handelte es sich um den Hof eines reichen Tschechen, der erst vor kurzem beschlagnahmt worden war.

Bald hatten wir herausgefunden, dass der neue Verwalter und die Wachmannschaft unter den Gehilfen und Knechten des ehemaligen Gutsbesitzers ausgewählt worden waren. Diese neu gekürten „Bosse" hatten wenig Ahnung von der Leitung einer Arbeitskolonne und versuchten, ihre Unfähigkeit mit Schreien und willkürlichen Befehlen zu überdecken.

Schwach vor Hunger und benommen von der Fahrt kletterten wir mühsam vom Wagen herunter und standen unserem neuen Aufseher gegenüber, einem wüsten, brutalen Kerl. Er brüllte ein paar Befehle, und ich begriff, dass wir alle eine wackelige Leiter hinauf in eine Art Dachboden der Scheune steigen sollten. Dort oben standen ein paar alte Feldbetten, außerdem hatte man Stroh auf den Boden gestreut – unser Schlafgemach!

Ich fühlte, wie eine Welle von Hass in mir aufstieg. Ich hätte mich ohrfeigen können, dass ich mich so leicht hatte fangen lassen. Jetzt war ich in einem Arbeitslager. Eine Aussicht auf Flucht gab es nicht; wir waren weit weg von deutschem Gebiet. Eine weiße Binde, die wir um den linken Arm tragen mussten, kennzeichnete uns als Deutsche. Die Mauern waren so hoch, dass man nicht darüber steigen konnte. Überall begegneten wir feindseligen Blicken. Es gab keinen Ausweg. Deshalb war es wohl am besten, ohne Widerspruch zu gehorchen.

Am nächsten Morgen, nach einem kärglichen Frühstück, wurden wir schon bei Sonnenaufgang auf die Felder geschickt. Produktion wurde großgeschrieben. Unser Aufseher schien an seinem Job Gefallen zu finden und trieb uns rücksichtslos zur Arbeit an.

Wir schufteten unermüdlich, von unterdrückter Wut getrieben. Als die Sonne hoch am Himmel stand, wurde die Hitze unerträglich, und man hatte uns nicht einmal Wasser gegeben. Ich legte meinen Rechen nieder und ging auf den mürrisch blickenden Aufseher zu. „Wir brauchen Wasser, sonst können wir in der Hitze nicht mehr weiterarbeiten", sagte ich auf Tschechisch. „Uns ist schwindelig, bestimmt werden einige ohnmächtig werden."

Unsere Blicke trafen sich für ein paar Sekunden.

Ich dachte schon, er würde mich schlagen, aber stattdessen setzte er ein schmieriges Lächeln auf und antwortete: „Also gut, ihr sollt Wasser haben, aber nur, weil du danach gefragt hast, Manjo (tschechisch für Maria). Ich sehe, dass du hart arbeitest. Hoffentlich wirst du mir noch in mancher Hinsicht eine Hilfe sein!"

Wortlos drehte ich mich um und ging an meinen Platz zurück. *Wofür hält der mich? Für seine Hilfe! Dass ich nicht lache!*, dachte ich. Vor Zorn ballte ich die Fäuste und murmelte: „Beherrsch dich, Maria, reiß dich zusammen!" Ich musste lernen, den Mund zu halten, sonst würde alles nur noch schlimmer für uns werden.

An diesem Tag bekamen wir tatsächlich Wasser zu trinken, aber oft kam es vor, dass die schlechte Laune des Aufsehers das nicht zuließ, so dass wir vor Durst fast umkamen. Einige wurden ohnmächtig, andere schrien. Dann drohte er uns mit der Faust, um uns zum Weiterarbeiten zu zwingen. Nur mich belästigte er nie. Er behandelte mich mit einem gewissen Respekt und hielt widerwillig Abstand. Anscheinend merkte er, dass mich die anderen Mädchen zu ihrer Sprecherin gemacht hatten und er es mir verdankte, wenn wir unser Soll erfüllten. Ich hatte sie so organisiert, dass zwei oder mehr geschickte Arbeiterinnen eine schwächere oder weniger schnelle in die Mitte nahmen. Sobald eine zurückblieb, halfen ihr die anderen, damit sie aufholen konnte. Auf diese Weise schützten wir uns gegen die brutalen Schläge und Befehle.

***

Trotz dieser Erleichterung nahm unsere Gruppe ständig an Zahl ab. Niemand hatte die Kraft, ein Wort darüber zu verlieren. Das Leben war ein böser Feind geworden und bestand nur noch aus Hunger, Durst, Angst und Schuften.

Schon die Tage waren unerträglich, aber erst die Nächte! Wenige Tage nach unserer Ankunft fanden die im nächsten Dorf stationierten Soldaten heraus, dass hier deutsche Mädchen im Arbeitslager waren. Sie stiegen in unseren Schlafraum ein, vorneweg unser grinsender Aufseher. Ich war eine der wenigen, die von ihren Belästigungen verschont blieben.

In der nächsten Nacht kamen sie wieder, diesmal eine ganze Meute. Wir konnten uns weder verstecken noch weglaufen, denn ein Soldat hatte sich mit einem entsicherten Gewehr am unteren Ende der Leiter aufgestellt.

Ich fühlte, wie mir vor Schreck das Blut in den Adern stockte. Die Knie begannen mir zu zittern. Wieder überkam mich das seltsame Gefühl, dass nicht wirklich ich es war, die diesen brutalen Eindringlingen zusah, sondern dass alles nur ein schauriges Theaterstück auf der Bühne war. Der Ausgang des Dramas war mir unbekannt, nur eines wusste ich: Ich würde keinen an mich heranlassen. Eher würde ich sterben.

Das bleiche Mondlicht fiel durch ein hohes Fenster. Im Schein der Taschenlampen betrachteten uns die Soldaten. Meine beste Freundin rief verzweifelt: „Manjo, sag es ihnen! Sag ihnen, dass wir Tschechen sind, keine Deutschen!“

Es stimmte, wir waren tschechische Staatsbürger, aber da unsere Muttersprache Deutsch war, betrachteten uns die Tschechen nicht als zu ihnen gehörend. Der Hass war stärker als alles.

Ich konnte kein Russisch, aber das Tschechische ist dem Russischen verwandt, so dass ich mich bis zu einem gewissen Grad verständlich machen konnte. Verzweifelt schrie ich: „Lasst uns in Ruhe! Wir sind doch Tschechinnen!"

Die meisten Soldaten wichen sofort zurück. Das Wort „Tschechisch" drang in ihre vom Alkohol vernebelten Gehirne. Sie wussten sehr wohl, dass es unangenehme Folgen für sie haben konnte, wenn sie tschechische Mädchen belästigten.

Einer der Soldaten rief nach unserem Aufseher.

„Sag ihnen, dass wir Tschechen sind!", flehte ich den Kerl an. „Bitte sag es ihnen! Sie verschwinden, wenn du es ihnen sagst, und außerdem ist es wahr!" Er sah mich mit einem boshaften Grinsen an und wandte sich dann an die Soldaten. „Sie sind Nemci", sagte er. „Nehmt sie euch!"

In einem Anfall von Hass gegen diesen gemeinen Kerl vergaß ich plötzlich meine Angst. „Du Biest!", fauchte ich ihn an und biss mir dabei so heftig auf die Lippen, dass mir das Blut das Kinn herunterlief. „Du widerliches Tier!"

Darauf drehte er sich auf dem Absatz um und ließ uns mit den Russen allein. Einer riss plötzlich meine Freundin Helga an sich, und sie klammerte sich verzweifelt an mich.

„Bitte lass sie in Ruhe!", bat ich den Mann. „Bitte tu ihr nichts!" Ich sagte es auf Tschechisch.

Der Soldat hatte sie bereits auf ein Feldbett geworfen und drückte sie mit dem einen Ellbogen hinunter. In der anderen Hand hielt er eine Pistole. Helga klammerte sich immer noch an meiner Hand fest und zog mich zu sich herunter.

„Wenn du nicht den Mund hältst, bist du die Nächste!", drohte mir der Russe mit einem gehässigen Blick. Er sagte es auf Russisch, aber ich verstand ihn wohl, denn der Ausdruck in seinem Gesicht sprach für sich. Dann wandte er sich wieder Helga zu.

Sein stinkender Atem schlug mir ins Gesicht. Mir wurde übel, aber ich ließ Helgas Hand nicht los. „Helga, sei ganz ruhig und wehr dich nicht! Sonst bringt er dich um", flehte ich sie an.

Helga wehrte sich nicht. Mit versteinertem Gesicht lag sie da, und ich musste zusehen, wie der Russe meine Freundin vergewaltigte. Meine Gedanken überschlugen sich.

Das war es also, was meine Lehrer die „höchste Erfüllung

eines Frauenlebens" genannt hatten! Hatte ich mich dafür all die Jahre hindurch rein erhalten? Wenn das ein Teil des Lebens war, dann wollte ich nichts davon wissen. Es war widerlich, bestialisch und gewalttätig. Wieder zerbrach eines meiner Ideale. Es war zu einer schmutzigen Lüge geworden. Körperliche Liebe war nicht schön, wie ich es mir erträumt hatte, es war tierische Lust, wie sie vor meinen Augen von einem betrunkenen Soldaten verkörpert wurde, der meine beste Freundin als Objekt für seine Triebe benutzte. Ich schüttelte mich vor Hass und Ekel.

Als die Soldaten endlich gingen, krochen die Mädchen wie verängstigte Tiere in eine Ecke und weinten.

„Manjo, du hast Glück gehabt", sagte eine, die gleich von vier Soldaten vergewaltigt worden war. „Dich wollten die Russen nicht. Du bist ihnen zu mager." Sie hatte ausgeprägte Kurven, um die ich sie oft heimlich beneidet hatte.

Eine andere gab ihr Recht. „Es stimmt, sie haben sich nur die rundlichen Mädchen ausgesucht. Vielleicht ist es doch nicht so übel, wenn man flach und knochig ist!"

Sollte das wahr sein? Konnte das der einzige Grund dafür sein, dass man mich verschont hatte? Es musste doch noch etwas anderes sein – aber was? Ich dachte an die vielen Geschichten, die ich gehört hatte, bevor ich zu dem Arbeitslager gebracht wurde.

Die Schwiegermutter meiner Schwester, eine Frau in den Sechzigern, war so brutal vergewaltigt worden, dass sie noch tagelang danach blutete. Mein Großonkel musste mit ansehen, wie betrunkene Soldaten seine Frau und seine zwölfjährige Tochter vergewaltigten.

Ich schaute zu Helga hinüber. Sie sagte keinen Ton. Ich kannte sie gut. Sie war mit einem Offizier der deutschen Luftwaffe verlobt. Zweimal schon wollten sie heiraten. Der zweite Termin für die Hochzeit musste verschoben werden, weil die Russen in die Stadt einmarschierten. Alle ihre Gedanken kreisten um ihren Verlobten und ihre gemeinsame Zukunft.

„Nimm's nicht so schwer, Helga", flüsterte ich. Aber es klang nicht sehr überzeugend. Es war mir unbegreiflich, dass die Mädchen, die vergewaltigt worden waren, noch weiterleben wollten.

„Manjo, was wird, wenn ich ein Kind bekomme?“, fragte Helga verzweifelt. „Was wird Werner sagen?“

„Denk nicht daran“, versuchte ich, sie zu trösten. „Eines Tages wird alles vorüber sein und –“ Mir versagte die Stimme. Was sollte ich auch sagen?

In den nächsten Wochen litt ich mit Helga, wenn sie jeden Morgen von der Übelkeit einer beginnenden Schwangerschaft geplagt wurde.

* * *

Nach dieser Nacht wurde es immer schlimmer. Nur selten konnten wir eine Nacht durchschlafen. Schande und Tod schienen in greifbare Nähe gerückt. Nur Hass, Stolz und Eigensinn hielten mich am Leben. Mehr denn je war ich entschlossen, mich von keinem berühren zu lassen. Ich würde kämpfen wie eine Löwin, und wenn sie mich erschossen.

Bis jetzt war ich von den Russen verschont geblieben. Es war, als ob mich eine unsichtbare Macht beschützte. Auch den anderen fiel es auf, und sie fragten: „Manjo, was für einen Glücksbringer hast du nur? Dir tut keiner etwas. Der Aufseher lässt dich in Ruhe, und die Soldaten auch. Du wirst auch nie ohnmächtig beim Arbeiten.“

„Unsinn“, wehrte ich ab, „seid doch nicht abergläubisch! Glücksbringer sind etwas für alte Weiber. Gar nichts Besonderes ist mit mir los.“

Aber im Geheimen begann ich darüber nachzugrübeln. Das gleiche Gefühl hatte Rudi gehabt, als er mir erzählte, dass er so viele gefährliche Situationen überlebt hatte. Irgendetwas schien mich tatsächlich zu beschützen, aber was? Die religiösen Ansichten meiner Kindheit waren mir so gründlich ausgetrieben worden, dass ich gar nicht auf den Gedanken kam, Gott könnte seine Hand über mir halten. Alles schien so unerklärlich und rätselhaft, und doch war es Wirklichkeit.

Auf der anderen Seite wusste ich nicht, wie lange mir das Glück noch hold sein würde. Ich wollte auch nichts riskieren. Nach der ersten Nacht mit den Soldaten suchte ich verzweifelt nach einem Ausweg. Wir wussten, dass sie zurückkommen würden. Niemand würde sie daran hindern. Der Aufseher schien sich zu freuen, dass er seinen russischen Freunden nützlich sein konnte. Die Mädchen verließen sich auf mich, wenn sie Rat und Hilfe brauchten. Es war fast, als wäre ich ihr Glücksbringer geworden. Ich musste einfach eine Lösung finden.

Zuerst musste ich einen Ort ausmachen, wo wir uns verstecken konnten. Es war unmöglich, die Mauern um den Hof zu übersteigen, und die Tore waren nachts verschlossen.

Plötzlich kam mir ein Gedanke. Am äußersten Ende des Gutes stand eine alte Scheune, in der Heu und Stroh gelagert wurden. Bei Nacht, wenn die großen Tore verschlossen waren, konnte man sie durch eine kleine Tür betreten. Wir versuchten es. Am späten Abend, als das Schnarchen des Aufsehers zu uns herüberdrang, kletterten wir leise unsere morsche Hühnerleiter hinunter, schlichen über den Hof und schlüpften vorsichtig durch die enge Tür in die Scheune. Jede grub sich eine Höhle in das frische Stroh. Es war viel bequemer als in unserem Schlafquartier. Jede Nacht wanderten wir nun zu unserem neuen Versteck, wo wir von nun an in Sicherheit waren und ungestört schlafen konnten.

Der Sommer brachte heiße Tage und immer mehr Spannungen und Wutausbrüche im Lager. Wir dachten nur noch an unser Essen und den nötigen Schlaf. Alles andere war uns gleichgültig geworden. Auch hatten wir aufgehört, die Tage zu zählen, und einen Kalender hatte niemand. Ohne einen Gedanken an die Zukunft vegetierten wir dahin. Es gab keine Hoffnung mehr.

***

Eines Tages, mitten im Sommer, ging alles schief. Wir durften kein Wasser zur Arbeit mitnehmen, und die Sonne brannte erbarmungslos vom Himmel. Ein Gewitter lag in der Luft und machte den Aufseher nervös und gereizt. Vor unseren Augen schlug er eine junge Mutter, die einen Augenblick zu rechen aufgehört hatte, um ihr weinendes Kind zu stillen. Ich konnte mich kaum noch beherrschen und hätte ihm beinahe auch eine gelangt. Die Frau und das Kind schrien, und bald darauf brach auch unter uns ein Streit aus.

Erschöpft und ausgedörrt von der Hitze schleppten wir uns schließlich in unser Quartier zurück, wo wir nach ein paar Bissen Essen die Leiter hinauf ins Stroh krochen. Da ich die Mädchen bald zu unserem allnächtlichen Umzug wecken musste, kämpfte ich verbissen mit dem Schlaf. Diese Nacht war besonders wichtig, weil am Nachmittag neue russische Truppen eingetroffen waren. Einige von ihnen hatten uns während der Arbeit beobachtet. Ein paar hatten sich sogar beim Aufseher nach uns erkundigt. Noch vor dem Abend würden sie genau wissen, wo wir zu finden waren. Also mussten wir uns rechtzeitig in Sicherheit bringen.

Ich döste ein. Meine Gedanken begannen zu wandern. Kaum zu fassen, dass es schon ein Jahr her war, seitdem ich im Arbeitsdienst in den Sudetenbergen gewesen war. Ja, und bald war es ein Jahr, dass ich Rudi kennen gelernt hatte. Ich erinnerte mich genau an den Tag, als wir durch die Blumenwiesen gingen, und hörte mich noch sagen: „Bitte, Rudi, sag mir doch, dass ich nicht träume!"

Ich hatte mir während der vergangenen Wochen und Monate Mühe gegeben, nicht daran zu denken. Was war wohl aus Rudi geworden? Lebte er überhaupt noch? Vielleicht war sein U-Boot wie so viele kurz vor Kriegsende versenkt worden. Und wenn sein Boot zurückgekommen war, wo war er dann? Vielleicht in einem Gefangenenlager? Wie hatte er auf den Zusammenbruch des Dritten Reiches reagiert? Er war ein so optimistischer und begeisterter Nationalsozialist gewesen. Keiner von uns beiden hatte jemals eine Niederlage Deutschlands auch nur in Betracht gezogen. Wer weiß, vielleicht hatte er sich auch das Leben genommen! Viele andere Offiziere hatten das ja getan. Manchmal erschien mir Selbstmord als der beste und ehrenhafteste Ausweg aus dem Chaos, in dem wir lebten. Ich hatte den Gedanken öfter erwogen, besonders seit ich in dieses Arbeitslager deportiert worden war. Aber wie sollte ich es anstellen? Ich hatte weder eine Waffe noch schnell wirkendes Gift. Und außerdem – war der Freitod wirklich so ehrenhaft? Mutter würde es eine Flucht für Feiglinge nennen.

Mutter. Ob sie noch lebte? Fünf Jahre lang hatte ich sie nicht gesehen. Sie war eine zarte, kleine Frau. Welche Überlebenschance hatte sie schon in dieser Zeit des Hungerns und Leidens? Vater war ganz sicher gestorben. Er war schon immer auf seine Medikamente und die tägliche Hilfe des Arztes angewiesen gewesen. Es war ein Trost, mir meine Lieben nicht mehr unter den Lebenden vorzustellen. Dann ging es ihnen auf jeden Fall besser, als wenn sie in solchen Umständen wie ich leben mussten.

Vielleicht hatten die Russen Rudi gefangen genommen. Nein, dann wollte ich lieber, er wäre tot. Das wäre besser, als ständig zu hungern und wie ein wehrloses Tier ausgenutzt zu werden, so wie ich. Der Tod erschien auf einmal sehr verlockend!

Leise stand ich auf und weckte die anderen. Wir hatten gelernt, lautlos die wackelige Leiter hinunterzuklettern, und schlichen zur Scheune, ohne dass uns jemand bemerkte. Als ich eben im Begriff war, die quietschende Seitentür zu öffnen, hielt mich etwas davor zurück, hineinzugehen. War da nicht eine Stimme? Überrascht drehte ich mich um. Aber nur die Mädchen standen zusammengedrängt im Dunkeln und sahen mich verständnislos an.

Ärgerlich schüttelte ich den Kopf. *Manjo*, dachte ich, *du verlierst den Verstand und hörst Geisterstimmen*! Wieder trat ich vor, um die Scheune zu betreten, und wieder schien mich eine unsichtbare Macht zu warnen: „Geh heute Nacht nicht in die Scheune!"

Die Entscheidung fiel im Nu. Ich wusste genau, was ich zu tun hatte, obwohl ich den Grund nicht hätte erklären können. Dieser Stimme musste ich einfach gehorchen. Deshalb flüsterte ich den wartenden Mädchen zu: „Ich werde heute Nacht nicht reingehen."

„Aber warum denn nicht, Manjo? Wir wollen doch endlich schlafen. Wir sind so müde. In der Scheune waren wir doch wochenlang sicher!"

Laut und ärgerlich redeten sie durcheinander.

„Pst! Seid doch leise!", befahl ich. „Ihr könnt ja reingehen – ich werde niemand daran hindern. Nur ich werde heute Nacht nicht reingehen."

Die anderen wussten nicht recht, was sie tun sollten. Schließlich sagte eine: „Hm, wenn Manjo heute nicht in die Scheune geht, gehe ich auch nicht rein. Sie wird schon wissen, was richtig ist."

Das gab den Ausschlag. Keine wollte mehr die Scheune betreten. Aber wohin in aller Welt sollten wir gehen?

Plötzlich kam mir eine Idee. „Wir müssen heute Nacht von hier fort", flüsterte ich und wandte mich zum Osttor, das genau wie die anderen verschlossen war. Alle folgten mir.

Eine meiner Freundinnen flüsterte mir ängstlich zu: „Hansi, hast du vergessen, dass wir Standrecht haben? Weißt du auch, dass wir ein großes Risiko eingehen? Niemand darf nach halb zehn Uhr abends noch das Lager verlassen, nicht einmal die Tschechen!"

Ob ich das Standrecht der Russen vergessen hatte? Als ob ich jemals im Leben vergessen könnte, was das bedeutete. Ohne jede Warnung wurde jeder sofort erschossen, der an der anderen Seite der Mauer gesehen wurde. Oh ja, ich wusste wohl, was das hieß! Ungeduldig nickte ich.

„Ja, ich weiß, Lilo. Aber irgendwie habe ich das Gefühl, dass wir heute Nacht hier rausmüssen. Ich kann es auch nicht erklären, bitte frag mich nicht mehr. Wir müssen uns beeilen!"

Ich wusste, wie man das Tor öffnen konnte. Eine freundliche Tschechin hatte es mir gezeigt. Im Nu hatte ich aufgeschlossen. Leise schlüpften die Mädchen hinaus ins Freie. Sobald ich das Tor wieder hinter uns verschlossen hatte, kroch ich über die Mauer und rannte den anderen nach. Es war totenstill. Der Mond und die Sterne leuchteten erbarmungslos hell, so dass man uns leicht hätte sehen können. Am Waldrand war ein Feld, wo wir vor ein paar Tagen Klee gemäht hatten. Das Heu war auf hohen Holzgestellen zum Trocknen aufgehängt worden. Ich machte den Vorschlag, darunter zu kriechen, um dort ein wenig zu schlafen.

Ohne Zögern gehorchten die Mädchen. Lilo und ich zwängten uns ebenfalls unter eines der Gestelle und versuchten, es uns ein wenig bequem zu machen.

Aber der Schlaf wollte sich in dieser Nacht nicht einstellen. Der Tod schien zum Greifen nahe, und wir waren zu aufgeregt und ängstlich, um uns entspannen zu können. In einem Tümpel in der Nähe quakten laut die Frösche, und die Geräusche des

Waldes klangen fremd und unheimlich zu uns herüber. Manchmal hörten wir einen Hund bellen. So saßen und lagen wir mit verkrampften Muskeln da und warteten.

Allmählich wurden die Sterne blasser, und wir sahen im Osten den Tag heraufziehen. Die Morgendämmerung war unsere Rettung, denn dann mussten die russischen Soldaten in ihre Quartiere zurückkehren, und wir wussten, dass diese Bestimmung sehr streng eingehalten wurde. Bis wir unsere Schlafquartiere erreicht hatten, waren sie sicher schon abgezogen.

Es gelang uns, rechtzeitig und unbemerkt von unserem Aufseher zurückzuschleichen. Nach kurzer Zeit blies er auf seiner Pfeife, und alle standen auf und stellten sich wie gewohnt in eine Reihe, um zum Frühstück und zum Tagesreport zu gehen.

Mir war jämmerlich zumute. Warum nur hatte ich die anderen nicht in der Scheune schlafen lassen? Durch das verrückte Manöver, das ich angezettelt hatte, waren wir nun alle todmüde. Das war alles, was bei unserer nächtlichen Ausquartierung herausgekommen war. Bei Licht betrachtet erschien mir das Ereignis der letzten Nacht sinnlos und lächerlich. Es war doch reichlich albern von mir gewesen – das dachten die Mädchen sicher auch. Was hatte ich mir da nur eingebildet? Drehte ich etwa langsam durch?

An diesem Morgen schmeckte das Frühstück noch abscheulicher als sonst – eine Suppe, die aus Wasser, Salz und Kartoffeln bestand, und ein paar Krusten trockenes Brot. Manchmal fragte ich mich, ob der Koch wohl das Brot absichtlich schimmelig werden ließ, bevor er es in die winzigen Rationen aufteilte. Wie konnte es nur in einer einzigen Küche so viel schimmeliges Brot geben, ohne dass es beabsichtigt war?

Aber eigentlich war es gar nicht so wichtig. Wir waren so ausgehungert, dass wir alles Essbare verschlungen hätten. Wir standen Schlange vor der Essensausgabe, und ich konnte es kaum erwarten, bis ich an die Reihe kam. Der Magen tat mir weh vor Hunger.

Plötzlich stieß mich jemand leicht in die Rippen. Ich hob den Kopf und schaute in das freundliche Gesicht der Tschechin, die zu unserer heimlichen Freundin und Verbündeten geworden war. „Devcatko (kleines Mädchen)", flüsterte sie mir ins Ohr, ängstlich darum bemüht, kein Aufsehen zu erregen, „ich muss dir etwas sagen!"

„Ano (Ja)?", sagte ich, ohne die Lippen zu bewegen.

„Die Russen waren letzte Nacht hier!"

Gleichgültig nickte ich. Das waren schließlich keine Neuigkeiten.

„Hör zu, Manjo. Es war wirklich sehr schlimm!" Damit zeigte sie auf die Küche. „Eine der Frauen aus der Küche hat euch verraten. Sie erzählte den betrunkenen Soldaten, wo ihr euch normalerweise versteckt. Oh, diese Teufel!" Sie bekreuzigte sich schaudernd. „Sie tobten vor Wut, weil sie euch nicht gefunden haben. Weißt du, was sie getan haben? Diese *hloupy Rusky* (dummen Russen) sind in die Scheune gestiegen, wo ihr immer geschlafen habt, und haben das Stroh durchwühlt. Als sie euch nicht finden konnten, haben sie mit ihren Bajonetten im Stroh herumgestochen. Dabei haben sie laut geflucht und gebrüllt: ‚Diese deutschen Schweine werden schon schreien, wenn wir sie erstechen!' Obwohl sie die ganze Nacht nach euch gesucht haben, haben sie euch nirgends finden können. Bei allen Heiligen, wo hattet ihr euch nur versteckt? Ich werde nächsten Sonntag eine Kerze für die Jungfrau anzünden, damit sie euch beschützt. Ich bin so froh, dass euch nichts passiert ist, ihr armen Kinder!"

Ich war wie gelähmt vor Entsetzen. Mechanisch flüsterte ich ihr ein leises „Dekuji" (Danke) nach, als sie davoneilte. Sie wussten also, wo wir uns jede Nacht versteckt hatten! Was hatte mich nur letzte Nacht davon abgehalten, in die Scheune zu gehen?

Zitternd vor Erregung erzählte ich den anderen Mädchen, die in meiner Nähe standen, was mir die Tschechin berichtet hatte. Dann hörte ich aufgeregtes Flüstern vor und hinter mir.

Langsam und möglichst unauffällig scharten sich die anderen um mich und flüsterten: „Manjo, wie hast du das nur gewusst? Wer hat dir gesagt, dass wir nicht in der Scheune schlafen sollten? Hast du einen Talisman, Manjo?"

Ich zuckte die Schultern. „Ich weiß es nicht, wirklich nicht. Es war wie – ich kann's nicht erklären!"

Plötzlich ordnete sich die Reihe wieder, da uns unser Aufseher beobachtet hatte und jetzt wütend zur Eile antrieb. Gierig trank ich meine Suppe. Während ich auf der trockenen Brotkante herumkaute, versuchte ich, mich zu beruhigen und meine Gedanken zu ordnen; aber es wollte nicht gelingen. Alles war verschwommen und verworren. Ich fand keine Antwort auf meine bohrenden Fragen. Irgendetwas war mit mir vorgegangen. Aber was nur? Plötzlich wurde es mir klar: Mein Erinnerungsvermögen war weg!

Verzweifelt strengte ich mich an, mir die Vergangenheit ins Gedächtnis zu rufen. Es gelang mir nicht. Dann versuchte ich, mich an grundsätzliche Dinge zu erinnern wie an mein Zuhause oder Mutter oder andere Menschen, die ich lieb hatte. Vergeblich. Aber das war doch nicht möglich! Ich konnte doch nicht Mutters Namen vergessen haben! Wie hieß meine Mutter nur mit dem Vornamen?

Allem Anschein nach war ich im Begriff, den Verstand zu verlieren. Vielleicht würde eines Tages mein schmerzender Kopf einfach platzen, und ich würde irgendetwas Unsinniges anstellen und hysterisch werden. Was das bedeutete, war mir klar. Wenn ich, wie viele andere, eines Tages völlig die Nerven verlor, wartete ein einfaches Heilmittel auf mich: ein oder zwei Pistolenkugeln.

Nein, ich musste meinen Peinigern entfliehen, so lange ich noch einigermaßen klar denken konnte. Ich würde es nicht überleben, wenn der schmierige Aufseher letzten Endes doch noch den Triumph hätte, mich am Boden zu sehen, gebrochen, fertig. Nein! Er durfte einfach nicht gewinnen! Niemals! Ich würde mich wehren bis aufs Blut, kämpfen, fliehen, davonlaufen, selbst wenn sie mich umbrachten – das war immer noch besser als eine Niederlage!

Sobald wir an unserem momentanen Arbeitsplatz angekommen waren, erzählte ich den Mädchen um mich herum von meinen Fluchtplänen. Einige waren sofort Feuer und Flamme und wollten mit mir gehen. So beschlossen wir, gemeinsam die Flucht zu versuchen.

Zunächst erkundeten wir die Windrichtung und den Stand der Sonne. Dann warteten wir, bis der Aufseher das Feld für eine Weile verlassen hatte, und liefen einfach davon.

So schnell wie möglich wollten wir den nächsten Wald erreichen. An Wald fehlte es ja in Böhmen nicht. Sobald uns die Kühle und die schützende Dunkelheit des Unterholzes aufgenommen hatte, wanderten wir unentwegt in Richtung Norden, wobei wir ängstlich auf alle verdächtigen Geräusche lauschten.

Unser Aufseher muss sich seiner Sache sehr sicher gewesen sein, denn er wusste wohl, wie tief wir im tschechischen Gebiet waren und wie weit die Grenze entfernt war. Er wusste auch, dass überall russische Soldaten waren, die das Gebiet ständig nach ausgebrochenen Gefangenen absuchten. Deshalb rechnete er wahrscheinlich damit, dass man uns früher oder später wieder einfangen und zurückbefördern würde.

Ich weiß nicht mehr, wie lange wir uns durch Wälder und Wiesen vorwärts arbeiteten. Meine Erinnerung an diese Flucht ist von einem grauen Schleier überdeckt. Nur die ständige Angst und ein nicht enden wollender Marsch sind mir im Gedächtnis geblieben.

Endlich erreichten wir das Sudetenland, und von meinen Kameradinnen strebte eine nach der andern ihrem Heimatort zu. Auch ich kam schließlich völlig entkräftet bei meiner Schwester an.

Margret fragte nicht viel. Sie führte mich gleich zum Dachboden hinauf, wo ich ungestört schlafen konnte. Erschöpft sank ich auf die Matratze, und sie zog mir die Schuhe aus. Ich spürte, wie sie mich mütterlich zudeckte. Schon halb im Schlaf murmelte ich: „Alles ist kaputt, Margret, alles. Aber wenn ich geschlafen habe, geht es mir wieder besser. Es ist sicher nur ein böser Traum."

Abschied

Ich schreckte hoch. Wo war ich nur? Helle Sonnenstrahlen drangen durch die Ritzen des Dachbodens. Von unten hörte ich gedämpfte Stimmen. Ach so, ich war bei Margret, und ich hatte lange, lange geschlafen.

Ich versuchte, mich zu erheben, aber alle Glieder schmerzten furchtbar. Auf zerschundenen Füßen humpelte ich schließlich die Treppe hinunter.

Die Kinder meiner Schwester sprangen auf mich zu und fielen mir um den Hals. Auch das Kleinste, Uta, kam mir freudestrahlend, mit ausgestreckten Ärmchen, entgegen. Wie lieb ich sie hatte! Es war so schön, sie alle wieder zu sehen. Bis auf meine Schwester sahen sie alle gesund und munter aus.

Margret war in den letzten Monaten um Jahre gealtert. Ihr Gesicht wirkte vergrämt und abgearbeitet. Sie hatte so viel Durchhaltevermögen gezeigt, dass ich sie bewunderte. Arme, tapfere Frau! Drei hungrige Mäuler waren zu stopfen und kein Vater im Haus – doch irgendwie verstand sie es immer, ein bisschen Mehl, etwas Gemüse oder ein Brot aufzutreiben. Das Meiste davon bekamen die Kinder, sie selbst aß nicht viel. Der einzige Mensch, der sich um Margret kümmerte, war Papa – mein richtiger Vater –, den ich mein ganzes Leben lang gehasst hatte und den ich im Grunde genommen kaum kannte. Er wohnte am anderen Ende der Stadt. Seine tschechische Frau hatte einen Garten und hielt ein paar Ziegen, und trotz des langen Weges machte sich Margret oft auf den Weg, um bei Papa eine Kanne Milch für die kleine Uta zu holen.

Milch war so rar wie Gold geworden. Trotzdem kochte mir meine Schwester eine Milchsuppe wegen meiner Magenschmerzen. Heißhungrig löffelte ich die dampfende Suppe. Ich konnte mich eines Schuldgefühls nicht erwehren, weil ich den Kindern ihre Nahrung wegaß. Es war klar, dass ich hier im

Hause nicht sicher war, denn bei meiner Schwester würde man mich zuerst suchen. Und diesmal würden sie mich bestimmt in ein Lager bringen, das noch weiter östlich lag – sehr weit im Osten! Sibirien war kalt, einsam und endlos. Von dort würde es keine Flucht mehr geben.

Margret schlug vor, ich sollte nur so lange bei ihr bleiben, bis ich wieder etwas zu Kräften gekommen sei. Dann sollte ich mich erneut auf den Weg machen. Aber wohin nur?

Ich erholte mich ein wenig, schlief, aß und schlief wieder. Die mageren Vorräte meiner Schwester schrumpften immer mehr zusammen, und ich wusste es.

„Ich werde zu Papa gehen und sehen, ob ich ein bisschen Milch und Gemüse für dich bekommen kann", sagte ich eines Morgens zu Margret. Ich fühlte mich frisch und gestärkt.

Erstaunt schaute sie mich an. „Du willst Papa besuchen?"

„Warum denn nicht?", erwiderte ich gereizt. „Ganz egal, wie ich zu ihm und dieser Hexe stehe, die er geheiratet hat, es wird Zeit, dass wir uns ein bisschen näher kommen. Außerdem will ich dir helfen! Ich glaube nicht, dass es zu gefährlich wird. Normalerweise holen sie die Leute nur bei Nacht!"

Mit zwei leeren Krügen im Rucksack zog ich los. Durstig und verschwitzt erreichte ich nach Stunden endlich das Haus meines Vaters.

„Was verschafft mir denn die seltene Ehre, einen Besuch von meiner Nazitochter zu erhalten?", fragte er spöttisch.

Ich musste erst einmal schlucken. Bei den wenigen Gelegenheiten, bei denen wir uns begegnet waren, war es immer genau umgekehrt gewesen: Ich war dabei höhnisch und selbstbewusst aufgetreten. Ich wusste, dass er gegen den Nationalsozialismus war, und in meinen Augen hatte er außerdem gegen seine Würde als Deutscher verstoßen, als er eine Tschechin heiratete. Außerdem würde ich ihm nie verzeihen können, dass er mich als Kind im Stich gelassen hatte.

Ich sah ihm offen in die stahlgrauen Augen. „Ich bin wegen der kleinen Uta gekommen", sagte ich. „Sie braucht dringend Milch, und Margret ist zu schwach, um selbst zu kommen." Damit gab ich ihm meinen Rucksack.

Sein Blick wurde weicher. Ich wusste, wie sehr er seine

kleine Enkelin liebte, und auch Margret lag ihm sehr am Herzen.

Vom Schlafzimmer aus hörte ich eine keifende Stimme: „Wer ist denn da draußen, Robert? Dass du mir ja keine Lebensmittel weggibst! Wir haben kaum genug für uns selbst! Vergiss nicht, dass hier alles mir gehört! Du hättest schon längst nichts mehr, wenn du nicht mit mir verheiratet wärst!“

„Was hat sie denn?“, fragte ich leise, aber voll Widerwillen.

Papa rümpfte die Nase. „Sie ist krank. Der Geiz nagt ihr an den Eingeweiden. Wahrscheinlich ist es Krebs, wer weiß?“

Er ging in die Speisekammer und füllte die Krüge mit Milch. Dann stopfte er Kartoffeln, Möhren und anderes Gemüse in den Rucksack, ohne mich dabei anzusehen. War er wirklich so herzlos, so verbittert, wie ich ihn mir immer vorgestellt hatte?

Papa war hoch gewachsen und knochig und hatte graue Haare. Um den Mund hatten sich zwei tiefe Furchen eingegraben. Die Brauen hatte er hochgezogen, weil die schrille Stimme immer noch aus dem Schlafzimmer schimpfte. Ich wusste, dass er furchtbar jähzornig war. Umso mehr wunderte ich mich, dass seine Frau es wagte, immer weiter zu keifen. Ich wusste vom Hörensagen, dass er sie in den vergangenen Jahren oft geschlagen hatte. Jetzt war sie plötzlich Herr des Hauses – krank oder nicht krank –, denn Papa trug eine weiße Binde am Arm wie ich, und sie konnte ihn jederzeit aus dem Haus jagen. Sie konnte ihn zum Bettler machen, zu einem armen Flüchtling wie viele andere Deutsche, die jetzt von den Tschechen über die Grenze abgeschoben wurden. Außer den Kleidern, die sie am Leib trugen, durften sie nichts mitnehmen.

Papa reichte mir den prall gefüllten Rucksack und richtete sich auf. Ich hatte das Gefühl, es sei das letzte Mal, dass ich ihm gegenüberstand. Das milderte meine feindselige Haltung ihm gegenüber etwas.

„Papa“, sagte ich, „ich werde mich bald wieder auf den Weg machen und dich von nun an in Ruhe lassen. Aber ich muss dir unbedingt noch die Frage stellen, die mich schon so lange beschäftigt: Warum hast du deine Kinder im Stich gelassen, als Mama starb?“ Die Erinnerung daran machte mich erneut bitter, und meine Stimme klang ziemlich hart.

Papa musterte mich vom Scheitel bis zur Sohle, als hätte er meine Frage nicht gehört. „Mädchen, du gleichst deiner Mutter aufs Haar. Weißt du, dass sie sehr schön war? Nur ihr Haar war viel länger als deines. Die Zöpfe reichten ihr bis in die Kniekehlen. Oh, sie war so gut und lieb!"

Schimmerten da etwa Tränen in seinen Augen? Unmöglich! Dieser raue alte Mann konnte doch bestimmt gar nicht weinen.

„Papa, ich habe dich etwas gefragt!" Wieder bekam meine Stimme einen harten Klang. „Kannst du mir nicht darauf antworten, bevor ich gehe? Vielleicht sehen wir uns nie wieder, und dann erfahre ich die Antwort nie. Papa, warum bist du damals von uns fortgegangen?"

Jetzt sah ich es deutlich, er hatte tatsächlich Tränen in den Augen! „Mariechen, eines Tages wirst du mich verstehen. Du bist mein Fleisch und Blut, und wir gehören zusammen, ganz gleich, was du für mich empfindest. Ich wollte dir nicht das Leben schwer machen, Kind. Ich konnte dich nicht zu mir nehmen. Sie" – er nickte in Richtung des Schlafzimmers – „sie hat es nicht zugelassen. Ich habe sie wegen ihrer schönen Haare geheiratet, die genauso waren wie die deiner Mutter. Aber das war auch das Einzige, was die beiden gemeinsam hatten. Sie hat mir das Leben zur Hölle gemacht, seit deine Mama tot ist. Sie war wie ein Engel, deine Mama!"

Ich fühlte, wie mich die Rührung überkam, aber ich kämpfte heftig dagegen an. „Papa, wenn Mama so gut war, warum hast du sie dann so schlecht behandelt? Ich habe gehört, sie sei wegen dir gestorben!"

„Haben dir das diese feinen Christen erzählt?" Er fuhr auf, wie von einer Tarantel gestochen. „Ich hatte geglaubt, sie seien besser!"

„Lass bitte das Christentum aus dem Spiel", entgegnete ich ruhig. „Ich glaube genauso wenig daran wie du, aber schließlich haben sie mich ja aufgezogen, nicht wahr?"

„Ja, das stimmt, mein Kind", sagte er müde, „das haben sie getan, und dafür solltest du ihnen immer dankbar sein. Und jetzt geh, bevor sie dich entdeckt! Sie würde dich sonst vielleicht verraten!"

„Auf Wiedersehen!" Ich streckte ihm zum Abschied die Hand hin. Gern hätte ich noch um ein Glas Wasser gebeten, aber mein Stolz ließ es nicht zu. So ging ich aus dem Haus, ohne mich noch einmal nach ihm umzudrehen. Ich hatte jeden Grund, ihn zu verachten, und war eigentlich froh, dass ihm diese Frau das Leben so schwer gemacht hatte. Er verdiente es nicht besser, so jedenfalls dachte ich voller Schadenfreude auf dem Heimweg.

***

Margret war überglücklich, als sie den Rucksack auspackte. Noch am gleichen Abend kochte sie so viel Eintopf, dass wir alle mehr als satt wurden. Es war ein Freudenfest! Ich gab mir Mühe, nicht mehr an den seltsamen alten Mann zu denken, der mein Vater war, und es fiel mir auch nicht allzu schwer. Ich war viel zu sehr mit mir und meinen Problemen beschäftigt, um an andere zu denken.

Seit meiner Flucht aus dem Lager war mein Kopf nicht mehr richtig klar geworden. Irgendetwas stimmte nicht mit mir – vielmehr mit meinem Gedächtnis. Ich kam mir vor wie ein Tier in einem Käfig. Oft packte mich eine schreckliche Angst, denn sooft ich versuchte, mir die Vergangenheit ins Gedächtnis zu rufen, hakte in meinem Gehirn etwas aus. Ich erinnerte mich wohl noch an bekannte Gesichter oder Orte, aber die dazugehörigen Namen konnte ich beim besten Willen nicht finden. Wo waren nur all die Namen der Vergangenheit geblieben? Sogar als ich Papa gegenüberstand, hatte ich mir darüber den Kopf zerbrochen. Ich konnte mich auch nicht an den Namen der alten Hexe erinnern, die aus dem Schlafzimmer geschimpft hatte.

Natürlich hätte ich jederzeit Margret fragen können, aber dann wäre sie auf den Gedanken gekommen, ich hätte den Verstand verloren. Vielleicht war es ja tatsächlich so! Aber noch war ich so klar, dass ich um keinen Preis der Welt ihr oder sonst jemandem gestanden hätte, es sei meinen Feinden gelungen, mich kleinzukriegen. Ich war Deutsche, und ich gehörte zu einem zerschlagenen, aber großen Reich. Immer noch klang mir die Stimme des Führers im Ohr: „Sie können uns zerbrechen, aber nicht beugen!"

Wenn es mir bestimmt war zu sterben, dann würde ich stolz und erhobenen Hauptes in den Tod gehen. Ich würde das Leben hinter mir lassen, so wie ich diesen Mann, der mein Vater war, und das grauenvolle Arbeitslager hinter mir gelassen hatte. Niemand sollte je erfahren, dass man mich kleingekriegt hatte. Niemand! Ich hasste sie alle.

***

Bald darauf stand ich vor einer neuen Entscheidung. In unserer Nähe lebte eine wohlhabende tschechische Familie, die schon seit jeher mit uns befreundet gewesen war. Der Sohn gehörte der tschechischen Nationalgarde an. Als er erfuhr, dass ich bei meiner Schwester wohnte, besuchte er uns regelmäßig, wobei er uns immer von seinen guten Absichten erzählte und uns sogar öfters Brot und Kartoffeln mitbrachte. Ich behandelte ihn höflich, aber als meine Schwester behauptete, dass er meinetwegen käme, lachte ich sie aus.

Als unser junger Nachbar allerdings eines Tages auf mich zukam und mich mit ernstem Gesicht um eine Aussprache unter vier Augen bat, lachte ich nicht mehr. Ich nickte erstaunt und erklärte mich bereit, mit ihm einen Spaziergang zu machen. In seiner Begleitung war ich sicher, dass mich seine Stellung schützte, obwohl ich eine weiße Armbinde trug. Nachdem er eine Weile verlegen herumgedruckst hatte, erzählte mir Vladislav schließlich, dass er den Befehl bekommen habe, mich zum Arbeitsamt in die Stadt zu bringen.

Ich war entsetzt. Würde er mich verraten?

Er zögerte und fuhr dann fort: „Manjo, du kannst nichts daran ändern. Auch wenn du dich versteckst, wird dich das Militär bald aufspüren. Aber" – sein rundes, einfältiges Gesicht lief rot an vor Verlegenheit – „es gibt einen Ausweg für dich: Heirate einen Tschechen. Damit wirst du zu einer freien Bürgerin der Tschechoslowakischen Republik. Ja, und – und weil ich dich wirklich liebe und auch ein kleines Heim für uns beide habe, Manjo … willst du mich heiraten?"

Fassungslos starrte ich in sein rotes, verschwitztes Gesicht. Wusste er überhaupt, was er da sagte? Mehrere Tschechen hatten zwar in den letzten Monaten deutsche Mädchen geheiratet, weil es einen Ausweg aus ihrer verzweifelten Lage bedeutete. Aber bei meinem jungen Nachbarn war es noch etwas anderes! Als ein „Narodny" (Angehöriger der Tschechischen Nationalgarde) konnte er durch die Heirat mit einer Deutschen seine Berufsaussichten aufs Spiel setzen.

Ich schüttelte den Kopf. „Nein, Vladi, das wäre schlecht für dich und deine Zukunft. Ich bin dir sehr dankbar für deine Hilfsbereitschaft und deinen guten Willen, mich vor dem Arbeitslager zu bewahren, aber ich kann das einfach nicht annehmen!"

Der junge Mann ließ sich nicht so leicht überzeugen. Er drängte, bettelte und drohte sogar. Schließlich konnte er mich jeden Moment den Behörden ausliefern! Mein Gehirn arbeitete fieberhaft. Ich brauchte Zeit, um die Sache zu überdenken. Freundlich bat ich ihn zunächst einmal um Bedenkzeit. Sein Antrag, so erklärte ich ihm, bedeute eine große Überraschung für mich, und ich müsse erst einmal darüber nachdenken und meine Schwester um Rat fragen.

Vladi nickte erfreut, und ein erleichtertes Lächeln stand auf seinem Gesicht. Er begleitete mich zum Haus meiner Schwester. Bevor ich die Tür öffnete, versicherte er mir nochmals, dass nicht nur meine eigenen Probleme, sondern auch die Margrets gelöst wären, wenn ich ihm mein Jawort gäbe. Vladi würde für die Kinder Essen, Kleider und Schuhe bringen. Ich sagte ihm freundlich Gute Nacht und schlüpfte ins Haus.

Ich wusste, dass ich diesen Tschechen niemals heiraten konnte, denn ich empfand nicht einen Funken Gefühl oder gar Liebe für ihn. Und was mein Vater getan hatte, nämlich eine Tschechin heiraten, das würde ich nie im Leben tun! Seit ich ihn kannte, hatte ich ihn deshalb verachtet. Außerdem hatte ich viel zu viele Vorurteile gegen die Tschechen im Allgemeinen, als dass ich jemals eine der ihren werden wollte. Mir blieb keine andere Wahl, als Vladimir so lange wie möglich hinzuhalten.

Die Versuchung war groß, einfach Ja zu sagen und mit einem Schlag alle Nöte und Probleme los zu sein, aber ich brachte es nicht fertig. Abgesehen von allem anderen wäre es Vladimir gegenüber einfach nicht fair gewesen. Ich könnte ihn nie glücklich machen, und ich wollte es auch gar nicht!

In zwei Tagen würde er von einer Patrouille zurückkehren; ich hatte also keine Zeit zu verlieren. Viel Zivilkleidung besaß ich nicht, und so packte ich hastig meine wenigen Habseligkeiten zusammen: mein Kleid, ein Paar weiße Kniestrümpfe, einen Pullover und ein paar Kleinigkeiten. Ich stopfte alles in den Rucksack, und Margret half mir, alle wertvollen Dinge, die mir geblieben waren, in das Futter meines Mantels einzunähen. Das einzige Dokument, das ich mitnahm, war meine katholische Geburtsurkunde. Alle anderen wichtigen Papiere verschloss ich in einer luftdichten Kassette, die ich nachts im Hof vergrub. Meine Zeugnisse und anderen Papiere waren von den Nazis ausgestellt und trugen deren Stempel mit Adler und Hakenkreuz. Ich wagte nicht, sie auf die Flucht mitzunehmen.

Flucht? Ja, ich musste so schnell wie möglich fort. Aber wohin nur? Wir hatten gehört, dass der Rest Deutschlands unter den Alliierten aufgeteilt worden war, und Westdeutschland war unendlich weit weg. Ostdeutschland war zu einer kommunistischen Republik geworden und von russischen Truppen besetzt. Die andere Hälfte Deutschlands wurde hauptsächlich von den Amerikanern verwaltet, denen man ein besseres Verhalten der deutschen Bevölkerung gegenüber nachsagte. Es gab Lebensmittelkarten, und die Leute im Westen konnten mit diesen Karten ihr Essen einkaufen. Sie bekamen zwar nicht sehr viel, aber es reichte doch zum Überleben. Man sagte, dass sich die amerikanischen Soldaten den Frauen nicht aufdrängten; es gäbe genug Mädchen, die gern mit ihnen anbändelten. All das klang zu schön, um wahr zu sein. Niemand konnte mir Genaueres darüber sagen, aber ich wollte das Risiko auf mich nehmen und mich auf den Weg machen. Auch wenn es anders kam, als ich es mir erhoffte – was hatte ich denn schon zu verlieren?

***

In der Nacht darauf brach ich auf, aber nicht allein. Micherle, eine meiner früheren Freundinnen aus der Nazischule, wollte mich begleiten, und ich hatte nicht den Mut, es ihr abzuschlagen. Ihre Eltern waren in ein Arbeitslager verschleppt worden, und sie war allein und hilflos zurückgeblieben.

Die Kinder meiner Schwester schliefen schon, als ich mich traurig über Utas Bettchen beugte. Der Abschied fiel mir schwer; ich liebte das kleine Mädchen so sehr! Vielleicht war dies ein Abschied für immer. Würde ich jemals eines der Kinder wieder sehen?

Margret steckte mir ein Stück Brot und ein paar getrocknete Heidelbeeren in den Rucksack. Ich wusste, dass sie sich das vom Mund abgespart hatte. Wir sagten nicht viel, als ich zur Hintertür hinausging.

Noch einmal schaute ich zu Vladis Haus hinüber, aber dort brannte kein Licht. Wie würde er wohl reagieren, wenn er am nächsten Tag zurückkommen würde und der Vogel war ausgeflogen? Ob er wohl zum regelrechten Deutschenhasser würde? Ich hatte sein Vertrauen missbraucht. Ob er jemals verstehen würde, dass ich getan hatte, was für ihn und für mich das Beste war? *Auf Wiedersehen, Vladi*, dachte ich. *Viel Glück und danke für deine Güte! Bitte verzeih mir, dass ich die Freiheit einem angenehmen Leben vorziehe.*

Nach kurzer Zeit erreichten wir die Grenze zwischen der Tschechoslowakei und Deutschland. Beide Seiten waren von russischen Truppen besetzt und standen unter kommunistischer Herrschaft. Deshalb wurde die Grenze nicht besonders streng bewacht, und wir gelangten unbehelligt auf die andere Seite. Sofort nahmen wir die weißen Binden ab, die uns so lange als Außenseiter gebrandmarkt hatten. In Deutschland brauchten wir sie nicht zu tragen.

Von neuer Hoffnung erfüllt machten wir uns auf die lange Reise durch Ostdeutschland. Unglücklicherweise war das Wetter uns und den übrigen Flüchtlingen, die im Lande herumirrten, gar nicht hold. Es regnete stunden-, tage-, ja wochenlang. Unsere feuchten Kleider klebten uns am Leib, bis die Sonne für ein paar Stunden herauskam und sie ein wenig trocknete. Nachts konnten wir nicht schlafen, weil unser leerer Magen uns immer wieder aufweckte. Meistens versteckten wir uns im Wald oder im Gebüsch. An manchen Abenden war ich so erschöpft, dass ich nah dran war aufzugeben.

Als Nahrung suchten wir uns ein paar Beeren, wilde Früchte und Wurzeln. Hatte es überhaupt noch Sinn weiterzugehen? Oh ja, schließlich hatte Micherle sich mir anvertraut, und ich trug die Verantwortung für sie. Sie war jünger und weniger selbstständig als ich. Schon um ihretwillen durfte ich nicht aufgeben. Wenn wir das Glück hatten, eine einigermaßen trockene Schlafstelle zu finden, träumten wir vom Essen. Ein voller Teller appetitliches, warmes und verlockendes Essen stand vor uns. Sehnsüchtig streckten wir die Hände danach aus, um gleich darauf mit leerem Magen und steif gefrorenen Fingern aufzuwachen. Oft unterhielten wir uns über Essen und versuchten, uns an den Geschmack verschiedener Dinge zu erinnern. Etwas Besonderes verlangten wir gar nicht – eine Tasse Suppe, ein Stück Brot oder frisch gekochte Kartoffeln wären schon genug gewesen. Aber da war niemand, der sein Essen mit uns geteilt hätte. Zu viele Flüchtlinge waren unterwegs. Die Bauern und die Dorfbewohner schlossen ihre Türen vor uns und verbarrikadierten ihre Scheunen. Höfe und Felder waren durch Hunde und Fallen gesichert.

Mein größter Kummer war immer noch mein Gedächtnis. Mein Erinnerungsvermögen war auch nach vielen Tagen noch nicht wiederhergestellt. Oft zermarterte ich mir stundenlang das Gehirn, um mich an Dinge zu erinnern. Ich war wie besessen von der Suche nach dem Namen meiner Mutter, der mir trotz verzweifelter Anstrengung einfach nicht einfallen wollte.

Ein winziger Hoffnungsschimmer blieb mir jedoch: In den dunkelsten Stunden der Verzweiflung und Entmutigung, wenn ich frierend, schlaflos und schmerzverkrümmt dasaß, dachte ich mit geschlossenen Augen an Mutter. Ihren Namen wusste ich nicht mehr, und auch an die Erlebnisse meiner Kindheit konnte ich mich nicht erinnern, aber ich sah Mutter ganz deutlich vor mir. Immer wenn ich Sehnsucht nach ihr hatte, schien sie da zu sein, und jedes Mal sah ich sie bei ihrer Abendandacht vor mir.

Ich sah sie am Fenster sitzen und versonnen in den roten Abendhimmel oder auf die dunklen Wolken über den Bergen schauen. Ein abwesender Blick trat in ihre Augen, dann fing sie an zu singen. Sie hatte keine volle Stimme, aber sie klang jung und hell wie die Stimme eines Kindes. Meistens reichte ihr Atem nicht bis zum Ende einer Liedzeile, da sie ein schwaches Herz hatte. Ihre Lieblingslieder waren „Näher, mein Gott, zu dir" und „O bleibe, Herr, der Abend bricht herein", und wir alle stimmten voller Freude ein. Nach dem Singen schlug Vater die Familienbibel auf und las einen Psalm.

Mutters Andacht blieb mir immer im Gedächtnis, auch als mir alles andere entglitten war. Ihr liebes, friedvolles Gesicht beugte sich in den schwersten Stunden meines Lebens über mich, und ich spürte, dass ich etwas Großes, Einmaliges verloren hatte: Frieden, den Frieden, den sie hatte und den ich herbeisehnte. Diese Sehnsucht hinderte mich daran, einfach aufzugeben, mich hinzulegen und zu sterben.

Jeden Morgen hieß es von neuem aufzustehen, die Zähne zusammenzubeißen und weiter durch den Regen zu laufen. Weiter und immer weiter Richtung Westen. Zwischendurch versuchten wir den quälenden Hunger mit Kräutern und Pilzen zu stillen. Welcher Zukunft liefen wir entgegen? Was erwartete uns?

„Mutter!", schrie es in mir. „Wo bist du? Gibt es noch irgendwo in der Welt Frieden und Liebe?"

***

Nachdem wir einen großen Teil Thüringens hinter uns gebracht hatten, kamen wir in ein kleines Dorf. Hier war es irgendwie anders als sonst. Der Ort wimmelte von Flüchtlingen, die ziellos herumliefen – nicht wie sonst nach Westen. „Was ist denn hier los?", erkundigten wir uns.

Die Antwort war ein Schulterzucken, Seufzer. „Niemandsland."

„Was ist das, Niemandsland?"

„Habt ihr denn noch nichts davon gehört?"

Nein, wir kannten den Ausdruck nicht. Hätten wir davon gewusst, hätte ich mich niemals auf den Weg durch ganz Ostdeutschland gemacht mit all den Strapazen, Regen, Hunger, Angst und schlaflosen Nächten, nur, um vor einem schmalen Streifen Land aufzugeben!

Er diente nur dem einen Zweck: Menschen daran zu hindern, die Grenze nach Westdeutschland zu überschreiten. Warum nur? Was gab es denn dort drüben, das wir nicht sehen sollten?

Natürlich wagte ich nicht, diese Frage laut zu stellen. Ich

mischte mich unter die Menge und hörte unauffällig herum. Bald fand ich heraus, dass es hoffnungslos war, die Flucht aus dem Niemandsland heraus zu wagen. Die Grenzen wurden von kommunistischen Soldaten streng bewacht, rund um die Uhr, ohne Pause. Man erzählte grausige Geschichten von Flüchtlingen, die versucht hatten, über die Grenze zu kommen, und die dabei erschossen oder gefangen genommen wurden.

Das war gemein. Warum wollten die Russen alle Flüchtlinge in ihrem Arbeiterparadies zurückhalten?

Tausende irrten auf den Straßen umher, ohne Nahrung und Unterschlupf, und die Kommunisten kümmerten sich nicht um sie. Was war da nur auf der anderen Seite, das wir nicht sehen sollten? Waren die Amerikaner bessere Menschen? Was für eine Regierung hatten sie überhaupt? Was würde uns dort drüben erwarten?

Meine Lehrer in Prag hatten die Amerikaner und Engländer als imperialistische Blutsauger dargestellt. Und doch waren die Amerikaner die Verbündeten der Russen und hatten ihnen geholfen, Deutschland zu zerstören. Es war alles so unverständlich. Ich konnte keinen Sinn darin sehen, und mein Kopf war noch benebelter als sonst.

Die Dämmerung war über das Dorf hereingebrochen. Unsere Kleider hingen uns kalt und feucht am Körper. Dunkle Wolken kündigten neuen Regen an. In einigen Häusern ging bereits das Licht an und schien warm und anheimelnd durch die Vorhänge. Welche Wonne wäre es, jetzt da drinnen an einem warmen Ofen zu sitzen und die steifen Glieder wärmen zu können!

Einer plötzlichen Eingebung folgend, ging ich auf eines der Häuser zu und klopfte an die Tür. Ein verwittertes Schild über dem Eingang deutete darauf hin, dass es früher einmal als Gasthaus bessere Tage gesehen hatte. Aber jetzt war es geschlossen, denn der Wirt hatte seinen Gästen nichts mehr anzubieten. Eigentlich war es sinnlos, hier anzuklopfen, das war mir klar. Micherle sah mich erstaunt an. Wusste ich denn nicht, dass man uns niemals öffnen würde? Die Einheimischen nahmen von den heimatlosen, hungernden und frierenden Flüchtlingen, die die Straßen füllten, überhaupt keine Notiz mehr. Dennoch wagte ich es, laut und nachdrücklich weiter zu klopfen.

Plötzlich ging die Tür auf, und ich schaute in die freundlichen Augen eines älteren Mannes. „Was willst du?“, fragte er zögernd.

Ich stammelte: „Bitte, wir sind so durchgefroren und durchnässt; dürften wir uns an Ihrem Ofen ein bisschen aufwärmen?“

Er sah uns forschend an – zwei fremde junge Mädchen in nassen Kleidern mit quietschenden Schuhen. Sicher würde er uns gleich wieder die Tür vor der Nase zuschlagen, und wir mussten traurig weiterwandern.

„Na gut, kommt rein“, sagte er. „Ihr armen Kinder!“

Hatte ich recht gehört? Er wies uns nicht ab?

Überwältigt murmelten wir ein leises „Dankeschön“ und traten in das Haus, wo wir uns gleich die nassen Schuhe auszogen, um den Fußboden nicht schmutzig zu machen. Dann setzten wir uns an den Ofen, um unsere Kleider zu trocknen. Wie gut es tat, wieder einmal warm zu werden! Wenn wir niemand störten, durften wir dann am Ofen sitzen bleiben, bis alle ins Bett gingen?

Der Mann ging hinaus und kam nach einer Weile mit zwei Tassen dampfender Suppe ins Zimmer zurück. Lächelnd fragte er uns, ob wir ein wenig Suppe haben wollten! Mit zitternden Händen griffen wir nach der heißen Brühe und dankten ihm immer wieder.

Nach dem Essen blieben wir still sitzen und warteten, bis wir in die Sturmnacht hinausgeschickt würden. Ich überlegte, ob ich mit diesem Mann über unsere Fluchtpläne reden sollte. Aber vielleicht würde uns das in Gefahr bringen. Vielleicht würde er uns dann verraten.

Das Ticken der alten Kuckucksuhr war lange Zeit der einzige Laut im Zimmer. Ich hatte den Eindruck, dass ich mich beeilen musste. Entschlossen warf ich mein Haar zurück und sagte: „Darf ich Sie bitte etwas fragen?“

Der Mann nickte.

„Ich muss Ihnen sicher nicht erst sagen, dass wir Flüchtlinge sind. Wir haben unsere Heimat, die Tschechoslowakei, vor ein paar Wochen verlassen und sind nach Westen gegangen, um über die Grenze zu gehen. Aber wir wussten nichts von diesem

Niemandsland, das so streng bewacht wird. Wir müssen einfach über die Grenze, aber wir wissen nicht wie. Haben Sie eine Landkarte von diesem Gebiet, so dass wir einen Weg finden könnten? Wir möchten es gern heute Nacht versuchen."

Der Mann lachte. Nicht bösartig, nur auf eine amüsierte, freundliche Art. Wie konnte er nur in dieser Situation lachen?

„Ihr naiven Mädchen!", sagte er endlich. „So einfach, wie ihr euch das vorstellt, geht es wirklich nicht. Mit einer Landkarte wollt ihr die Grenze überqueren? Nein, nein, so geht das nicht. Es stehen Tag und Nacht Soldaten auf Posten, die euch sofort schnappen würden. Nein, es ist ganz unmöglich!"

„Aber gibt es denn gar keinen Weg? Ich muss weiter, weil ich aus einem Arbeitslager weggelaufen bin. Wenn sie mich finden, werde ich in eins ihrer schrecklichen Lager zurückbefördert."

„Tja", sagte er nach längerem Nachdenken, „es gibt noch einen Weg, wo die Deutschen hinüberkönnen, aber er ist nur sehr schwer zu finden. Ihr könnt ihn nur mit einem Führer finden, und" – er senkte die Stimme – „so einen gibt es hier im Dorf. Es ist der Fährmann unten am Fluss. Wenn ihr genug bezahlen könnt, nimmt er euch vielleicht mit, aber er verlangt sehr viel. Er will Uhren, Schmuck –"

Ich unterbrach ihn aufgeregt. „Das macht nichts! Wir haben ein paar Dinge im Futter unserer Kleidung versteckt. Vielleicht reicht es; jedenfalls wollen wir es versuchen. Vielen Dank, dass Sie so freundlich und offen zu uns waren. Ich weiß nicht, ob ich es jemals wieder gutmachen kann, aber ich versichere Ihnen, dass wir Ihnen sehr dankbar sind!"

Er nickte und sagte einfach: „Ihr könnt heute Nacht hier bleiben. In so einer Nacht jagt man nicht einmal einen Hund hinaus, und ihr seht aus, als könntet ihr etwas Schlaf gebrauchen. Morgen könnt ihr dann den Fährmann fragen."

Er führte uns die Treppe hinauf in ein Zimmer, in dem zwei Betten standen. Auf jedem Bett lag eine dicke Federdecke und weiche Kissen. Der Mann sagte „Gute Nacht" und ging.

Fassungslos sahen wir einander an. Träumten wir? Solche Menschen gab es doch gar nicht?! Die Betten fühlten sich wunderbar an, und obwohl der Regen hart gegen die Fensterscheiben schlug, blieb alles trocken.

Bevor wir uns hinlegten, rissen wir an einigen unserer Kleidungsstücke das Futter auf und legten unsere Schätze auf einen kleinen Haufen. Es war nicht gerade ein Vermögen zu nennen, aber vielleicht reichte es, den Fährmann zu überreden.

Das Einzige, was ich schweren Herzens hergab, war ein silbernes Armband, das mir Rudi geschenkt hatte. Auch meinen Seidenschal hätte ich am liebsten behalten. Wir legten all die anderen Sachen in ihn hinein und banden ihn zu. Es gab ein hübsches kleines Bündel.

Dann schlüpften wir endlich in die weichen Betten. Wir hatten gar kein gutes Gewissen, dass wir in so bequemen Betten schlafen durften, während so viele andere draußen im Regen bleiben mussten.

Während der Nacht wachte ich mehrere Male mit einem unruhigen Gefühl auf. Vielleicht ist es eine Falle, dachte ich. Wenn nun jemand kommt und uns hinausjagt? Würde man uns wirklich die ganze Nacht in diesen weichen Betten schlafen lassen?

Aber niemand kam, um uns zu stören. Als der Morgen graute, weckte ich Micherle, um den Fährmann zu suchen. Murrend stand sie auf. Wer wusste, wann wir je wieder in einem so weichen Bett schlafen durften?

Leise, um unseren Gastgeber nicht zu stören, tappten wir die Treppe hinunter und traten in den trübgrauen Morgen hinaus. Zum ersten Mal seit Tagen trugen wir trockene Sachen am Leib und fühlten uns warm und ausgeruht. Neue Hoffnung erfüllte uns. Die freundliche Aufnahme am Abend zuvor erschien uns wie ein gutes Omen.

Bald fanden wir den Fluss, der, vom Regen der letzten Tage angeschwollen, reißend dahinfloss. Wir warteten am Ufer, und als die Fähre endlich in Sicht kam, hatte ich ein komisches Gefühl in der Magengegend. Was, wenn der Mann Nein sagte? Oder wenn ihm unsere Schätze nicht genügten? Es war alles, was wir ihm geben konnten!

Mit einem gezwungen fröhlich klingenden „Guten Morgen" traten wir auf das Floß und bezahlten die Überfahrt.

Ohne ein Wort steuerte der Mann auf das andere Ufer zu, den Blick ruhig auf das Wasser gerichtet. Wir waren die einzigen Passagiere, und als wir die Mitte des Flusses erreicht hatten, holte ich tief Luft und platzte mit meiner schwerwiegenden Frage heraus.

„Entschuldigen Sie", begann ich, „jemand hat uns gesagt, dass Sie manchmal Flüchtlinge über die Grenze führen, wenn sie dafür bezahlen." Ich sprach hastig weiter, um ihm keine Chance zu geben, mich zu unterbrechen. „Ich weiß nicht, ob das, was wir Ihnen geben können, ausreichen wird. Aber bitte, sehen Sie es sich einmal an!" Hastig knotete ich den Schal auseinander und legte ihm die Sachen vor die Füße.

„Nein, das mache ich nicht. Ihr wisst doch, dass mich die Russen erschießen, wenn sie mich entdecken!"

Ich nickte. „Ja, ich weiß, aber hören Sie mir bitte zu. Wir müssen einfach rüberkommen! Glauben Sie mir, wir sind keine Spione. Wir sind den ganzen weiten Weg aus der Tschechoslowakei bis hierher gewandert. Bitte helfen Sie uns doch! Ich bin aus einem Arbeitslager weggelaufen. Ist es denn nicht genug, was wir Ihnen geben können? Sehen Sie es sich doch bitte noch einmal an. Es ist alles, was wir haben. Wir haben sonst nichts mehr. Bitte, bitte, bringen Sie uns rüber!"

Der Mann starrte auf das Bündel, das ich ihm entgegenstreckte, und sagte lange Zeit kein Wort. Dann nickte er langsam und sagte: „Na schön, ihr Mädchen, dann nehme ich euch heute Nacht mit rüber. Wir treffen uns eine halbe Stunde vor Mitternacht, und zwar dort drüben" – damit deutete er auf die bewaldeten Hügel – „wo der Wald anfängt. Dort führt ein kleiner Pfad ins Gehölz. Versteckt euch dort hinter den Bäumen, bis ich komme."

Ich drückte ihm überschwänglich die Hand und dankte ihm aus tiefstem Herzen. Dann bat ich ihn, uns zurückzubringen, denn wir hatten keinen Anlass, zur anderen Seite zu fahren. Die kurze Reise hatte sich gelohnt.

Flucht

Die Stunden vergingen. Ziellos schlenderten wir umher. Wir durften keine Aufmerksamkeit erregen. Sobald es dunkel genug war, machten wir uns auf den Weg zu dem verabredeten Treffpunkt. Wir wussten, dass wir einige Zeit warten mussten, aber wir wollten auf jeden Fall rechtzeitig da sein. Unbemerkt überquerten wir die Wiesen und Felder und fanden nach einigem Suchen den Pfad im Gestrüpp. Dort stellten wir uns unter einen Baum und warteten.

Nach einer Weile bemerkten wir, dass wir nicht allein waren. Viele schweigende Figuren standen wie erstarrt unter den tropfenden Bäumen und warteten geduldig.

Ich flüsterte Micherle zu: „Wie will der Mann denn eine so große Gruppe rübernehmen, ohne entdeckt zu werden?"

Sie zuckte die Schultern.

Aber noch ein anderes Problem gab es. Würde der Fährmann überhaupt kommen? Wir hatten ihm schließlich alles gegeben, was wir besaßen. Was sollte werden, wenn er uns betrog und einfach ausblieb? Er hatte schließlich all unsere Habseligkeiten an sich genommen!

Immer mehr Menschen kamen und gesellten sich zu der Gruppe, unter ihnen Frauen mit Kindern, sogar Säuglingen. Es war stockdunkel und neblig, und ein feiner Nieselregen fiel. Ich fragte mich, wie die Mütter es fertig brachten, ihre Kleinen zu dieser späten Stunde und bei diesem scheußlichen Wetter zu beruhigen. Vielleicht hatte der Fährmann den Müttern auch Anweisung gegeben, was sie tun sollten, denn allen Säuglingen waren Windeln um den Mund gebunden, so dass nur das Näschen zum Atmen frei blieb. Das dämpfte ihre Stimmchen genügend, um nicht gehört zu werden. Die anderen Kinder klammerten sich fest an die Hände oder Röcke ihrer Mütter und wagten nicht, zu flüstern oder zu husten.

Erleichtert atmeten wir auf, als unser Führer endlich erschien! Leise erteilte er seine Anweisungen, und die Gruppe stellte sich in einer Reihe hinter ihm auf. Seine Befehle wurden durch Zeichen an die Flüchtlinge am Ende der Schlange weitergegeben. Er erklärte uns kurz die Route und die Stellen, wo wir über die Grenze rennen mussten. Dann setzte sich die schweigende Menschenschlange leise in Bewegung, angeführt von dem Fährmann. Dieser Mann war bereit, sein Leben zu riskieren. Wir wussten nicht weshalb – war es wegen der Bezahlung oder weil er uns wirklich helfen wollte und Mitleid mit uns hatte? Ich kannte seine Motive nicht und die anderen auch nicht. Es war mir gleichgültig, solange er uns den rechten Weg führte.

Wir kamen nur sehr langsam voran, da jeder Schritt vorsichtig und lautlos getan werden musste. Taschenlampen durften nicht benutzt werden, und die meisten von uns besaßen einen solchen Luxus sowieso nicht. Eine Strecke des Weges ging es durch dichtes Unterholz, wo es schwierig war, sich geräuschlos zu bewegen, besonders für die Mütter mit ihren Kindern. Micherle und ich bildeten fast den Schluss der Reihe, während die Mütter und Kinder in der Mitte gingen, so dass wir ihnen ab und zu weiterhelfen konnten. Wir waren schon lange Zeit unterwegs, und allmählich kamen mir Zweifel, ob der Wald jemals enden würde. Mittlerweile war es stockfinster geworden, und ich wusste von früheren schlaflosen Nächten, dass die dunkelste Stunde immer die vor dem Morgengrauen ist.

Bald würde der Morgen dämmern, das wusste ich. In jeder anderen Nacht hätte ich den Morgen herbeigesehnt, aber diesmal wünschte ich, dass es dunkel bliebe.

Immer wieder schaute ich zurück, stolperte und rannte gegen die Bäume. Den Schmerz fühlte ich kaum, so hatte mich die Angst gepackt.

Wenn das Morgenlicht schneller war als wir, würden uns die Russen entdecken, weil der gefährlichste Abschnitt des Weges immer noch vor uns lag.

Wieder drehte ich mich um, und da sah ich ihn – den ersten Schimmer der Morgendämmerung. Er fiel auf die Gipfel der Bäume und hüllte sie in grauen Nebel. Ich schwitzte vor Angst.

Aber dann kam die Erlösung. Dort war endlich, endlich das Zeichen, auf das ich die ganze Zeit ungeduldig gewartet hatte. Es bedeutete, dass die russischen Grenzposten nur noch einige Meter entfernt waren. Nun waren wir wieder auf uns allein angewiesen, weil uns unser Führer hier verlassen und den Rückweg antreten musste.

Wir mussten versuchen, durch das Gehölz zu brechen, um die Grenze zu überqueren. Micherle stand neben mir und wartete auf mein Signal.

Plötzlich hörten wir russische Wachen rufen: „Stoj! Stoj!" (Halt! Halt!) Dann hörten wir Schüsse, Schreie und fluchende Soldaten. Ich warf mich flach auf den Boden hinter einen Busch. Micherle keuchte neben mir. Der Wald hatte seine schützenden Arme geöffnet und hüllte uns in seine Dunkelheit. Keiner konnte den anderen erkennen. Das Schießen hörte bald auf, und es herrschte wieder Totenstille. Nur unsere Herzen schlugen so laut, dass wir meinten, ihr Klopfen müsse uns verraten.

Meine Gedanken jagten sich. *Maria Anne, du dummes Ding, du rennst in eine Falle! Dort vor uns stehen die Russen! Sollen wir umkehren? Unmöglich!* Der Morgen zog herauf, und wir konnten den Weg zurück nicht allein finden, ohne entdeckt zu werden. Es würde das Ende bedeuten.

Plötzlich hörten wir ein Kind schreien, gar nicht weit von uns. Um Himmels willen, warum passten denn diese Mütter nicht besser auf ihre Kinder auf? Das Kind wimmerte. Es würde die Soldaten auf uns aufmerksam machen. Auf allen vieren kroch ich in die Richtung, aus der wir den Schrei gehört hatten. Nur mit den Ellenbogen und Knien berührte ich den Boden.

Das Kind war ein mageres, verängstigtes kleines Mädchen, vielleicht drei oder vier Jahre alt, und die blonden, nassen Strähnen hingen ihr auf die Schultern. Ich hielt ihr vorsichtig die Hand auf den Mund und flüsterte ihr ins Ohr: „Sei still, Schätzchen! Die Russen finden uns sonst noch, wenn du so laut schreist. Wo ist denn deine Mama?"

Ich nahm die Hand vom Mund und ließ sie antworten. Sie erzählte mir schluchzend, dass ihre Mutter ihr Brüderchen auf dem Arm getragen hatte, während sie die andere Hand der Mutter gehalten hatte. Als die Schießerei begann, war Mami plötzlich verschwunden, und das kleine Mädchen war allein in dem unheimlichen Wald.

„Wenn du aufhörst zu weinen, Schätzchen, versuche ich, deine Mami zu finden. Komm jetzt erst mal mit zu meiner Freundin!" Ich streichelte ihr über den Kopf und wischte ihr die Tränen ab. Vorsichtig schlichen wir zu Micherle zurück.

Die Zeit verrann unaufhörlich. Es wurde immer heller. Wenn wir nicht bald etwas unternahmen, war es zu spät. Ich betrachtete das fremde Kind, das sich mit kindlichem Zutrauen an mich gekuschelt hatte und sich darauf verließ, dass ich seine Mutter finden würde. Irgendwohin mussten wir jetzt rennen. Aber wie konnten wir die Flucht schaffen, wenn wir ein kleines Kind bei uns hatten? Andererseits konnten wir das Würmchen aber auch nicht allein hier im Wald zurücklassen und einfach weglaufen.

„Hör zu! Wir müssen versuchen, deine Mutti auf der anderen Seite zu finden", entschied ich schließlich. „Zurückgehen können wir nicht, sonst werden wir ganz sicher irgendwann entdeckt. Wir müssen unbedingt versuchen, die amerikanische Zone zu erreichen."

Wieder wandte ich mich der Kleinen zu. „Herzchen, wir werden dich mitnehmen. Vielleicht ist deine Mama schon drüben, und wir finden sie dort. Du musst uns aber zwei Dinge ganz fest versprechen: Du musst so schnell rennen, wie du nur kannst, und darfst dabei keinen Mucks machen. Glaubst du, dass du das schaffst?"

Das Kind nickte ernst. Es hatte schon begonnen, sein Versprechen zu halten.

Ich zeigte Micherle, wie sie das Handgelenk des Kindes fest umklammern konnte, ohne ihm wehzutun, falls wir es hinter uns herziehen mussten, wenn es für die kleinen Beine zu schnell ging. Dann fasste ich die andere Hand der Kleinen, und wir rannten los. Zuerst liefen wir den Hügel hinunter. Dann mussten wir eine schmale Straße überqueren, durch das Tal laufen, wo die russischen Grenzposten patrouillierten, und einen tiefen Graben überspringen. Schließlich kamen wir in ein offenes Gelände, wo uns weder Bäume noch Büsche Schutz boten.

Verzweifelt setzten wir unsere Flucht fort, immer auf Gewehrkugeln gefasst, die uns jeden Moment treffen konnten. Am anderen Ende der Wiese floss ein kleiner Bach mit trübem Wasser. Es gab keine Möglichkeit, die Tiefe des Wassers abzuschätzen. So wateten wir auf gut Glück hinein und kämpften uns, so schnell es nur ging, ans andere Ufer. Verzweifelt mühten wir uns ab, den Kopf des Kindes über Wasser zu halten und dabei das Gleichgewicht nicht zu verlieren. Als wir das Ufer erreichten und die Böschung hochkletterten, lief uns das eiskalte Wasser in kleinen Rinnsalen an den Beinen herunter, und die Mäntel klebten uns schwer am Leib. Wieder lag ein Wald vor uns, und wir hasteten so schnell uns unsere Beine trugen bergauf. Wir wussten, dass auf dem Kamm des Hügels die amerikanische Grenzlinie war.

Auf dem halben Wege ließ ich mich erschöpft hinfallen. „Ich muss mich ein bisschen ausruhen“, keuchte ich. „Auch wenn die Russen hinter uns her sind, ich kann einfach nicht weiter!“

Auch Micherle war ins Gras gesunken und atmete in kurzen, heftigen Stößen.

Warum schossen die Russen nicht auf uns? Wir konnten es kaum fassen. Wir boten ihnen geradezu ideale Zielscheiben. Warum kamen wir ohne jede Störung voran? Ich konnte es mir nicht erklären. Hatten sie vielleicht Mitleid mit dem Kind, das wir bei uns hatten? Soldaten konnten so grausam sein, wenn sie betrunken waren, aber wenn sie nüchtern waren, gab es vielleicht auch unter ihnen solche, die ein weiches Herz hatten. Mehr als einmal hatte ich gesehen, wie russische Soldaten ihr Mittagessen mit hohlwangigen, bettelnden Kindern teilten, die um sie herumstanden. Vielleicht war der befehlshabende Kommandeur selbst Vater und konnte einfach nicht schießen, als er diese kleinen Füße verzweifelt um ihr Leben rennen sah!

Mein Blick fiel auf die Kleine neben mir. Da stand sie, tropfnass vom Scheitel bis zur Sohle. In ihren Schuhen stand das Wasser. Sie zitterte am ganzen Leib, und die Zähne schlugen ihr vor Angst und Kälte aufeinander. Die Tränen malten helle Streifen in das schmutzige, kleine Gesichtchen, aber kein Laut kam von den blauen Lippen. *Warum müssen so kleine Kinder schon so leiden*?, dachte ich verzweifelt.

„Schnell, Micherle, nimm etwas aus dem Rucksack für die Kleine! Oben drauf muss etwas Warmes sein zum Anziehen. Wir müssen ihr den nassen Mantel ausziehen, sonst bekommt sie eine Lungenentzündung."

Hastig zog ich dem Kind den feuchten Mantel aus und wickelte es in meinen trockenen Pullover.

Völlig übermüdet kuschelte es sich vertrauensvoll an mich. Was konnte ich anderes tun, als es auf den Arm nehmen und weitertragen? Micherle hängte mir den Rucksack über die andere Schulter, und dann ging es weiter. Das Kind schlief bald ein. Die zusätzliche Last beanspruchte all meine Willenskraft, um durchzuhalten. Noch einen Schritt und noch einen, noch einen. Erreichten wir denn nie den Bergkamm? Was, wenn die Soldaten uns fingen – jetzt, wo wir nur noch ein paar Meter vom Ziel entfernt waren? „Nicht denken, Maria Anne, nur weitergehen!"

Ich hob immer noch die Füße, als die Erde schon wieder eben war. Wie kam es nur, dass wir auf einmal nicht mehr steigen mussten? Wohin war der Berg verschwunden? Ein paar Gedanken wollten sich in meinem müden, zerschlagenen Gehirn bilden, aber die Schläfen hämmerten vor Furcht und Erschöpfung. *Nur weiter, weiter, immer weiter! Nicht stehen bleiben, Maria! – Wir sind gerettet! Wir haben es wirklich und wahrhaftig geschafft! Endlich!*

Der Kopf dröhnte mir, und alles drehte sich im Kreis, aber meine Füße konnten nicht mehr weitergehen. Auf einmal waren wir am Ziel! Endlich setzte sich dieser Gedanke in meinem Gehirn fest, und ich legte das Kind für einen Augenblick ins Gras nieder.

Dann drehte ich mich um und sah nach Osten zurück. Kilometerweit erstreckten sich die dunklen Wiesen, und irgendwo in dem dunklen, unergründlichen Wald waren unsere Verfolger. Wieder einmal hatte ich dem Tod ins Auge geschaut, und wieder hatte er mich verschont. Warum nur?

Ich beugte mich zu dem Kind hinab. In dem kalkweißen Gesicht flatterten die Lider, und der magere kleine Körper wurde vom Zittern geschüttelt. Vorsichtig hob ich die Kleine von dem feuchten Boden auf meine Arme und wandte mich dann nach Westen. Es war klar, dass die Kleine bald Hilfe brauchte, sonst würde sie nicht überleben.

In einiger Entfernung schimmerte ein Licht.

„Komm, wir gehen dorthin, wo das Licht brennt", sagte ich zu Micherle. „Vielleicht kümmert sich dort jemand um das Kind."

Wir streckten unsere müden Glieder, hoben das Kind auf und schleppten uns weiter. Durch Felder und Weiden ging es, über Steine und durch Gebüsch. Das Licht wurde heller und größer, und die Dämmerung kündigte den neuen Tag an.

Aber vielleicht war das alles ja nur ein Traum. Vielleicht bildete ich mir nur ein, dass ein neuer Tag begann, und in Wirklichkeit war es dunkel, für immer dunkel, und es würde nur noch dunkler werden. Wie hatte ich mich danach gesehnt, die amerikanische Zone zu erreichen, und nun war ich von Angst erfüllt! Den Russen waren wir zwar entflohen, aber wie würden uns die Amerikaner behandeln? Und das Licht am Himmel, war das der Morgen oder vielleicht schon der Abend? Habe ich da wirklich eine Lerche trillern hören? Konnte ich noch irgendeinem Menschen trauen? Wenn doch diesmal das Licht stärker wäre als die Dunkelheit! Sollte ich vielleicht doch eines Tages aufwachen und feststellen, dass alles nur ein schrecklicher Albtraum war? Gab es noch ein besseres Morgen für mich?

Grüße aus Amerika

Wäre ich nicht so müde gewesen, hätte ich es sicher bemerkt: Das Haus, auf das wir zugingen, war gar kein Bauernhaus. Aber ich wusste nur, dass ich das Kind keinen Meter weitertragen könnte und dass es leichenblass war.

Ich trat an die Haustür und klopfte. Keine Antwort. Schließlich hämmerte ich mit der Faust an die Tür, entschlossen, nicht aufzugeben, bis jemand aufmachte. Wenn die Bauern das Kind sahen, würden sie vielleicht helfen. Alles, was ich wollte, war ein warmes Plätzchen, wo die Kleine wieder trocken werden konnte.

Plötzlich wurde die Tür geöffnet, und ein amerikanischer Soldat stand vor mir. Ich erkannte ihn sofort als einen Amerikaner, da ich während der Ausbildung im Krieg Bilder von den Soldaten der Vereinigten Staaten gesehen hatte. Vieles von dem, was man uns gesagt hatte, hatte ich vergessen, aber zwei Dinge waren mir im Gedächtnis geblieben: Amerikaner wohnten in großen, schmutzigen Städten und waren alle schießwütige Gangster. Außerdem kauten sie Kaugummi, und das machte die Zähne kaputt.

Der Soldat vor mir war groß, er war bewaffnet und hatte ein Kaugummi im Mund! „What do you want?", fragte er gedehnt und schob dabei den Kaugummi mit der Zunge von einer Seite zur anderen, wobei ich seine weißen Zähne blitzen sah. Vor Angst brachte ich kein Wort hervor. Doch mein entsetztes Gesicht muss deutlicher gesprochen haben als meine auf Deutsch gestammelten Erklärungen. Er sah mich leicht verdutzt an, wandte sich um und rief einen Namen. Sofort erschien ein Übersetzer, der mich auf Deutsch fragte, was wir wollten.

„Wir kommen aus der russischen Besatzungszone und haben dieses Kind allein im Wald gefunden", erklärte ich ihm. „Wir mussten durch den Fluss, und die Kleine ist bis auf die

Haut durchnässt. Sie stirbt, wenn sie sich nicht bald aufwärmen kann. Bitte sagen Sie dem Soldaten, er soll uns nicht zu den Russen zurückschicken!"

Das Kind hatte den Kopf an meine Schulter gelegt und weinte leise.

Was jetzt passierte, hätte ich mir nicht einmal in meinen kühnsten Träumen vorzustellen gewagt. Die Tür wurde weit geöffnet, und man bat uns einzutreten! Die Soldaten brachten uns Decken, und ein Feldbett wurde aufgestellt. Sie gaben mir zu verstehen, dass ich dem Kind die nassen Sachen ausziehen und es in eine Decke wickeln sollte. Dann brachte uns ein Soldat eine große Tasse heiße Schokolade.

Ich hob den Kopf der Kleinen, und gierig trank sie von dem dampfenden Getränk. Langsam kehrte die Farbe wieder in ihre Wangen zurück, und die kalten Händchen lösten sich von meinen Fingern, die sie umklammert gehalten hatte. Vorsichtig legte ich sie dann wieder aufs Bett und sagte ihr, sie solle jetzt schlafen. Sie nickte, und ich ging in die Ecke zurück, wo Micherle stand.

Einige der Soldaten begannen, mit dem Kind zu reden. Es war eine fremde Sprache, und ich konnte sie nicht verstehen, aber es klang, als ob sie versuchten, in Babysprache zu reden.

Sie schnitten lustige Gesichter und rollten die Augen wie Clowns. Die Kleine setzte sich aufrecht hin und sah ihnen zu. Nach einer Weile hatte sie ihre Furcht vor den Männern verloren und unterhielt sich fröhlich mit ihnen. Sie hatten viel Spaß – auch wenn sie einander nicht verstehen konnten!

Ich stand in der Ecke und sah gebannt zu. Wie war das alles nur möglich? Nur weil wir nicht wussten, wo wir landen würden, waren wir jetzt in die Hände unserer „Feinde", der Amerikaner, geraten! Sie hatten uns aufgenommen und kümmerten sich rührend um das Kind. Warum behandelten uns diese vermeintlichen Gangster so freundlich? Sie hassten doch uns Deutsche so sehr, dass sie über den Ozean gekommen waren, um uns zu vernichten!

Es musste irgendeine Falle sein, aber eigentlich sah es gar nicht danach aus. Es schien alles ehrlich und echt zu sein. Waren sie etwa gar keine Verbrecher, sondern einfach freundliche

Menschen? War ich vielleicht ganz falsch unterrichtet worden? Wieder einmal hatte ich das Gefühl, dass etwas in mir zerbrach. Ja, meine früheren Vorstellungen von den Amerikanern hatten sich als falsch erwiesen. Goebbels' hasserfüllte Propaganda war ein Netz von Lügen gewesen.

Endlich schlief die Kleine ein, und die Soldaten wurden still. Manche schlichen auf Zehenspitzen weg, andere standen noch neben dem Feldbett. Ich trat zu ihnen und sah auf das ruhig atmende Kind herab. Wir hatten es in Sicherheit gebracht, und jetzt wurde es Zeit für uns weiterzugehen. Das Kind schien in guten Händen zu sein. Ich nickte ein scheues „Danke" und ging zur Tür.

Doch bevor ich sie erreicht hatte, sagte einer der Soldaten etwas zu mir. Gestikulierend versuchte er, mir etwas klarzumachen. Er rieb sich die Augen und fragte: „Are you tired, sleepy – you want to sleep, too?" (Bist du müde – willst du auch schlafen?)

Das war es also! Sie waren auch nicht besser als die anderen! Angewidert schüttelte ich den Kopf und ging rückwärts auf die Tür zu. „Nein, nein, danke", flüsterte ich abwehrend.

Der Soldat schien meine Gedanken zu erraten. „Look", sagte er stolz und wies mit dem Finger auf sich. „I am American." Dabei schien sich sein mächtiger Brustkorb noch mehr zu dehnen. Er sprach langsam und betont, und ich nickte. Ich verstand. Ja, er war ein Amerikaner.

„I no Russian." Dabei zeigte er nach Osten hinüber und schüttelte nachdrücklich den Kopf.

Wieder nickte ich. Nein, ein Russe war er nicht.

„I good man." Guter Mann – das klang im Deutschen fast genauso, so dass ich ihn verstand. Ich nickte zögernd. Er grinste und zeigte dabei große, weiße Zähne.

Misstrauisch starrte ich ihn an. War er wirklich gut? Durfte ich ihm trauen? Jeder von uns wusste, was der andere dachte.

Er ging zu einer Tür, öffnete sie und machte uns durch Gesten klar, dass wir eintreten sollten. In dem Raum standen zwei Feldbetten, auf denen Decken lagen. Höchstwahrscheinlich war es einer ihrer Erste-Hilfe-Räume. Der Mann nickte, gestikulierte und rieb sich wieder die Augen. „You sleepy, go rest! I – good man!"

Ich zögerte noch immer. Es war gegen alle Vernunft, ihm zu vertrauen, und vielleicht war es leichtsinnig, hier zu bleiben. Aber irgendwie konnte ich nicht weglaufen. Diese Feldbetten sahen so verlockend aus, die Decken waren trocken und warm, und meine Augen waren so schwer. Viele Wochen lang war ich vor allem und jedem weggerannt, und jetzt war ich das Weglaufen so leid. Ja, ich würde die Gelegenheit wahrnehmen, mich hinlegen und einfach schlafen, mitten unter einem Haufen fremder Soldaten. Vielleicht hatte es verheerende Folgen, ihnen so bedingungslos zu vertrauen, aber ich wollte es dennoch wagen.

Mit dem schüchternen Versuch zu lächeln, sah ich dem Mann in die Augen und nickte zögernd. Höflich hielt er uns die Tür auf und führte uns ins Zimmer. Ohne weitere Worte schloss er dann die Tür hinter sich und ging fort. Sofort streckten wir uns auf den Betten aus und hüllten uns in die Decken. Nach ein paar Minuten waren wir beide fest eingeschlafen.

Ich weiß nicht, wie lange wir geschlafen hatten, als uns ein lautes Klopfen auffahren ließ. Erschrocken rief ich: „Wer ist da? Was wollen Sie?"

Ein weiß gekleideter Soldat trat ins Zimmer. Er schien der Koch zu sein. Er hatte ein rundes Gesicht und sah gesund und freundlich aus. Das breite Lächeln machte sein Gesicht noch runder, und auf dem Kopf trug er eine hohe, weiße Mütze. Auch um die Taille schien er recht füllig zu sein. Eine große, weiße Schürze hatte er umgebunden und hielt ein Tablett in den Händen, voll beladen mit Essen. Er setzte es vor uns ab und fragte mit verschmitztem Augenzwinkern: „You want to eat?"

Ich nickte und schaute fassungslos auf das volle Tablett. Wir bekamen etwas zu essen! Ich überlegte, was wir wohl davon aussuchen durften. Anscheinend wollte dieser Mann mit uns essen. Ich sah ihm in die Augen und wartete darauf, dass er weitere Befehle gab.

„Eat", drängte er, als wir immer noch zögerten.

„Alles?", fragte ich erschrocken.

„Ja, all." Er schien sich zu amüsieren.

„Danke, danke!"

Der Soldat lächelte gutmütig und ließ uns dann allein.

Unsere Hände zitterten, als wir nach den guten Dingen griffen. Ich versuchte, mir Butter aufs Brot zu schmieren, ein Brot, dessen weiße Farbe und weiche Beschaffenheit mir völlig fremd war. Das Roggenbrot, das in meiner Heimat gebacken wurde, war dunkel und grob; weiß gebackene Sachen nannten wir Kuchen. Warum aßen die amerikanischen Soldaten wohl Kuchen, auf den sie dann noch Butter und Marmelade schmierten?

Auch andere Dinge, die auf dem Tablett vor uns lagen, hatten wir noch nie gesehen. Aber fremdartig oder nicht, dieses Frühstück war besser und luxuriöser als alles, was wir seit Monaten gegessen hatten, und es war so ungeheuer viel! Sogar zwei Tassen voll dampfenden Kaffees hatten sie uns dazugestellt. Sein Geschmack war völlig neu für uns. Wir kannten nur Blümchenkaffee, und dieser Kaffee schmeckte bitter. Aber er war heiß und wärmte uns wunderbar auf!

Als wir die letzten Krümel vom Tablett gelesen hatten, wischten wir uns den Mund mit Papierservietten ab. Welch ein Luxus! Servietten! Vielleicht träumten wir ja dies alles auch nur!

Nach dem Essen streckten wir uns wieder auf den Feldbetten aus und versuchten, noch ein wenig zu schlafen.

Der Koch kam wieder, um das leere Tablett mitzunehmen, und bedeutete uns, ruhig weiterzuschlafen. Aber der Schlaf wollte sich nicht wieder einstellen, und ich ärgerte mich darüber. Da hatten wir nun einmal die kostbare Möglichkeit, ein paar Stunden unter warmen Decken und geschützt vom Wetter ein wenig Schlaf nachzuholen, und ich lag wach! Damals wusste ich noch nichts von der anregenden Wirkung des Bohnenkaffees.

„Komm, wir stehen auf!“, sagte ich schließlich zu Micherle, und wir erhoben uns langsam. Wir falteten die Decken ordentlich zusammen und fischten in unseren Rucksäcken nach einigermaßen trockenen Kleidungsstücken. Unsere Röcke waren immer noch feucht und schrecklich zerknittert, deshalb zogen wir die Dirndl an. Dazu trugen wir weiße Socken und bürsteten unser verfilztes Haar lange und sorgfältig. Schließlich fühlten wir uns wie neugeboren, als wir unser Quartier verließen. Im Hausflur suchten wir nach jemandem, bei dem wir uns bedanken könnten, bevor wir weggingen.

Der Dolmetscher bat uns, in sein Büro zu kommen. Dort begrüßte uns der diensthabende Offizier mit einem freundlichen Kopfnicken und sprach schnell auf uns ein. Nach ein paar Sätzen, die wie ein Wasserfall auf uns herabprasselten, sagte der Übersetzer: „Der Leutnant hat mit dem russischen Hauptquartier Kontakt aufgenommen, um über das Kind, das Sie mitgebracht haben, Erkundigungen einzuziehen. Die Russen wissen von der Kleinen, denn sie haben die Mutter mit dem Baby erwischt. Wir haben ihnen angeboten, das Kind über die Grenze zurückzubringen, aber sie haben es abgelehnt, um die Mutter zu bestrafen."

In entschuldigendem Ton fuhr der Dolmetscher fort: „Wir können das Kind aber nicht bei uns in der Kaserne behalten. Hier ist nicht der richtige Ort für das Mädchen. Deshalb haben wir mit dem Internationalen Roten Kreuz Kontakt aufgenommen. Man hat uns versprochen, man wolle sich um das Kind kümmern. Bitte bringen Sie es bis ins nächste Dorf, und dort übergeben Sie es der Frau vom Roten Kreuz."

Das kleine Mädchen wurde hereingebracht. Jemand war so freundlich gewesen, ihr die Haare zu waschen und zu kämmen. Ihre Kleider waren trocken. Sie lächelte strahlend und zeigte uns ihre neuen Reichtümer: Die Taschen waren prall mit Bonbons, Keksen und – Kaugummi angefüllt! Meine Güte! Wir bedankten uns nochmals, nahmen das Kind in unsere Mitte und machten uns auf den Weg.

Als wir auf den Ausgang zugingen, hörten wir jemanden nach uns rufen. Es war der Übersetzer. „Der Leutnant meint, Sie sollen direkt an den Schalter des Roten Kreuzes gehen. Stellen Sie sich nicht in der Schlange an!"

„Ja, ist gut. Vielen Dank", antwortete ich. Ich verstand nicht, was er meinte.

Als wir uns von der Kaserne entfernten, schaute ich noch einmal zurück. Es bot sich mir ein unvergessliches Bild: Aus jedem Fenster lächelte ein Soldatengesicht, Arme winkten, und Worte, die wir nicht verstehen konnten, klangen zu uns herüber.

Es war nicht zu fassen! Ich hatte mein Misstrauen immer noch nicht überwinden können und eigentlich bis zum letzten Moment noch mit Schwierigkeiten gerechnet. Nun gingen wir weg, und die feindlichen Soldaten winkten uns freundlich nach, ohne auch nur zu versuchen, uns zurückzuhalten! Wie kam es nur, dass diese Amerikaner so anders waren als die Soldaten, die wir kannten?

„Danke", sagte ich leise und bewegt. „Danke schön, danke." Ich konnte kein Englisch, konnte ihnen nicht sagen, was ich empfand. Noch nicht einmal etwas fragen konnte ich sie. Wir gingen weg, und ich konnte einfach nicht verstehen, warum uns diese Männer so menschlich und freundlich behandelt hatten.

***

Nach etwa einer Stunde hatten wir das Dorf erreicht und suchten zunächst einmal das Flüchtlingsbüro des Roten Kreuzes auf. Jetzt verstand ich auch, was der Leutnant mit seinem Rat gemeint hatte: In einer langen Schlange, die die ganze Straße hinunter reichte, standen die Flüchtlinge vor der Tür und warteten. Ich erinnerte mich an die freundlichen Worte des Dolmetschers und marschierte kühn an der nicht enden wollenden Schlange vorbei. Man bedachte uns mit kritischen Blicken.

Bevor uns jemand aufhalten konnte, sprach ich eine Schwester in der Uniform des Roten Kreuzes an. „Bitte, Schwester, ein amerikanischer Offizier hat mir gesagt, ich solle direkt zu Ihnen gehen und Ihnen dieses kleine Mädchen übergeben, weil – "

„Kommen Sie herein", erwiderte die Schwester und öffnete die Tür.

Wir gingen hinein, während uns Hunderte zusahen und unwillig wurden.

„Setzen Sie sich", ermutigte uns die Schwester.

Was war dies für ein Ort? Flüchtlinge wurden doch im Allgemeinen nicht so freundlich behandelt. Niemand hatte sich bisher die Mühe gemacht, uns einen Stuhl, Essen oder Unterkunft anzubieten. Plötzlich wurden wir von allen Seiten freundlich behandelt. Zuerst gaben uns die Amerikaner Essen und ein Schlafquartier, und jetzt behandelte uns diese Frau mit dem Schweizer Akzent so menschlich, wie wir es gar nicht mehr gewöhnt waren! All diese fremden Leute waren so nett zu uns.

„Ja, ihr Mädchen", sagte sie lächelnd, „der amerikanische Offizier hat mir am Telefon schon von euch und dem Kind erzählt.

Ich möchte Ihnen sagen, dass wir es Ihnen hoch anrechnen, dass Sie sich um das Kind gekümmert haben, obwohl Sie um Ihr eigenes Leben laufen mussten. Das war sehr gut von Ihnen, es mitzunehmen."

„Aber Schwester", erwiderte ich verlegen, „wir haben doch nichts Besonderes getan. Wir konnten doch das kleine Würmchen nicht allein in dem dunklen Wald lassen!"

„Nein, meine Liebe, das konnten Sie nicht tun, aber viele hätten es fertig gebracht. Wir sind jedenfalls sehr froh, dass Sie es getan haben."

Ich lächelte zu meiner kleinen Freundin hinunter. Wie gewöhnlich hatte sie fest meine Hand und meinen Rockzipfel umklammert und schien glücklich und zufrieden, so lange sie in meiner Nähe sein konnte.

Die Schwester fuhr fort: „Wir haben aber ein kleines Problem. Das internationale Rot-Kreuz-Büro in der nächsten großen Stadt ist bemüht, für Kinder wie diese Kleine Hilfe zu finden. Aber alle Heime sind im Augenblick überfüllt, und zur Zeit ist nicht ein Bett verfügbar. Es wird also ein paar Tage dauern, bis irgendwo ein Platz für Ihren kleinen Findling frei wird. Wären Sie bereit, für das Kind zu sorgen, bis wir einen Platz gefunden haben?"

„Schwester", unterbrach ich sie, „natürlich sind wir dazu bereit, aber was können wir ihr denn schon bieten? Wir haben alle unsere Habseligkeiten dem Mann geben müssen, der uns aus dem Niemandsland herübergebracht hat. Wir haben weder etwas zu essen noch eine Unterkunft noch Kleidung für die Kleine – gar nichts! Ich kann sie gern bei mir behalten, aber ich kann nicht für sie sorgen!"

„Ach so, ich habe ganz vergessen, Ihnen zu sagen, dass das Rote Kreuz alles, was Sie benötigen, zur Verfügung stellen wird", fügte sie hinzu. „Wir werden Sie in unsere Akten aufnehmen." Damit griff sie nach ihrem Füller und ein paar Formularen. „Wir werden Ihnen allen Dreien Lebensmittelkarten und Geld für eine Woche geben. Ich rufe das Hotel an und bestelle Ihnen dort eine Unterkunft. Dann werden wir weitersehen."

Hatte ich richtig gehört? Diese Frau bot uns ein Hotelzimmer an, Essen und Geld, nur weil wir für unseren kleinen Schützling sorgen wollten? Nachdem sie die Papiere ausgefüllt hatte, griff sie nach dem Telefonhörer und bestellte ein Zimmer im einzigen Hotel des Dorfes. Die Besatzungsarmee hatte es übernommen. Wir erhielten schließlich unsere Lebensmittelkarten und Geld und verließen das Büro.

Als wir ins Freie traten, umringten uns sofort einige Flüchtlinge, die in der Schlange gestanden hatten, und stellten eifrig Fragen.

„Wie seid ihr nur da hineingekommen, ohne euch anzustellen?", fragte eine hagere, müde aussehende Frau. Sie versuchte, Ordnung in eine Herde Kinder zu bringen, die um sie herum tobte.

Ich erzählte ihr kurz unsere Geschichte.

„Da haben Sie aber ein Mordsglück gehabt", sagte ein Mann, der hinzugetreten war. „Ist Ihnen klar, dass man normalerweise erst nach frühestens zehn Tagen hier registriert wird und eine Lebensmittelkarte bekommt?", fragte er bitter. „Und Sie kommen hier einfach über die Grenze, und schon kümmert man sich um Sie?"

Wir lächelten verlegen und machten uns dann eilig davon. Wir hatten keine Lust, uns mit den Leuten anzulegen, die uns um unsere Glückssträhne beneideten.

Nach einer Weile fanden wir das Hotel, und man führte uns sogleich auf unser Zimmer. Ich legte das Kind ins Bett und setzte mich auf die Bettkante, bis es einschlief. Da hatten wir einem kleinen verloren gegangenen Kind das Leben gerettet! Und plötzlich war es zu unserem Glücksstern geworden. Wie seltsam!

Wir hatten der Kleinen ja nicht deshalb geholfen, weil wir an irgendeine Belohnung gedacht hatten. Dennoch schien es fast, als ob wir jetzt für unsere Tat belohnt würden.

Güte erzeugt wieder Güte, dachte ich, *und Hass bringt neuen Hass hervor. Was man sät, das erntet man.*

***

Drei Tage lang genossen wir den Luxus und Komfort unseres Hotelzimmers, so gut wir konnten. Mit den kostbaren Lebensmittelkarten und dem bisschen Geld gingen wir sehr sparsam um. Dafür schliefen wir lange und viel und fühlten uns danach frisch und erholt. Nach drei Tagen erhielten wir eine Nachricht vom Roten Kreuz: Man hatte einen Platz für die Kleine gefunden und bat uns, sie zum Büro des Roten Kreuzes zu bringen.

Ich gab sie nur mit gemischten Gefühlen wieder her, denn ich hatte die Kleine ins Herz geschlossen, und auch sie wollte nicht von mir weggehen. Aber wir mussten wohl froh sein, dass jemand für sie sorgen wollte. Ich versuchte, sie ein wenig zu trösten. Die Tränen flossen in Strömen, und schweren Herzens machten wir uns auf den Weg. Das Letzte, was wir hörten, war die Stimme der Schwester, die versuchte, das Kind zu beruhigen.

Ich habe nie wieder etwas von der Kleinen gehört. Obwohl ich ihren Namen vergessen habe, musste ich doch noch oft an sie denken. Oft fragte ich mich, was wohl aus ihr geworden ist. Hatte sie wohl ihre Mutter wiedergefunden? Und ob ihr Vater aus dem Krieg wieder nach Hause gekommen ist? Diese Fragen wird mir in diesem Leben wohl niemand je beantworten können.

Rudi

Ziel- und planlos wanderten Micherle und ich die Landstraße entlang in Richtung Südwesten. Schließlich hatten wir ja geschafft, was wir gewollt hatten: Wir waren heil und sicher in den Westen gekommen. Wir hatten Flüchtlingsausweise bekommen, auf die wir alle zehn Tage eine neue Lebensmittelkarte beantragen konnten. Obwohl sie uns nur ein Minimum an Nahrung garantierten, würden sie uns doch vor dem Verhungern bewahren.

Was sollten wir jetzt tun? Wochenlang hatten wir nur auf ein einziges Ziel hin gelebt: den Westen. Nun hatten wir es erreicht, und auf einmal kamen wir uns vor wie ein Schiff ohne Kompass. Wir ließen uns treiben, schlenderten langsam weiter, begegneten Massen von Flüchtlingen auf den Straßen, zogen durch viele Dörfer und lernten die zahlreichen kleinen Tricks, mit denen man die Lebensmittelkarten „verlängern" konnte.

Unverkennbare Zeichen des Wiederaufbaus und Neubeginns sahen wir am Weg. In verschiedenen Orten hatte man bereits damit begonnen, die Häuser wieder aufzubauen. Kinder, Frauen und alte Männer liefen geschäftig zwischen den Ruinen umher, schafften Gerümpel fort, schabten alte Backsteine ab und mischten Ton mit Stroh, um neue Steine daraus zu brennen. Verschiedene Läden waren schon wieder geöffnet und boten die notwendigsten Lebensmittel und Gebrauchsgüter an. In einigen Gasthäusern wurden für umherirrende Flüchtlinge Mahlzeiten abgegeben, so lange sie Lebensmittelkarten und etwas Geld besaßen.

Dann und wann leisteten wir uns etwas Besonderes und erstanden einen Teller heiße, köstliche Suppe, obwohl das ein großes Loch in unsere Bestände riss. Manche Drogerien hatten ebenfalls wieder geöffnet und versuchten, mit fast nichts Geschäfte zu machen. Sie boten Kräuter und einen begrenzten

Vorrat an Arzneien an, die nur in Notfällen verkauft werden durften. Diese Vorräte wurden von der amerikanischen Besatzungsarmee zugeteilt. Aber auch viele wertlose Kleinigkeiten wurden an Flüchtlinge verkauft. Manche waren wie besessen von der Leidenschaft, alles zu kaufen, was es „ohne Marken" gab. Einmal hatten wir das große Glück, einen Laden zu finden, in dem man Hustenbonbons kaufen konnte – ohne Marken und ohne Rezept! Sie schmeckten fürchterlich, aber was machte das schon? Wenigstens füllten sie für eine Weile den Magen.

Schließlich erreichten wir Vohenstrauß, ein Dorf, das vom Krieg nicht zerstört worden war. Als wir die Hauptstraße hinunterschlenderten, entdeckten wir eine Apotheke, und wieder einmal verspürten wir den altgewohnten Drang, unser Glück darin zu versuchen. Wir hatten unsere Finanzen aufgebessert, indem wir einen Teil unserer Lebensmittelmarken an Leute mit mehr Geld verkauften. Dadurch hatten wir jetzt immer genügend Reichsmark.

Als wir in den dämmrigen Laden traten, sahen wir eine junge Frau am Ladentisch stehen, die sich mit dem weißhaarigen Apotheker unterhielt. Anscheinend kannten sie sich. Diese Dorfbewohner, dachten wir, waren uns gegenüber im Vorteil, denn sie kannten die Besitzer und wurden den Fremden gegenüber immer bevorzugt. Nun, so war eben das Leben.

Micherle und ich standen vor den Regalen und sahen uns um. Gab es irgendetwas, das wir gebrauchen konnten? Wir konnten jedoch nichts entdecken. Na ja, wenigstens konnten wir nach Hustenbonbons fragen. So trugen wir dem Apotheker unsere Bitte vor.

Beim Klang meiner Stimme sah die junge Frau überrascht auf und starrte mich verdutzt an. Ich sah in ein Paar erstaunte braune Augen. Diese Frau kannte ich doch!

„Annemarie! Was in aller Welt machst denn du hier?"

Es war Rudis Schwester! Wir hatten uns seit dem Tag, an dem ich ihrer Mutter meinen Verlobungsring zurückgeschickt hatte, nicht mehr gesehen, und ich hatte immer wieder an sie gedacht und mich gefragt, was wohl aus ihr geworden sei! Ich wusste nur, dass die Russen und Polen Schlesien eingenommen hatten.

Annemarie streckte mir beide Hände entgegen, und ich ergriff sie. Zunächst brachte sie kein Wort heraus, so erschüttert war sie. Tränen standen ihr in den Augen. Wir gingen nach draußen, und Stück für Stück erzählten wir uns gegenseitig unsere schweren Erlebnisse. Annemarie berichtete unter Tränen, was sie mitgemacht hatte.

Meine anfängliche Zurückhaltung wandelte sich in Teilnahme, als ich hörte, dass sie alles verloren hatten. Nur das, was sie auf dem Leib trugen, war ihnen geblieben. Der Vater hatte wochenlang mit einer Lungenentzündung in Lebensgefahr geschwebt, und seine Frau hatte ihn Tag und Nacht aufopfernd gepflegt. Das Essen war knapp gewesen, und alle Wertgegenstände, die sie hatten retten können, mussten sie gegen Milch und Medizin eintauschen.

„Maria Anne“, schluchzte sie, „du würdest Mutter nicht wieder erkennen! Sie hat 30 Kilo abgenommen, und auch Vater ist nur noch ein Schatten seiner selbst. Er ist so elend, dass er nicht einmal mehr Treppen steigen kann. Wir leben draußen auf dem Land, weil uns eine freundliche Frau in ihrem Haus ein Dachzimmer gegeben hat. Aber wir sind immer noch besser dran als viele andere, denn immerhin haben wir ein Dach über dem Kopf!“

Einen Augenblick musste ich mich gegen den Gedanken wehren „Geschieht euch recht“, doch dann schämte ich mich. Ich hatte keinen Grund, schadenfroh zu sein. Schließlich saßen wir alle im selben Boot. Tiefes Mitleid erfasste mich, als ich Annemarie musterte. Sie war immer ein beschütztes und verwöhntes junges Mädchen gewesen, und in den ersten vier Jahren des Krieges hatte sie auch nicht viel entbehren müssen. Ich versuchte, mir ihre Angst und ihr Entsetzen vorzustellen, als sie die Heimat verlassen musste. Sie sah so mager und elend aus, wie sie da neben mir herging und das Fahrrad ihrer Wirtin schob.

„Annemarie“, sagte ich, „bitte grüße deine Eltern herzlich von mir. Sag ihnen, dass ich ihnen nicht mehr böse bin und dass ich euch alles Gute wünsche.“ Mit größter Anstrengung fügte ich noch hinzu: „Und, Annemarie, wie geht es deinem Bruder?“

„Oh, Maria Anne, weißt du das denn noch nicht?“ Ihr Blick

verdüsterte sich. „Rudi ist ... wahrscheinlich tot." Dann erklärte sie mir, dass sein Boot vermisst sei und sie monatelang keine Post von ihm bekommen hätten.

Rudi tot? Ich hatte es eigentlich gehofft, weil mir der Gedanke an das, was er in einem Gefangenenlager leiden müsste, unerträglich war. Aber jetzt merkte ich, dass ich mir selbst etwas vorgemacht hatte.

Nein, in Wirklichkeit wollte ich überhaupt nicht, dass er tot war. Das Leben war beinahe wieder lebenswert und hoffnungsvoll geworden, seit wir den Westen erreicht hatten. Ich musste mir selbst eingestehen, dass ich seitdem ununterbrochen nach Rudi Ausschau gehalten hatte. In jeder Rot-Kreuz-Station hatte ich die Namenslisten studiert und jedem Mann ins Gesicht geschaut, in der stillen Hoffnung, Rudi unter den Flüchtlingen zu finden. Ja, eigentlich hatte ich wieder zu hoffen gewagt, weil ich einfach nicht aufgeben wollte. Meine längst begrabene Liebe hatte mich angetrieben und mir die Kraft gegeben, weiterzuwandern und ihn zu suchen.

Ich musste einen Augenblick allein sein, weil ich zu stolz war zuzugeben, wie sehr mich diese Nachricht erschütterte. Deshalb blieb ich auf der Straße stehen und sagte zu Annemarie: „Annemarie, ich glaube, Micherle und ich sollten in die Stadt zurückgehen und dich jetzt heimfahren lassen, sonst macht sich deine Mutter noch Sorgen. Ich habe mich sehr gefreut, dich wieder zu sehen, und bitte vergiss nicht, deiner Mutter zu bestellen, dass ich keine Bitterkeit mehr gegen sie empfinde. Es ist das Letzte, was wir für Rudi tun können – Frieden schließen und die Vergangenheit vergessen."

Wir gaben uns die Hand und verabschiedeten uns. Micherle ging still neben mir her ins Dorf zurück.

Rudi war also allem Anschein nach tot. Aber – er konnte auch noch am Leben sein. Verzweifelt klammerte ich mich an diesen Hoffnungsschimmer, der einen Menschen oft jahrelang nicht zur Ruhe kommen lässt. Aber was half das schon? Er gehörte ja sowieso nicht mehr zu mir, auch wenn er noch leben sollte.

Trauer und Verzweiflung überkamen mich. Hatte es überhaupt noch einen Sinn weiterzuwandern, selbst hier im Westen? Es war fast mehr, als mein Stolz ertragen konnte, als ich mir eingestehen musste, dass die Haupttriebfeder für mein Durchhalten die versteckte Hoffnung war, Rudi doch noch zu finden.

Eine vertraute Stimme rief meinen Namen. Ich wandte mich um und erkannte in einiger Entfernung eine Radfahrerin, die so schnell sie nur konnte in die Pedale trat und dabei aufgeregt winkte. Es war Annemarie, die völlig außer Atem neben uns vom Rad sprang.

„Maria Anne", bat sie, „meine Mutter möchte dich gern sehen. Als sie hörte, dass ich dich getroffen habe, schickte sie mich dir nach. Bitte komm doch mit und besuche meine Eltern!"

Das passte mir gar nicht. Es war verhältnismäßig einfach, die Mutter grüßen zu lassen, aber hinzugehen und ihr die Hand zu drücken und mit ihr zu sprechen, das war etwas ganz anderes! Was würde geschehen, wenn ich etwas Falsches sagte? Würde es mein verletzter Stolz zulassen, auf sie zuzugehen und ihr zu vergeben? Oder sollte ich ihr die Herzlosigkeit, mit der sie uns auseinander gebracht hatte, zurückzahlen?

Annemarie erriet, was in mir vorging, denn mit flehendem Blick bat sie: „Bitte, Maria Anne, komm doch mit! Mutter hat sich sehr verändert, und wenn sie dir Unrecht getan hat, dann hat sie dafür mehr als genug büßen müssen. Du weißt gar nicht, wie viel ihr daran liegt, dich wieder zu sehen. Bitte komm mit, um Rudis Willen!"

Ich schämte mich vor mir selbst. Natürlich würde ich hingehen und die beiden alten Leute besuchen, wenn sie es wollten. Warum sollte ich ihnen das Leben noch schwerer machen? Also kehrten wir um und gingen mit Rudis Schwester in ein kleines Dorf, das von Wäldern und Hügeln umgeben war.

Ich nahm meinen ganzen Mut zusammen und stieg die paar Stufen zu ihrem Haus hoch. Sekunden später stand ich vor zwei Menschen, die ich fast nicht wiedererkannte. Obwohl ich kaum fähig war, den Schock über ihr Aussehen zu verbergen, umarmte ich Rudis Mutter. Sie war so gerührt, dass sie kaum sprechen konnte. Auch der Vater schluchzte leise.

Sie schien meine Gedanken zu erraten und versuchte zu lächeln. „Ja, Mädchen, ich weiß, wir haben uns sehr verändert; wir sind alt geworden. Das Leben hat uns alle hart angefasst. Komm und setz dich!"

Sie hielt eine kleine Mahlzeit für uns bereit. Die alte schlesische Gastfreundschaft war also auch in so schweren Zeiten nicht auszurotten! Zwei Eier hatte sie von ihrer Wirtin erbeten, und dazu gehörte eine gehörige Portion Mut. Auch etwas Brot lag auf dem Tisch.

Ich brachte kaum einen Bissen hinunter, weil ich wusste, dass sie sich das alles von dem wenigen absparen mussten, das sie selbst hatten. Der Vater hatte bläuliche Lippen und atmete in kurzen Stößen, und jedes Mal, wenn er zum Reden ansetzte, kamen ihm die Tränen. Mein letzter Rest von Abneigung wandelte sich in Mitleid. Rudis Name wurde kaum erwähnt, da sich keiner stark genug fühlte, von ihm zu reden.

Als wir uns erhoben, um uns zu verabschieden, drückte mir die Mutter fest die Hand. „Maria Anne", sagte sie traurig, „ich wollte dich damals nicht verletzen. Ich wusste ja nicht, dass dich mein Junge so sehr liebte. Er hat mehrmals versucht, dich wiederzufinden, aber du hast dich nie gemeldet."

„Wir wollen die Vergangenheit ruhen lassen", sagte ich leise. „Auch wenn Rudi noch am Leben wäre, könnten wir nicht heiraten. Aber ich will für den Rest meines Lebens gern Ihre Freundin sein."

„Bitte, mein liebes Mädchen, schreib uns doch, sobald die Post wieder arbeitet und du eine feste Adresse hast. Du bist ja alles, was uns Rudi hinterlassen hat – falls er tot ist." Die blauen Lippen des Vaters zitterten.

Ich nickte. „Ich werde euch ganz bestimmt schreiben", versprach ich zum Abschied und küsste alle drei.

Dann machten Micherle und ich uns auf den Heimweg.

Micherle, die Fremden gegenüber immer ziemlich schüchtern war, hatte bei Rudis Eltern nicht viel gesprochen, aber sobald wir allein waren, plauderte sie fröhlich drauflos. Das Essen hatte sie ungeheuer beeindruckt. Wenn man sich vorstellte, dass jede von uns ein Spiegelei bekommen hatte! Wir hatten schon vergessen, wie gut Eier schmeckten.

* * *

In dieser Nacht fanden wir eine Scheune auf einem Acker und verbrachten die Nacht darin. Am nächsten Morgen wurde mir klar, dass es allmählich an der Zeit war zu überlegen, wohin wir unsere Schritte lenken sollten.

„Micherle, dieses Herumlungern ist nichts für uns. Ich meine, wir sollten diese Gegend verlassen und nach Süden ziehen. Mein ganzes Leben lang habe ich mir gewünscht, einmal die Alpen zu sehen. Sollen wir nicht nach Bayern gehen?"

„Au ja!", stimmte sie begeistert zu.

Nach ein paar Tagen, in denen wir manchmal zu Fuß gingen und ein paarmal auf Güterzügen mitfuhren, näherten wir uns München.

Ich wurde immer unzufriedener mit mir selbst. Mein ganzes Leben lang hatte ich von einer Reise nach Süddeutschland geträumt, und jetzt, als mein Traum endlich Wirklichkeit wurde, machte mir das Ganze auf einmal keinen Spaß mehr. Irgendetwas mit mir war nicht in Ordnung, aber ich wusste nicht was. Es war, als hätte ich alle Empfindungen und Gefühle verloren.

Ob Micherle etwas davon merkte? Ich hörte kaum zu, als sie mir erzählte, dass sie einen jungen Flüchtling kennen gelernt hätte, der sie gefragt habe, ob sie mit ihm nach Heidelberg kommen wolle. Es war mir völlig gleichgültig, ob sie ging oder blieb. Alles war mir egal. Ich nickte nur unbeteiligt, und Micherle verabschiedete sich. Nun war ich ganz allein, ohne Verantwortung und ohne Gesprächspartner.

Für mich schien es keine Hoffnung oder Hilfe mehr zu geben. Ich war mir auch gar nicht bewusst, dass ich dringend Hilfe brauchte. Außerdem hätte sich ja doch niemand um mich gekümmert. Es standen keine Ärzte oder Schwestern für die Tausende von Flüchtlingen zur Verfügung. Entweder die Menschen überlebten oder gingen kaputt. Jahre später erzählte ich einmal einem Arzt von diesen Tagen, und er sagte mir, dass ich damals wohl depressiv gewesen sei.

Ein paar Tage nach meiner Ankunft in München fand ich mich im Morgengrauen mitten auf einer Straße wieder. Mein Kopf raste, alles in mir war dunkel, und ich versuchte vergebens, einen klaren Gedanken zu fassen. Vergangenheit und Gegenwart schienen ineinander zu verschmelzen. War immer noch Krieg?

Nein, seit fünf Monaten herrschte Frieden. Eine unheimliche Stille lag über dem Land. Kein Hämmern von Maschinengewehren mehr, keine Explosionen, kein Dröhnen von Flugzeugen in der Nacht, keine pfeifenden Bomben mehr. Es war unglaublich still, nichts rührte sich.

Die riesige Stadt blutete aus tausend Wunden. Überall waren die Zeichen der Zerstörung zu erkennen. Ruinen und verkohlte Bäume säumten die Straßen und warfen lange, unheimliche Schatten in das Morgenlicht.

Ziellos wanderte ich durch die Straßen. Die Stadt versuchte, langsam aus ihrer Betäubung aufzuwachen. Man hatte die Backsteine und den Unrat zur Seite geschoben, um einen Weg für die Fußgänger freizumachen. Die Leute eilten und drängten, um rechtzeitig die Läden und Verkaufsstellen zu erreichen, wo sie sich stundenlang ansteilen mussten, um ein paar Lebensmittel zu bekommen, falls sie Glück hatten. Andere bahnten sich den Weg zu ihrem Arbeitsplatz. Überfüllte Straßenbahnen klingelten und ratterten unaufhörlich an mir vorbei, Radfahrer drängten sich ungeduldig durch die Fußgängermassen.

Eine Zeit lang stand ich ganz still und beobachtete das Getriebe um mich herum. Ich hatte kein Ziel und brauchte mir nicht wie viele andere meinen Weg durch die Menge zu bahnen. Wie viele Tausende nannte ich ein strohgefülltes Eckchen in der Turnhalle einer alten, halb zerstörten Schule mein „Zuhause“ in München. Ich war froh, wenigstens dieses Quartier zu haben.

Niemand kümmerte sich um mich oder darum, ob ich bei Anbruch der Nacht in meinem Quartier zurück war oder nicht. Viele andere, neue „Nummern“, warteten auf ein freies Plätzchen im Stroh, weil immer mehr Flüchtlinge aus dem Osten herbeiströmten.

Ich beobachtete das allmorgendliche Hetzen und Jagen, studierte die vorbeihastenden Gesichter – fremde, gleichgültige Gesichter, hart und kalt, ohne den Schimmer eines Lächelns. Erinnerungen an Schmerz und Tod waren in ihre Züge eingegraben, und der Hunger stand vielen in die Augen geschrieben.

Plötzlich brach die Sonne zwischen den Wolken hervor und schien warm durch meine dünne, schäbige Jacke. Wochenlang hatte es unaufhörlich geregnet. Es schien fast wie ein Wunder, dass sich jetzt alles langsam erwärmte. Fast auf jedem Schritt meiner Flucht in den Westen hatte mich der Regen unbarmherzig durchnässt. Jetzt schien auf einmal die Sonne und strahlte auf die Ruinen um mich herum, zu denen die Sonnenstrahlen so gar nicht zu passen schienen.

Ich blieb stehen, in das ungewohnte Bild vertieft, und versuchte, einen klaren Gedanken zu fassen. Sonne, Regen, Ruinen, Tod, Hunger – so ging es wie ein Mühlrad in meinem Kopf herum.

Oh ja, ich hatte schon wieder Hunger, schrecklichen Hunger! Die zwei Stückchen altes Brot zum Frühstück hielten nicht lange vor, geschweige denn die Wassersuppe. Warum schien ausgerechnet jetzt die Sonne? Warum nur?

Ich sehnte mich danach, weinen zu können, mich gehen zu lassen, wieder etwas zu fühlen. Aber es ging nicht. Meine Tränen waren wie mein Lächeln unter einer Maske des Grauens begraben. Ich konnte einfach nicht weinen. Hilflos zuckte ich schließlich die Schultern und ging weiter.

Plötzlich sprang mir eine gedruckte Anzeige an einer Mauer in die Augen. In großen Lettern wurde ein Kirchenkonzert angekündigt. Aber wo nur? In einem der Vororte der Stadt gab es eine alte Kathedrale, die zwar beschädigt, aber nicht völlig zerstört worden war. Sogar die Orgel darin war noch intakt. Eine Gruppe mutiger Streichinstrumentalisten lud zu einem Händel-Abend ein.

Musik! Wie lange war es wohl her, dass ich den Klang guter Musik gehört hatte? Es erschien mir wie eine Ewigkeit. Musik gehörte einer anderen, vergangenen Welt an, die in der Gegenwart keinen Raum mehr hatte.

Ob man mich hereinlassen würde? Auf dem Plakat stand, dass jedermann willkommen sei. Und ob es wohl etwas kosten würde? Ich hatte nicht genug, um es für irgendetwas anderes als Essen auszugeben. Alles Wertvolle, das ich besaß, hatte ich dem Fährmann gegeben, der uns über die Grenze gebracht hatte. Nichts als das nackte Leben und der Rucksack, den ich immer bei mir trug, waren mir geblieben.

Ich las die Anzeige noch einmal. „Eintritt frei", stand da.

Das war unglaublich! Wie konnte es irgendetwas völlig umsonst geben? Würde da jemand wirklich freiwillig Musik für mich machen? Ich empfand es wie ein Geschenk. Es würde ein Konzert, ein richtiges, echtes Konzert geben, mit guter Musik, die ich immer so geliebt hatte.

Auf einmal gehörte ich auch zu der Menge um mich herum, drängte mich ungeduldig vorwärts und gebrauchte genau wie alle anderen meine Ellbogen, um in eine Straßenbahn hineinzukommen. Mit neuem Selbstbewusstsein fragte ich nach dem Weg zu der Kirche. Überraschenderweise ging tatsächlich jemand auf meine Frage ein und wies mir sogar ohne Stirnrunzeln die erwünschte Richtung. Ich schluckte vor Erstaunen.

Stundenlang schlich ich dann um die Kathedrale, bis auch andere Besucher kamen, und betrat dann ehrfürchtig und erwartungsvoll die hohe Kirche mit den Rundbogen. Drinnen roch es nach Weihrauch.

Ich wagte nicht, mich in eine der Bankreihen zu setzen, und blieb stattdessen verloren inmitten der später Kommenden stehen. Allmählich füllte sich die riesige Kathedrale. Erstaunt wanderten meine Blicke durch das Gebäude und folgten den geschwungenen Linien des romanischen Gewölbes. Alles schien mir fremd und ungewohnt.

Ein altes Gemälde bedeckte die gesamte Decke der Kirche. Ich kannte es gut, es war eine Reproduktion des berühmten Frescos aus der Sixtinischen Kapelle in Rom, „Die Erschaffung Adams" von Michelangelo. Darauf streckt Gott die Hand nach Adam aus, und mit dem Berühren der Fingerspitzen der beiden springt der lebenspendende Funke auf den neu geschaffenen Menschen über, und er wird zu einer lebendigen Seele.

Oh ja, ich kannte das Bild wohl, aber ich hatte seine Bedeutung völlig vergessen. Als ich nun zur Decke hinaufsah, versuchte ich, mich an etwas zu erinnern, was ich vor vielen Jahren auf Mutters Schoß gehört hatte, etwas, das ein Teil meiner Kindheit gewesen war. Wenn ich mich doch nur daran erinnern könnte!

Jetzt setzte die Musik ein; sanft und harmonisch verband sich der Klang von Streichern und Orgel, wurde laut und lauter und füllte schließlich die ganze alte Kirche. Er stieg in die Kuppel hinauf, vorbei an dem alten, rissigen Gemälde, und brach schließlich durch die zerbrochenen Glasfenster hinaus in die Stille der Nacht.

Dann fiel mir plötzlich die Geschichte des Bildes wieder ein. Ich hörte Mutters leise Stimme sie mir erzählen. Inmitten der Hunderte von schweigend lauschenden Fremden um mich herum fühlte ich, wie allmählich eine längst vergessene Wärme in mir aufstieg. Das Eis in meinem Innern schmolz.

Die Musik und Mutters Worte verschmolzen und brachen durch die Mauer, die ich um mein Herz aufgerichtet hatte. Tränen stiegen mir in die Augen, und ich begann innerlich zu jubeln. Schnell wischte ich mir mit der Hand über die nassen Wangen, bevor mich jemand weinen sah, aber die Tränen liefen und liefen während des ganzen Konzerts.

„Mutter, ich kann wieder fühlen! Mutter, Mutter, wo bist du nur?", klang es in mir.

Beim brausenden Finale der Musik sah ich zur Decke auf. Mit liebenden und sehnsüchtigen Augen schaute dort Gott auf Adam, sein Geschöpf, das ihn abwartend ansah. Irgendwie schienen sie beide auf mich herabzusehen, und ich hatte plötzlich den Eindruck, als lächelten sie mir zu.

In Gedanken versunken stand ich auf und ließ mich von der Menge dem Ausgang zutreiben. Dann fand ich mich unter einem nachtschwarzen, samtenen Himmel wieder. Langsam hob ich den Kopf.

Ich war noch immer aufgewühlt und unzählige Gedanken beschäftigten mich. Da war immer noch so vieles, was ich nicht verstehen konnte. Meine Probleme hatten sich nicht gelöst, aber sie quälten mich nicht mehr so wie zuvor. Vielleicht war das Leben doch nicht sinnlos und leer für mich, und vielleicht wartete irgendwo der Friede, den ich einmal besessen und dann verloren hatte. Vielleicht würde ich ihn eines Tages wiederfinden. Wenigstens versuchen wollte ich es!

Dankbar nickte ich zu der Kathedrale hinüber. Dann drehte ich mich um, streckte mich und machte mich mit neuem Mut auf den Heimweg durch Trümmer und Abfall.

Mein Herz jubelte und sang. Es war ein neues Lied. Oder war es ein altbekanntes, das ich längst vergessen hatte?

Neubeginn

Am nächsten Morgen erschien mir die Welt völlig verändert. Meine innere Unruhe war verschwunden, und wenn ich die Augen schloss, sah ich wieder das Fresco der Kathedrale vor mir, und die wunderbare Musik klang mir in den Ohren. Auch als ich durch die Stadt schlenderte, fielen mir auf einmal Dinge auf, die ich vorher gar nicht beachtet hatte.

Unbemerkt war der Herbst eingezogen, und am Fuß der majestätischen Alpen hatte er bereits damit begonnen, das ganze Land in bunte, fröhliche Farben zu tauchen. Sogar vor der zerstörten Stadt machte er nicht Halt.

Die Sonne schien sich für den verregneten Sommer entschuldigen zu wollen, und mit warmen Strahlen, tiefblauem Himmel und kleinen Federwölkchen versuchte sie, alles nachzuholen.

Ich fand einen kleinen Park, in dem noch Bänke, Bäume und Sträucher standen. Dort saß ich oft und hörte von ferne die Geräusche der Stadt, die sich geschäftig an den Wiederaufbau machte. Auch andere Flüchtlinge hatten diese Stätte der Ruhe und Entspannung entdeckt, und nach einigen Tagen begrüßten wir uns mit scheuem Kopfnicken.

Flüchtlinge sind gewöhnlich nicht besonders kontaktfreudig, und deshalb überraschte es mich um so mehr, als eines Morgens ein junger Mann auf mich zukam und sich höflich vorstellte. Anständige Mädchen, fand ich eigentlich, freundeten sich nicht auf der Straße mit einem fremden Mann an. Doch ob es die Musik war, die mir immer noch im Kopf herumging, oder ob der tiefblaue Himmel mit den weißen Wölkchen den Ausschlag gab? Jedenfalls musste ich lächeln und ihm mit ein paar freundlichen Worten Antwort geben.

Er war ein Flüchtling wie ich, kam sogar aus dem Sudetenland, meiner Heimat! Schon nach kurzer Zeit redeten wir miteinander wie alte Freunde.

Gerhard, so hieß mein neuer Bekannter, fragte mich plötzlich: „Fräulein Appelt, sagten Sie nicht, Sie hätten in den letzten Jahren eine Lehrerausbildung erhalten?"

„Ja, das stimmt", nickte ich, „so könnte man es nennen."

Er war Feuer und Flamme und redete aufgeregt auf mich ein. „Wissen Sie, dass Sie mit Ihrer Ausbildung wahrscheinlich einen Job kriegen können? Das Kultusministerium hier in München sucht verzweifelt nach Grundschullehrern. Vielleicht können Sie sich dort bewerben!"

Ich schüttelte resigniert den Kopf. „Nein, da habe ich bestimmt keine Chance. Sie werden doch keine ehemalige Nationalsozialistin einstellen, und ich hatte in der Hitlerjugend einen ziemlich hohen Posten. Sie würden das irgendwann herausbekommen, und lügen möchte ich nicht."

„Aber nein, Fräulein! Mitglieder der Hitlerjugend gehen doch straffrei aus. Solange Sie also nicht in der Partei waren, ist alles in Ordnung."

Er hatte auf einmal mein Interesse geweckt. Mitglied der Partei war ich nie gewesen, nur der Hitlerjugend hatte ich angehört. Irgendwie hatten wir in unserer Schule immer so viel Arbeit gehabt, dass man sich nie die Zeit nahm, die Zeremonie der Aufnahme in die Partei durchzuführen.

„Aber ich habe überhaupt keine Papiere, mit denen ich meine Ausbildung nachweisen könnte. Wie soll ich da eine Anstellung finden?"

„Das macht gar nichts, Fräulein Appelt. Versuchen Sie es trotzdem. Sie brauchen denen sowieso nicht alles zu erzählen! Die neue bayrische Regierung ist entschlossen, bis Ende Oktober wenigstens die Grundschulen wieder zu öffnen, und dazu braucht sie unbedingt Lehrer. Sie haben doch wirklich nichts zu verlieren, mein Fräulein, also versuchen Sie's!"

Er hatte ja Recht – ich hatte nichts, aber auch gar nichts zu verlieren. Aber wie sollte ich es bloß anstellen? Ich wusste ja gar nicht, wo ich hinmusste!

Er schien meine Gedanken lesen zu können. „Ich würde Ihnen gern dabei helfen, die zuständige Behörde zu finden", bot er freundlich an. „Wie wäre es mit morgen Vormittag?"

Ich musste über seinen Eifer lächeln. Warum brachte er nur

so viel Interesse für mich auf? Es musste dasselbe sein, was auch die amerikanischen Soldaten dazu veranlasst hatte, uns zu helfen, sowie das Rote Kreuz aus der Schweiz, das Flüchtlingshilfsprogramme organisierte, und die Musiker, die freie Konzerte gaben. Ich kannte den Grund für ihre Güte und Hilfsbereitschaft nicht, aber ich hatte angefangen, es als Wirklichkeit zu akzeptieren, wenn ich auch keinen Namen dafür hatte.

Hitler hatte mich viele Dinge gelehrt: Stolz, Treue, Beharrlichkeit, Moral und Fleiß. Aber was echte Liebe war, wusste ich im Grunde nicht – Nächstenliebe, die freiwillig gibt und sich schenkt, ohne etwas dafür zu bekommen. Der Krieg und meine Erfahrungen mit den russischen Soldaten im Arbeitslager hatten meinen Glauben an das Gute im Menschen völlig erschüttert. Wenn mir deshalb jemand Liebe entgegenbrachte, erstaunte mich das immer wieder aufs Neue.

„In Ordnung", antwortete ich jetzt auf das freundliche Angebot des jungen Mannes. „Dann treffen wir uns morgen früh um neun Uhr hier. Und vielen Dank für Ihre Hilfsbereitschaft."

Der junge Mann schüttelte mir die Hand, und wir verabschiedeten uns lächelnd.

Irgendwie brachte ich es fertig, mein bestes Kleid zu bügeln, wartete eine lange Zeit in der Schlange vor den Duschkabinen und ging dann zum Friseur, weil es nirgendwo heißes Wasser zum Haarewaschen gab.

***

Als ich am nächsten Morgen an dem verabredeten Treffpunkt ankam, stand mein Landsmann schon dort und wartete. Überrascht musterte er mich vom Scheitel bis zur Sohle.

„Sehe ich für das Bewerbungsgespräch gut genug aus?", fragte ich unsicher unter seinem kritischen Blick.

„Oh ja", sagte er hastig und errötete leicht. „Ich finde, Sie sehen sehr hübsch aus."

Jetzt war es an mir, rot zu werden. Etwas verlegen machten wir uns auf den Weg in Richtung Stadtmitte.

Vor dem Gebäude bat er mich um ein Wiedersehen am folgenden Tag, um zu hören, wie es mir mit meiner Bewerbung ergangen sei. Dann gab er mir noch ein paar Ratschläge, wie ich mich dem Beamten gegenüber verhalten sollte, und ließ mich allein. Langsam stieg ich die steile Treppe hinauf und betrat den alten Steinbau. Mein Herz klopfte wie wild, und ich kam mir schrecklich hilflos und verlassen vor. Das einzige Dokument, das ich noch hatte, hielt ich krampfhaft in der Hand – meine katholische Geburtsurkunde. Alles, was ich nachweisen konnte, war, dass ich geboren, getauft und nach meiner Mutter benannt worden war.

Bald darauf saß ich einem älteren Herrn am Schreibtisch gegenüber, der mich mit gemütlichem bayrischem Akzent fragte: „Was möchten'S denn, mein Kind?"

Ich hatte mir vorher genau überlegt, was ich sagen wollte. Doch auf einmal war alles wie weggeblasen. Hier war wieder jemand, der mich menschlich und freundlich behandelte. Warum sollte ich ihn belügen?

Also sagte ich kurz entschlossen die Wahrheit. Ich erzählte von meiner Ausbildung, der bitteren Enttäuschung und meiner Fassungslosigkeit, als ich erfuhr, dass uns die Nazis von Anfang an nur belogen hatten, und davon, dass ich keinerlei Papiere besaß. Ich versicherte ihm schließlich, dass ich den brennenden Wunsch hätte, ganz von vorn anzufangen und beim Wiederaufbau unseres Landes zu helfen, wenn man mir die Gelegenheit dazu gäbe.

Dann wagte ich, zu ihm aufzusehen. Ich wollte meinen Augen nicht trauen. Konnte es wirklich wahr sein, dass in den Augen des Beamten Tränen standen?

„Kleines Fräulein", sagte er gerührt, „sind Sie bereit, eine besondere Prüfung abzulegen, bevor wir Ihre weitere Zukunft besprechen?"

„Oh ja, natürlich, gern", nickte ich eifrig.

Der Beamte führte ein paar Telefongespräche und schickte mich dann in einen anderen Raum, wo die Prüfung vorgenommen werden sollte.

Am Nachmittag schickte man mich in sein Büro zurück, und der freundliche Herr empfing mich mit einem breiten Lächeln.

„Sie haben Ihre Prüfung gut bestanden", sagte er warm. „Nun aber etwas anderes. Wir können Ihnen ein vorläufiges Zeugnis geben, Sie werden sich aber in der nächsten Zeit noch einer Zusatzausbildung unterziehen müssen, damit Sie das Staatsexamen ablegen können. Es bleibt nur noch eine Frage: Welcher Konfession gehören Sie an?"

Ich zögerte und wusste nicht, was ich darauf sagen sollte. Gehörte ich überhaupt einer Konfession an?

Er fuhr fort: „Sehen Sie, Bayern ist katholisch, und die Leute wollen keine Lehrer, die einer anderen Religion angehören."

„Aber ich bin ja katholisch", sagte ich schnell und kramte nach meiner Geburtsurkunde.

„Können Sie das irgendwie nachweisen?"

Ich reichte ihm das Papier. Er sah es durch und verglich die Urkunde mit meinen Angaben. Dann stand er auf und reichte mir die Hand. „Sie sind angestellt, Fräulein Appelt!"

Ich erhielt noch ein paar weitere Anweisungen, eine Fahrkarte und ein Empfehlungsschreiben. Am nächsten Tag schon sollte ich München verlassen.

Wieder glaubte ich zu träumen. Auf einmal sollte ich kein unerwünschter Flüchtling mehr sein, sondern ein normaler, angesehener Bürger – eine Lehrerin, angestellt von der demokratischen bayrischen Landesregierung, um die Grundschulklassen in Großdingharting in Südbayern zu unterrichten. Es war fast zu viel des Guten!

***

Am nächsten Tag traf ich Gerhard, um mich bei ihm zu bedanken und mich zu verabschieden. Ich sprudelte förmlich über vor Freude, als ich ihm von meiner erfolgreichen Bewerbung erzählte. Er war ziemlich bedrückt und stand mit einem wehmütigen Blick da, den wir Flüchtlinge oft aneinander bemerkten. Dann schüttelten wir uns die Hand und trennten uns.

Gerhard schaute mir traurig nach, als ich mich noch einmal umdrehte. Erst Wochen später dämmerte mir, dass mein Fortgehen wahrscheinlich eine eben aufkeimende Hoffnung in ihm zerstört hatte. Er war so ein freundlicher, lieber junger Mann! Ich sah ihn nie wieder.

Langsam fuhr der Bummelzug nach Süden. Die schneebedeckten Gipfel der Alpen ragten in der Ferne in den golden strahlenden Himmel. Der Zug fuhr nicht bis zu dem Ort, wo meine Schule war. Deshalb musste ich einige Kilometer zu Fuß zurücklegen.

Der Direktor der Schule empfing mich mit freundlichen Worten, nachdem er mein Empfehlungsschreiben gelesen hatte. Dann lud er mich ein, in seinem Haus zu wohnen, bis ich ein Zimmer gefunden hätte.

Während meines Aufenthaltes in seinem Haus hatte ich ein unvergessliches Erlebnis. Die Frau des Direktors hatte ein einfaches Abendessen bereitet, zu dem ich eingeladen war. Nach dem Essen nahm sie einen dicken, rotbackigen Apfel und reichte ihn mir. Völlig überwältigt brach ich in Tränen aus, und die Dame sah mich verständnislos an.

„Gnädige Frau", stammelte ich entschuldigend, „ich glaube, ich weiß nicht mehr, wie ein Apfel schmeckt. Bitte, darf ich diesen Apfel ein paar Tage aufheben, um mich an seinem Duft zu erfreuen?"

„Essen Sie ihn ruhig auf", antwortete sie freundlich, „und wenn Sie gehen, gebe ich Ihnen noch einen mit!"

Ich konnte mich kaum dazu überwinden, den Apfel anzubeißen, dieses weinrote, saftige, aromatische Wunder. Ich hatte keinen Apfel mehr gesehen, gerochen oder gegessen, seit ich vor einem Jahr aus dem Krankenhaus entlassen worden war. So verzehrte ich ihn andächtig. Doch die Frau vergaß, mir beim Weggehen den versprochenen Apfel mitzugeben, und sie hatte den ganzen Küchenschrank voll! Vor Enttäuschung kamen mir fast die Tränen.

Das Unterrichten machte mir ungeheuren Spaß. Ich brauchte zwar eine ganze Weile, bis ich den bayrischen Dialekt dieser kleinen Bauernkinder verstand, aber wir verstanden uns vom ersten Tag an prächtig. Mit welchen Mitteln aber musste unterrichtet werden! Selbst mit der Kreide musste man sparsam umgehen. Dennoch kamen wir gut voran, und auch die Eltern schienen zufrieden zu sein.

Besonders ein kleiner Junge aus der ersten Klasse schien mich in sein Herz geschlossen zu haben. Seine Eltern besaßen einen Hof in der Nähe der Schule. Er war das Nesthäkchen der Familie, ein Nachkömmling. Jedes Mal, wenn ich aus dem Schulhaus kam, in dem ich auch wohnte, saß er auf der Treppe und wartete auf mich.

Ich hatte es mir zur Gewohnheit gemacht, jeden Nachmittag einen ausgedehnten Spaziergang zu machen. Der Herbst nach dem verregneten Sommer war ungewohnt sonnig und schön, und die Tage blieben bis in den November hinein hell und warm. Das wunderbare Panorama der Alpen, das ich vom Fenster meines Schulzimmers aus sehen konnte, faszinierte mich jedes Mal von neuem.

Sepperl, der kleine Junge, begleitete mich oft, wobei er verstohlen seine kleine Hand in die meine schob. Manchmal plauderte er munter drauflos, oft aber gingen wir schweigend nebeneinander her. Offensichtlich sah der kleine Kerl zu seiner Lehrerin auf, und seine offen zur Schau gestellte Bewunderung und Liebe wärmten mir das Herz.

Eines Tages, als ich die Hausaufgaben durchsah, bemerkte ich, dass Sepperl seine Aufgaben nicht gemacht hatte. „Sepperl", sagte ich streng, „wenn du deine Hausaufgaben nicht machst, kann ich dich nicht mehr zu meinem Spaziergang mitnehmen!"

Mit weit aufgerissenen Augen starrte er mich entsetzt an. Dicke Tränen rollten ihm über die runden Wangen. Ich musste mich rasch abwenden.

„Du musst hart bleiben", sagte ich mir im Stillen, „sonst meint er, er könne sich alles erlauben, nur weil er dein besonderer Freund ist."

Aber ich konnte diese großen, tränenvollen Augen nicht vergessen. Nach dem Unterricht beeilte ich mich, um bald meinen gewohnten Spaziergang machen zu können. Doch Sepperl saß nicht wie sonst auf der Treppe. *Na, vielleicht hat er sich schon an die Hausaufgaben gesetzt*, dachte ich und ging allein weiter.

Am nächsten Morgen kam Sepperl nicht zur Schule. *Vielleicht hat er sich die Grippe geholt*, sagte ich mir. Viele Schüler lagen zu der Zeit mit einer Erkältung im Bett. Armes, kleines Kerlchen! Ich schnitt in der Pause ein paar bunte Bilder aus einer Zeitschrift. Die wollte ich ihm am Abend bringen.

Als ich von meinem täglichen Spaziergang zurückkam, wartete

vor der Tür jemand auf mich, den Sepperls Eltern geschickt hatten. Ob ich bitte gleich mitkommen und nach dem Jungen sehen könnte? Er sei schwer krank. Ich lief rasch in mein Zimmer, holte die Bilder und eilte dann mit meinem Begleiter Sepperls Elternhaus zu. Beim Eintreten in den dunklen, kleinen Raum hörte ich Sepperls Mutter jammern. Das Herz stockte mir vor Schreck.

Ich lief die Treppe zum Zimmer des Jungen hinauf und blieb starr vor Entsetzen an der Schwelle stehen. Kerzen schimmerten, und Sepperls Eltern knieten an seinem Bett. Der Junge war tot.

Erschüttert beugte ich mich über die leblose, kleine Gestalt und schluchzte: „Sepperl, bitte wach doch auf!"

Aber das Gesichtchen blieb kalt, und die Augen öffneten sich nicht. Die kleinen Hände lagen gefaltet und still auf der Bettdecke. Die Eltern führten mich die Treppe hinunter und berichteten mir, was geschehen war. Sie hatten angenommen, dass Sepperl die Grippe hätte, und hatten ihn darum ins Bett gesteckt. Als die Mutter nach einer Weile noch einmal nach ihm sah, würgte er und rang nach Atem. Sie riefen einen Arzt. Als dieser dann nach Stunden endlich kam, stellte er fest, dass der Junge Diphtherie habe und nur wenig Hoffnung auf Überleben bestünde. Das Kind erstickte.

„Er hat nach Ihnen gerufen, Fräulein", schluchzte die Mutter, „aber Sie waren nicht da!"

Ich weiß nicht, wie ich den Unterricht während der nächsten Tage durchgestanden habe.

Beim Begräbnis saß ich auf Wunsch der Eltern zwischen Sepperls Verwandten und schluchzte so verzweifelt, dass mich die Mutter trösten musste. Sie war eine gläubige Katholikin und glaubte fest daran, dass ihr Junge nun im Himmel sei. Aber für mich gab es diese Hoffnung nicht. Ich hatte zwar an der Messe teilgenommen, weil es eben so üblich war, aber ich konnte nicht an ein Leben nach dem Tod glauben, genauso wenig wie an all die anderen christlichen Dogmen. Alles, was ich vor mir sah, war dieses wächserne, ernste Gesichtchen in dem weißen, kleinen Sarg. Wenn ich die Augen schloss, sah ich zwei große, tränenfeuchte Augen vor mir, die mich fassungslos ansahen. Warum nur? Warum dieses furchtbare Schicksal?

Erschüttert stand ich noch an seinem Grab, nachdem sich die Trauergäste verlaufen hatten. Plötzlich fasste mich eine kräftige Hand am Arm, und ich hörte eine freundliche Stimme auf mich einreden: „Schulfräulein, Ihr Kummer macht ihn auch nicht wieder lebendig. Bitte weinen Sie doch nicht mehr!"

Ich sah auf. Vor mir stand ein junger Mann mit ernsthaften blauen Augen und einem Schopf blonder Locken. Mitleidig lächelte er mich an. Ich erkannte ihn als einen der jungen Bauern aus der Gegend, der mir vor einigen Wochen auf einer Hochzeit vorgestellt worden war.

Wir verließen zusammen den Friedhof und schlugen den Weg ein, den ich so oft mit meinem kleinen Freund gegangen war. Während die Schatten im Abendlicht immer länger wurden, erzählte ich dem jungen Mann von dem Tag, an dem ich Sepperl so streng abgefertigt hatte.

Franzi hörte geduldig zu, dann antwortete er offen und ohne Beschönigungen, mit einfachen Worten. Aber seine schlichte Erklärung des Geschehens tröstete mich mehr als irgendeine tiefgründige Philosophie.

Als ich die Treppe zu meinem Zimmer hochstieg, war mir leichter ums Herz, und ich war bereit, den kommenden Aufgaben entgegenzusehen.

Franzi und ich wurden gute Freunde. Bald fingen die Leute an, über uns zu reden, weil wir so oft zusammen gesehen wurden. Allmählich machte ich mir darüber Gedanken. Einer von Franzis Freunden hatte mir erzählt, dass dessen Eltern es ihrem Sohn nicht gerade leicht machten. Er war der Alleinerbe einer der reichsten Bauernhöfe der ganzen Gegend, und ich war arm wie eine Kirchenmaus.

Zu Weihnachten brachte er mir ein kostbares Familien-Schmuckstück, das jeweils die Braut des Erben tragen durfte. Ich fiel aus allen Wolken! Franzis Mutter ließ es mir schicken. Der Sohn hatte schließlich seine Eltern überreden können, mich in der Familie willkommen zu heißen. Aber war ich damit einverstanden?

***

Zwei Wochen nach Weihnachten besuchte mich der Schulrat. Er benötigte dringend einen neuen Lehrer für eine Dorfschule 20 Kilometer südlich von meinem Schulort. Es würde keine leichte Aufgabe sein. Seit die Regierung in dem früheren Tanzsaal des Dorfes ein Flüchtlingslager eingerichtet hatte, war die Zahl der Schüler in die Höhe geschossen und für den einzigen Schulraum viel zu groß geworden. Ich würde in zwei Schichten unterrichten müssen, Bücher standen nicht zur Verfügung, auch keine Lehrmittel. Acht Klassen, die Verantwortung als Schulleiterin, dazu die vielen Unterrichtsstunden und Verhandlungen mit Eltern und Gemeinde – das war genug, um auch den Mutigsten abzuhalten. Deshalb hatte der Schulrat auch bis jetzt noch niemanden gefunden, der bereit gewesen wäre, den Posten zu übernehmen.

„Wissen Sie, wie alt ich bin?", fragte ich meinen Vorgesetzten.

„Ja, das weiß ich, Fräulein Appelt", antwortete er höflich. „Aber ich glaube trotzdem, dass Sie es schaffen werden!"

„Ich werde es versuchen, wenn Sie mir helfen", versprach ich schließlich.

Ich packte meine paar Habseligkeiten zusammen, besuchte noch einmal Sepperls schneebedecktes kleines Grab und ließ dann eine freundliche kleine Gemeinde und einen sehr unglücklichen jungen Mann zurück. Würde ich wohl je ein richtiges Zuhause finden? Ich konnte mir einfach nicht vorstellen, eine bayrische Bauersfrau zu werden. Mir fiel das Sprichwort ein, dass Alpenblumen nicht auf anderem Boden gedeihen und fremde Blumen nicht auf Alpenboden. Ich war eine fremde Blume unter den Mädchen, die hier wohnten, und sie hatten es mich auch gehörig fühlen lassen!

Warum hatte ich den harten Posten überhaupt angenommen? Vielleicht weil ich darin einen willkommenen Ausweg sah. Vielleicht entsprach das auch meiner Natur. Jedenfalls stellte diese Aufgabe eine Herausforderung dar, die mich reizte.

Vom ersten Tag an stürzte ich mich voll Eifer in die vielen neuen Aufgaben. Der Bürgermeister des Dorfes zeigte viel Verständnis und half mir, mich rasch in den neuen Aufgabenbereich einzuleben.

Wirbelsturm

Nach ein paar Tagen kam mir plötzlich eine großartige Idee. Aus Lehrermangel war die Schule des Nachbardorfes noch nicht wieder eröffnet worden, und auf einmal fiel mir Annemarie ein, Rudis Schwester, die mit ihren Eltern im Norden Bayerns lebte. Wir hatten uns ein paar Mal geschrieben, seit die Post wieder arbeitete, und ich wusste, dass sie schon lange Arbeit suchte. Ich unterbreitete meinem Vorgesetzten meinen Plan. Er war begeistert. Obwohl Annemarie evangelisch war, lud er sie auf der Stelle ein, herzukommen und sich vorzustellen.

Sie wurde sofort eingestellt, und gleich vom ersten Tag an arbeiteten wir hervorragend zusammen. Wir stellten gemeinsam Pläne auf, halfen einander bei auftretenden Schwierigkeiten und wohnten zusammen in meiner Wohnung im Schulhaus. Die Schüler machten gute Fortschritte, und die Eltern betrachteten uns als ihre Freunde. Sie luden die beiden „Schulfräuleins" oft zu Hochzeiten, Tanzabenden und kirchlichen Festen ein. Bald kamen wir in den Ruf, gute Tänzerinnen zu sein, und die Abende waren mit allerlei Veranstaltungen ausgefüllt.

Das Leben verlief fast wieder in normalen Bahnen. Es ging uns gut, abgesehen vom Mangel an materiellen Dingen, der uns aber nicht sonderlich bedrückte – schließlich hatten wir ja dem Tod ins Auge geschaut.

Mitten in dieses Idyll platzte eine Bombe – oder soll ich es einen Wirbelsturm nennen? Die Schulferien hatten begonnen, und ich war für ein paar Tage in das Dorf gefahren, wo ich zuletzt unterrichtet hatte, um dort Freunde zu besuchen. Mein lieber Freund Franzi bestand darauf, dass ich ihn in seinem Elternhaus besuchen sollte. Da ich die Sitten und strengen Regeln des Landes inzwischen kannte, ahnte ich, dass er mich damit vor eine endgültige Entscheidung stellen wollte. Ein junger Mann brachte kein Mädchen zu seinen Eltern, wenn er nicht ernste Absichten damit verknüpfte. Mir war also nicht ganz wohl in meiner Haut. Aber auf sein Drängen hin gab ich schließlich nach und besuchte seine Eltern.

Während wir uns über dies und jenes unterhielten, läutete plötzlich das Telefon.

Franzi nahm den Hörer ab und sah dann überrascht zu mir herüber. „Es ist für dich, Maria Anne!“

„Für mich? Aber wer will mich denn sprechen? Es weiß doch niemand außer Annemarie, dass ich hier bin.“

Es war Annemarie. Sie hatte nach langem Suchen ein Telefon im Büro des Bürgermeisters gefunden. Ihre Stimme klang erstickt vor Aufregung. „Maria Anne“, stammelte sie, „ich habe gerade einen Brief von meiner Mutter bekommen. Das Internationale Rote Kreuz hat meinen Bruder ausfindig gemacht! Er lebt und ist unterwegs zu meinen Eltern. Ganz bestimmt wird er auch hierher kommen wollen, um uns beide zu sehen. Was soll ich meiner Mutter antworten?“

Was sollte ich sagen? Franzi stand neben mir und wartete ungeduldig. Mir schwirrte der Kopf. Und Annemarie am anderen Ende der Leitung weinte und lachte gleichzeitig. Ich wusste, wie viel Rudi ihr bedeutete, sie hatte ihn förmlich angebetet.

Schließlich zwang ich mich zu einer Antwort. „Sag deinem Bruder, dass er mehr als willkommen bei uns ist, Annemarie! Schließlich ist er der Bruder meiner besten Freundin. Oh, ich bin so froh, dass er lebt! Ich weiß, was er dir und deinen Eltern bedeutet. Und du kennst ja meine persönliche Einstellung. Solange er die respektiert, ist alles in Ordnung.“

Ich wollte erst einmal eine Weile allein sein und meine Gedanken ordnen. Sobald es möglich war, entschuldigte ich mich und ging nach Hause. Ich war völlig aufgewühlt. Die Vergangenheit war urplötzlich wieder aufgewacht, und ich bekam es mit der Angst zu tun.

Annemarie aber sprudelte über vor Freude. Sie hatte bereits einen Brief abgeschickt, in dem sie Rudi einlud, und schmiedete jetzt tausend Pläne.

Und er kam! Es war April; draußen lag der letzte Schnee. Spät am Abend, als wir gerade zu Bett gehen wollten, klopfte es an der Tür, und vor mir standen zwei Männer in marineblauen Uniformen. Rudi war einer davon, mager und verhärmt, während ihn sein Freund Riko von hinten ins Zimmer schubste. Beide sahen verfroren und hungrig aus.

„Willkommen, ihr beiden! Kommt doch herein!", sagte ich gezwungen fröhlich, und wir bereiteten ihnen schnell ein Abendessen.

Rudi sagte nicht viel, er saß die meiste Zeit still da und versuchte, sich die kalten Füße aufzuwärmen. Annemarie eilte geschäftig im Zimmer umher und machte ihnen Schlafplätze zurecht, während ich mühsam versuchte, das Gespräch aufrechtzuerhalten.

Rudi tat mir schrecklich Leid. Er hatte sich so sehr verändert. Seine jugendliche Unbekümmertheit war verschwunden, und er schien einsam und bedrückt. Ich wusste, wie ihm zumute war. Auch für ihn war eine Welt eingestürzt – genauso wie für mich. Nur hatte er es noch keine Möglichkeit gehabt, die Trümmer zusammenzusuchen und neu anzufangen.

***

Nach ein paar Tagen wich die Spannung allmählich, und Rudi und ich begannen behutsam, wieder miteinander zu reden. Ich gab mir große Mühe, meinem Herzen keine neuen Eskapaden zu erlauben, weil ich fest entschlossen war, mich nicht wieder in ihn zu verlieben. Rudi ging es genau umgekehrt, wie er mir später erzählte.

Er bewarb sich an der Universität München, um Philosophie zu studieren, und wurde auch angenommen. München war nur wenige Stunden Bahnfahrt von uns entfernt, und da Annemarie bei mir wohnte, hatte Rudi Grund genug, uns oft zu besuchen. Er hat nie viele Worte gemacht, aber durch seine ruhige Entschlossenheit und sanfte Art schlich er sich fast unmerklich wieder in mein Herz ein.

Es fiel mir nicht ganz leicht, die Verbindung zu meinem Franzi abzubrechen, aber Rudis Beharrlichkeit und Zuneigung siegten schließlich. Er liebte mich, das glaubte ich ihm nun endlich, und ich liebte ihn schon zu lange, um mich weiter zu widersetzen. Er verstand nur nicht, dass ich nicht mehr das gleiche Mädchen war, das er vor zwei Jahren gebeten hatte, seine Frau zu werden. Der Gedanke an die Ehe flößte mir Angst ein. Ich fühlte mich nicht reif dafür und zweifelte, ob ich es je sein würde.

In jenem unvergesslichen Sommer kurz vor Kriegsende, als mir Rudi den Verlobungsring angesteckt hatte, war ich ein unerfahrenes, naives junges Mädchen gewesen, voll romantischer Träume und Pläne. Jetzt aber machte ich mir über die Liebe und das Leben keine Illusionen mehr. Im Gegenteil, ich hatte Angst.

Mir graute vor den körperlichen Liebesbeziehungen in einer Ehe. Würde ich es je über mich bringen, die Erinnerung an die betrunkenen Soldaten, die roh nach den Frauen und Mädchen gegriffen hatten, abzuschütteln? Und ob ich je Helgas wächsernes Gesicht vergessen könnte, das um Hilfe und Gnade schrie? Doch Rudi gegenüber ließ ich mir meine geheimen Ängste nicht anmerken, sondern lächelte nur, und wir kündigten bald unsere Verlobung und kurz danach unseren Hochzeitstermin an.

Rudi strahlte; er war fast wieder der alte, selbstsichere Rudi, den ich kennen gelernt hatte. Er schien nicht zu bemerken, wie still und mager ich wurde – mein Magengeschwür war wieder aufgebrochen. Die Ursache dafür war jedoch nicht nur meine Angst vor der Ehe.

Unsere Verlobung hatte auch in anderer Hinsicht einige Probleme aufgeworfen. Ausgerechnet wegen unserer Religion gab es Schwierigkeiten! Das war im Grunde eine grausame Ironie, weil keiner von uns ernstlich an Gott glaubte, aber ich war nun einmal katholisch getauft und hatte mich, um eine Anstellung zu bekommen, auch als Katholikin bezeichnet.

Ich war eigentlich nicht katholisch erzogen worden, doch nahm ich jeden Sonntag am Gottesdienst teil. Sorgsam hatte ich jede Bewegung der anderen Kirchgänger beobachtet und allmählich die Liturgie und die anderen äußeren Formen der Frömmigkeit übernommen und mich so den Gepflogenheiten der Gemeinde angepasst. Abgesehen von diesen Übungen verschwendete ich jedoch keinen Gedanken an religiöse Fragen, genauso wenig wie Rudi. Er war dem Taufschein nach evangelisch und ahnungslos genug, das dem Priester meiner Kirche zu erzählen. Das sollte der Beginn eines „kalten Krieges" zwischen den beiden werden. Ich stand dazwischen, immer darauf bedacht, nicht unangenehm aufzufallen.

Der Priester der Dorfgemeinde, eine hoch angesehene und gefürchtete Persönlichkeit, war mir nie besonders sympathisch gewesen. Ich ging ihm aus dem Weg, wo immer es möglich war. Als ich unsere Verlobung ankündigte, empfand er es als seine Pflicht, unsere Heirat mit allen Mitteln zu hintertreiben. Wie es die Tradition verlangte, musste ich als Katholikin einen Ehe-Vorbereitungskurs absolvieren. Da Rudi evangelisch war, nahm er an diesen Stunden nicht teil, und ich musste sie allein über mich ergehen lassen.

Sie wurden mir jedes Mal zur Qual. Der Priester erinnerte mich so sehr an meinen Pflegevater – voller Fanatismus, aber ohne Liebe! Er drohte mir mit ewiger Verdammnis und dem Fegefeuer, falls ich Rudi wirklich heiraten sollte.

Gequält sah ich schließlich zu ihm auf: „Bitte versuchen Sie doch wenigstens, mich zu verstehen, Hochwürden! Mein Verlobter braucht mich. Ich kann ihn doch nicht einfach fortschicken, schon um seinetwillen nicht. Er hat doch alles verloren – sein Zuhause, seinen Beruf, seine Zukunft. Er würde sich vielleicht sogar etwas antun, wenn ich ihn im Stich ließe. Können Sie das denn nicht verstehen? Es gibt doch so etwas wie eine menschliche Verantwortung!"

Aber der Mann in der Soutane schüttelte nur den Kopf. Nein, er konnte mich nicht verstehen und drohte mir schließlich, dass er uns nicht trauen würde.

Das wäre für meine berufliche Zukunft eine Katastrophe gewesen, denn eine Ehe, die nur auf dem Standesamt geschlossen wurde, sahen die Leute in der Gemeinde als illegal an. Ich musste unter allen Umständen in einer Kirche getraut werden!

Rudi war mir in meiner verzweifelten Lage nicht gerade eine Hilfe. Er hatte manche seiner ehemaligen, rauen Seemannsmanieren noch nicht abgelegt, und sie irritierten mich oft. Er beleidigte den Pfarrer, neckte mich wegen meiner Gefühlsduselei und Empfindlichkeit und verursachte sogar Spannungen in der Gemeinde.

Schließlich kam uns ein einflussreicher Bauer zu Hilfe, dessen Kinder ich in der Schule unterrichtete. Er hatte eine Unterredung mit dem zuständigen Bischof, der ein guter Freund von ihm war, und wir erhielten endlich die Erlaubnis zu heiraten. Rudi triumphierte. Jetzt musste uns der widerspenstige Priester trauen!

***

Die Hochzeit wurde ein Fest für das ganze Dorf. Von Schülern und Eltern wurden wir mit Geschenken und guten Wünschen geradezu überschüttet. Die kleinen Kinder streuten Blumen und stellten in den Gängen der Kirche brennende Kerzen auf, als wir durch den 900 Jahre alten Bau schritten. Die ganze Kirche war voll Menschen und Blumen, und ein schwerer Weihrauchduft erfüllte den Raum.

Der Priester traute uns mit steinernem Gesicht. Rudi war zu glücklich, um noch ärgerlich auf ihn zu sein, und mehr als gewillt, endlich das Kriegsbeil zu begraben, aber der Priester blieb unversöhnlich.

Nach einem ausgiebigen Mahl tanzten wir nach echt altbayrischem Brauchtum den Hochzeitstanz, während alle anderen in einem großen Kreis zusahen. Als wir den Walzer zu Ende getanzt hatten, gesellten sich die anderen Paare zu uns. Lange nachdem wir den Tanzboden verlassen hatten, hörten wir noch die Musik und die stampfenden Füße, bis in den frühen Morgen hinein. Es war für alle ein schönes Fest gewesen! Noch lange sprachen die Leute von der Hochzeit des „Schulfräuleins“!

Wir hatten keine Flitterwochen, da Rudi sofort zur Universität und ich in meine Schule zurückkehren musste. Rudi ließ mich nicht gern die ganze Woche lang allein, weil ich mich gesundheitlich gar nicht wohlfühlte. Ich magerte immer mehr ab und wurde blass und elend.

Der Priester hielt es für seine religiöse Pflicht, mir immer wieder zu prophezeien, dass unsere Ehe nicht lange halten würde. Das Leben wurde immer schwerer.

Rudi und ich hatten große Schwierigkeiten, uns einander anzupassen. Wir gaben uns zwar beide größte Mühe, doch immer mehr Missverständnisse tauchten auf, und wir lebten uns allmählich auseinander. Wir waren nicht mehr die unbelasteten jungen Leute, die vor zwei Jahren so froh und unbeschwert durch die blühenden Wiesen spaziert waren.

Das erste Jahr unserer Ehe wurde ein Albtraum. Ich war überzeugt, dass ich einen Fehler gemacht hatte. Vielleicht eignete ich mich einfach nicht dazu, eine gute Ehefrau zu sein, oder wir passten nicht zueinander. Ich hatte geglaubt, einen neuen Anfang gemacht zu haben, aber es schien der Anfang eines bitteren Endes gewesen zu sein.

Wir waren beide bereit aufzugeben.

Das alte Buch

In einer Ecke unseres kleinen Wohnzimmers hing ein Kruzifix. Eine katholische Bauersfrau hatte es mir zur Hochzeit geschenkt.

„Man kann eine Ehe nicht ohne ihn beginnen", sagte sie sehr mütterlich und sehr fromm. Sie hatte mir auch geraten, vor dem Kreuz jeden Tag fünfmal das Vaterunser und ein Gebet zur Mutter Gottes zu sprechen. Gehorsam hatte ich das Kruzifix dort aufgehängt, wo sie es vorgeschlagen hatte. Ich wollte niemanden verletzen, aber ich hatte die Gebete nie gesprochen – es wäre reine Heuchelei gewesen.

Es war schlimm genug, dass ich den anderen in der Kirche etwas vorspielen musste, aber zu Hause würde ich nie zu diesem Jesus beten. Die Nazis hatten mich gelehrt, er sei nur ein Betrüger gewesen, das uneheliche Kind eines jüdischen Mädchens und eines römischen Soldaten. Mit solch einer Person wollte ich nichts zu tun haben!

Wieder einmal hatten Rudi und ich ein turbulentes Wochenende hinter uns. Am Montag war er an die Uni nach München zurückgekehrt. Er hatte das Studienfach gewechselt und sich jetzt Jura vorgenommen. Ich wusste, dass er verzweifelt war. Mit aller Kraft versuchte er, unsere Ehe zu retten. Aber ich war zu erschöpft und deprimiert, um mir darüber noch irgendwelche Gedanken zu machen.

Ich war erleichtert, als Rudi weg war. Es war eine verfahrene Situation. Alles erschien grau und hoffnungslos. Wir lebten in zwei verschiedenen Welten und konnten sie nicht zusammenbringen. Unsere ethischen Grundsätze prallten ständig aufeinander, und durch meine Erfahrungen in der Vergangenheit wurde mir die Ehe zur Qual.

Erst nach unserer Heirat wurde mir richtig klar, wie grundverschieden wir eigentlich waren. Ich wusste kaum etwas von dem Leben, das Rudi vor der Hochzeit geführt hatte. Es war, gelinde gesagt, höchst ungewöhnlich! Nach kurzer Kriegsgefangenschaft hatte er sich auf dem Schwarzmarkt als Zigarettenhändler etabliert. Dabei halfen ihm seine Englischkenntnisse natürlich sehr. Er kaufte Zigaretten von den Alliierten für eine Mark das Stück und verkaufte sie dann an die nikotinhungrigen Deutschen für fünf bis sieben Mark weiter. Das Geschäft blühte, und er wurde in einschlägigen Kreisen bald als der „Zigarettenkönig" bekannt. Manchmal lagerte er Tausende von Zigaretten in seiner Wohnung. Niemals in seinem Leben hatte Rudi körperliche Arbeit leisten müssen, das war unter seiner Würde. Ich hasste diese illegalen Geschäfte und bestand darauf, dass körperliche Arbeit noch nie jemandem geschadet habe.

Ich hatte mit einem Rechtsanwalt über unsere Situation gesprochen, und er meinte, vielleicht könne man die Ehe annullieren lassen. Das war keine schlechte Idee. Aber was würde Rudi dazu sagen? Würde er nicht sein ganzes Leben lang darunter leiden? Seine Liebe zu mir schien trotz aller unlösbaren Schwierigkeiten und Missverständnisse immer größer zu werden. Er war nicht bereit, mich gehen zu lassen.

Ich sah zu dem Kreuz an der Wand auf. *Du hast nicht gerade viel für uns getan, Christus*, dachte ich trotzig. Kurz entschlossen stieg ich auf einen Stuhl, holte das Kreuz von der Wand und verstaute es hinten im Schrank. Es war mir gleich, was die Bäuerin, die es mir geschenkt hatte, dazu sagen würde. Dennoch schien mich die leere Stelle an der Wand mehr zu irritieren als zuvor das Kruzifix, und ohne dass ich es wollte, gingen meine Gedanken immer wieder zu dieser geschlagenen Figur am Kreuz.

Fünf Vaterunser, hatte die Frau zu mir gesagt. Konnte ich das Vaterunser überhaupt auswendig? Ich murmelte es schließlich jeden Sonntag in der Kirche und mit den Schülern beim Morgengebet.

„Unser Vater", begann ich zögernd. Einen Gott war ich wohl bereit anzuerkennen, wenn es sein musste. Schließlich hatte uns ja sogar Hitler den Glauben an die „Vorsehung" beigebracht. Aber „Vater"? Nun ja, wer brauchte schon einen Vater? Jemanden, der doch nur auf mich heruntersehen, schimpfen, strafen und fordern würde – ich konnte es ihm ja doch nie recht machen. Aber das war nicht meine größte Sorge. Es war der Mann am Kreuz. Sicher, ich wusste, dass Mutter fest an ihn geglaubt hatte, dass er die Triebkraft ihres Lebens und ihre Zuversicht war, aber wo war er denn, wenn sie ihn brauchte?

„Gott, wo ist Mutter nur? Ich habe so oft Albträume, in denen ich sie vor mir sehe – heimatlos, von einem Ort zum anderen gejagt, hungrig, allein, verloren wie so viele alte Flüchtlingsfrauen, die mir auf der Flucht begegnet sind. In meinen Träumen sehe ich sie verhungert, im Sterben liegend. Kümmerst du dich überhaupt um sie, Gott? Ich erbitte nichts für mich selbst, aber bitte sorge für sie, falls du überhaupt dort oben bist, Gott. Lass sie nicht leiden!"

Ich hatte die Worte laut gesagt, und der Klang meiner Stimme in der Stille meiner Wohnung erschreckte mich plötzlich. Was war nur in mich gefahren? Hatte ich etwa gebetet? Aber wenn es nur Mutter half, dann würde ich mit Freuden zehn Vaterunser am Tag beten und hundert Kerzen für sie anzünden – und für Rudi würde ich das Gleiche tun.

Mutter und Rudi, die beiden Menschen, die meinem Herzen am nächsten standen – alles würde ich tun, was in meiner Macht stand, um sie glücklich zu machen. Aber Religion erschien mir immer noch wie ein Märchen – sie hatte nichts mit der rauen Wirklichkeit zu tun!

***

Das Klassenzimmer bedeutete mir Zuflucht, eine Oase in der Wüste. Ich kam wunderbar mit meinen Schülern zurecht. Je mehr Schwierigkeiten auf mich zukamen, um so mehr sehnte ich mich nach dem Unterricht und suchte darin Befriedigung. Aber in letzter Zeit wollte auch das nicht mehr so recht gelingen.

Sooft ich von meinem Schreibtisch aufsah, fiel mein Blick auf ein Kreuz, das mir gegenüber im Klassenzimmer an der Wand hing. Die Kirche hatte bestimmt, dass in jeder Schule unseres Gebiets ein großes Kreuz aufgehängt wurde. Beim Gebet drehten sich die Kinder dem Kreuz zu.

Ich wusste kaum mehr etwas von der Geschichte der Kreuzigung des Mannes da oben. Das Einzige, was mir wieder einfiel, war, dass die Juden geschrieen hatten: „Sein Blut komme über uns und unsere Kinder!" Ich erinnerte mich auch daran, was uns der SS-Lehrer von Jesus erzählt hatte – dass die Juden wegen des Mordes an Jesus Christus für alle Zeit verflucht wären. Aber warum nur? Wollten mir die anderen Einzelheiten nicht wieder einfallen?

Wieder begann in meinem Gedächtnis das verzweifelte Bohren nach Erinnerungen aus der Vergangenheit. Ich kam mir vor wie ein Vogel im Käfig, eingeengt und voller Angst. Wäre es nicht besser gewesen, wenn ich wie mein Freund Fluntl und Tausende anderer während des Krieges gestorben wäre? Er war wenigstens für eine Sache gestorben, an die er geglaubt hatte, doch für mich gab es nichts mehr, für das es sich zu leben oder zu sterben gelohnt hätte. Was für ein elendes, jämmerliches Dasein!

Am Freitagabend kam Rudi und begrüßte mich mit einem strahlenden Lächeln. Mit beschwingtem Schritt kam er mir entgegen. Was führte er jetzt wohl im Schilde? Ich spürte, wie ich mich innerlich sofort auf Ablehnung und Verteidigung einstellte. Nur keine neuen Probleme! Mein Magen schmerzte, als ob hundert Messer darin herumwühlten.

„Sieh mal, was ich hier habe!" Rudi sah mich ein bisschen verlegen an. Er wickelte ein altes, zerlesenes schwarzes Buch aus dem Papier und reichte es mir.

„Eine Bibel!" Ich war völlig verdutzt. „Was machst du denn um Himmels willen mit einer Bibel? Und wo hast du sie her?" Ich biss mir sofort auf die Lippen, um nicht mehr zu sagen. Beinahe hätte ich meine heimlichen Nebengedanken ausgesprochen: *Hast du sie irgendwo gestohlen*?

Rudi hatte nämlich keinerlei Skrupel, wenn es darum ging, bestimmte Dinge, die er brauchte, zu „organisieren", wie er es nannte. Es war ganz im Geist der Nachkriegszeit, sich alles, was nötig war, einfach zu nehmen, wenn man die Möglichkeit dazu hatte. Nur dass ich das eben nicht konnte. Wir hatten uns schon unzählige Male darüber gestritten.

Rudi schien meine Gedanken zu erraten oder an meinem kritischen Gesicht ablesen zu können. Hastig erklärte er: „Ich habe sie in einem Buchladen gefunden – sie war ganz billig!"

„Warum hast du das Buch denn gekauft?“

Er zögerte einen Augenblick mit der Antwort. „Ich habe mich mit einem jungen Mann unterhalten, letzten Montag auf dem Weg zum Bahnhof. Er ist fast noch ein Kind, aber er weiß ganz genau über religiöse Dinge Bescheid. Er liest die Bibel so oft, dass er sie fast auswendig kennt. Er gehört zu irgendeiner Sekte, und manches, was er sagt, klingt wirklich etwas verrückt, aber er behauptet, dass die Katholiken im Irrtum sind, und er kann es anhand der Bibel sogar beweisen. Also habe ich mich entschlossen, auch einmal darin zu lesen, damit ich deinem Priester endlich mal mit handfesten Argumenten kommen kann!“

Ich nickte. Das war typisch Rudi. Er würde nichts unversucht lassen, um dem Priester zu beweisen, dass er Unrecht hatte – dafür würde er sogar die Bibel lesen.

Und er fing tatsächlich damit an! Jedes Mal, wenn ich mich nach ihm umsah, saß er über das alte Buch gebeugt und schien völlig darin versunken zu sein.

Das konnte mir nur recht sein, denn auf diese Weise würden wir wenigstens ein ruhiges Wochenende verbringen. Natürlich ging es trotzdem auch diesmal nicht ganz ohne Reibereien ab – wir stritten uns wegen des Priesters. Ich hätte Rudi gern dazu überredet, einmal mit mir in die Kirche zu gehen. Schließlich finanzierte ich mit meiner Arbeit unseren Unterhalt und sein Studium, und ich musste mir den Priester warmhalten. Aber das wollte Rudi einfach nicht einsehen. Also ging ich weiterhin allein zur Kirche und ließ Rudi zu Hause, der sich in seine Bibel vertiefte.

Gedankenverloren betrachtete ich den Priester, wie er seine Rituale vollzog. Der Mann tat immerhin, was er für richtig hielt. Er blieb seiner Überzeugung und seinem Glauben treu, und deswegen hatte ich ihn auch immer respektiert. Aber auch Rudi hatte schließlich seine Überzeugung, der er treu blieb! Und ich ebenfalls. Gab es denn gar keine Möglichkeit, Menschen mit verschiedenen Ansichten zusammenzubringen? Warum erwies sich die Religion so oft als Scheidewand zwischen den Menschen?

***

Erst ein paar Wochen später gestand mir Rudi endlich, dass sein neu gewecktes Interesse an der Bibel noch einen anderen Grund hatte. Er hatte nicht nur mit dem Studium der Bibel begonnen, sondern in seinem Eifer, dem katholischen Priester eins auszuwischen, auch einen protestantischen Pfarrer besucht und mit ihm gesprochen.

„Ich habe den Mann gebeten, mir ein paar handfeste Argumente gegen die katholische Kirche zu liefern", erzählte er mir.

„Und hat er es getan?", fragte ich schließlich, als er nicht weitersprach, und wartete gespannt.

„Nein", gab Rudi zu. Er schien es gar nicht fassen zu können. „Der Mann hat gesagt, dass er das nicht tun könne. Der Glaube sei ihm zu kostbar, als dass er jemanden damit bekämpfen könne."

„Gut", nickte ich erleichtert.

„Ich glaube, ich weiß jetzt, woher ich die gewünschten Argumente beziehen kann. Ich bin nämlich in der Stadt einer Gruppe von Leuten beigetreten, die wöchentlich zusammen die Bibel studieren!"

„Rudi! Das kann doch nicht dein Ernst sein! Du bist zu den Frommen gegangen?" Ich wusste nicht, ob ich lachen oder weinen sollte.

„Schätzchen, das ist wirklich interessant! Wusstest du zum Beispiel, dass die Bibel viele aufschlussreiche Angaben über die Geschichte des Altertums enthält?"

Jetzt verstand ich seine Begeisterung schon besser, denn seine Liebe zur Geschichte kannte ich ja.

„Ich weiß nicht mehr sehr viel von der Bibel, obwohl ich praktisch damit aufgewachsen bin", sagte ich versonnen. „Aber du weißt ja, wie ich heute über Geschichte denke."

Geschichte und Geschichtsunterricht waren mir verhasst. Früher, in der Schule in Prag, war sie einmal mein Lieblingsfach gewesen, aber jetzt wollte ich nichts mehr davon wissen. Geschichtsschreiber verdrehen die Tatsachen; sie zeigen meist nur eine Seite der Vergangenheit, aber nicht die ganze Wahrheit. Hitler hatte die Geschichte nur dazu benutzt, um zu beweisen, dass sein Drittes Reich tausend Jahre lang bestehen würde. Und dann war es nach zwölf Jahren wie ein Kartenhaus zusammengestürzt! Nein, von Geschichte wollte ich nichts mehr wissen.

„Schatz“, sagte Rudi freundlich, „diese Christen in der Gruppe haben etwas Besonderes an sich. Die können mir vielleicht helfen, ein besserer Mensch zu werden, und ich möchte unbedingt ein Anderer werden. Ich möchte mich ändern, um unsere Ehe zu retten!“

Ich war tief gerührt. Ich hatte nicht damit gerechnet, dass er unserer Ehe wegen solche Anstrengungen auf sich nehmen würde. Ich konnte mir Rudi einfach nicht als einen religiösen Menschen vorstellen!

„Ich meine“, fuhr er fort, „ich habe natürlich nicht vor, in eine Kirche einzutreten, aber ich möchte gern so viel wie möglich vom Christentum und seinen Lehren erfahren, um ein besserer Mensch zu werden. Dann höre ich auf. Ich werde mich zu nichts verpflichten, schließlich käme das einem intellektuellen Selbstmord gleich.“

„Rudi, weißt du was?“, sagte ich. „Mir könnte es auch nicht schaden, mich zu verändern, und ich muss endlich einmal lernen, meinen Jähzorn zu beherrschen. Vielleicht kannst du ja das, was du dort lernst, an mich weitergeben?“

Aber Rudi hatte eine bessere Idee. Er fand einen alten, im Ruhestand lebenden Prediger, der bereit war, uns jedes Wochenende zu besuchen und uns in die Lehren der Bibel einzuführen.

***

Lieber alter Bruder Schneider! Wenn ich ihm doch sagen könnte, was er für uns getan hat! Aber das wird wohl erst in der Ewigkeit möglich sein.

Es war nicht einmal so sehr, was er uns sagte, obwohl er seine Bibel genau kannte, uns eindringlich ermahnte und uns die Wahrheit ernstlich vor Augen stellte. Es war sein Leben, das uns vor allem anderen beeindruckte, mehr noch als seine Lehre.

Es war mitten im Winter, als er anfing, uns zu besuchen. Wir wohnten am Fuß der Alpen, und es konnte vorkommen, dass wir in einer Nacht fast bis zum Dach eingeschneit wurden. Bruder Schneiders Schuhe waren undicht, und sein Mantel war alt und fadenscheinig, aber ob Schnee oder Sonne, Eis oder Matsch, der alte Mann marschierte unverdrossen vom Bahnhof bis zu unserem Dorf und begrüßte uns immer mit einem freundlichen „Guten Abend“. Er klagte nie, obwohl ihm manchmal die Hände steif gefroren und die Lippen von der Kälte blau angelaufen waren.

Bei seinem ersten Besuch schenkte er mir eine Bibel, eine Übersetzung Martin Luthers.

„Wie ist es nur möglich, dass sich der alte Mann bei jedem Wind und Wetter auf den Weg macht und zu uns kommt?“, wunderte sich Rudi oft, wenn sich Bruder Schneider von uns verabschiedet hatte, um noch andere Leute in den Bergen zu besuchen. „Was bekommt er dafür? Es kann doch nicht nur die Sorge um meine verkommene Seele sein. Oder liegt ihm unser Seelenheil wirklich so am Herzen?“

So war es, und wir wussten es genau, obwohl er ein sehr strenger, altmodischer Mann mit einigen seltsamen Angewohnheiten war. Jede Woche gab er uns einen Abschnitt aus der Bibel zum Lesen auf, und wir lasen ihn gehorsam. Er kam regelmäßig, bis ihn Rudi eines Tages darum bat, nun nicht mehr zu kommen. Er fragte nicht nach dem Grund, sondern verabschiedete sich nur mit einem freundlichen „Auf Wiedersehen“, nachdem er noch einmal für uns gebetet hatte.

Ich wusste, warum sich Rudi plötzlich nicht mehr mit dem Christentum und seiner Lehre abgeben wollte: Es ging ihm unter die Haut. Bruder Schneider war ein Mann Gottes. Watteweiche Toleranz war für ihn ein Fremdwort. In diesem Punkt war er genau wie sein katholischer Amtsbruder, der sagte, wenn man nach Gottes Willen leben wolle, müsse man Stellung beziehen. Und beide Männer zweifelten keine Sekunde, dass sie auf der richtigen Seite seien! Weil Bruder Schneider kein Katholik war, war er überzeugt, die Katholiken seien im Irrtum. Und Rudi war ganz seiner Meinung. Andererseits war seine Abneigung gegen den Priester aber nicht so stark, dass er deswegen Ernst machen würde mit dem Glauben. Im Grunde war seine feindselige Haltung dem Priester gegenüber fast verschwunden, so sehr hatte ihn die Lehre Jesu Christi beeindruckt. Aber weiter wollte er nun nicht gehen!

Aber wie lange kann das Eis der Sonne widerstehen? Kann der Winter die Erde noch in seinem Bann halten, wenn die Frühlingssonne die Natur zu neuem Leben erweckt?

Rudi und ich hatten uns zu lange dem Licht des Evangeliums ausgesetzt, um uns weiter vor ihm verschließen zu können. Wir konnten die Bibel nicht ungeöffnet im Schrank liegen lassen und ihre Botschaft wieder vergessen. Das wollte ich auch gar nicht. In dieser Hinsicht war sogar Rudi ganz meiner Meinung!

Wir glaubten jetzt beide, dass die Bibel Gottes Wort ist, und diese gemeinsame Überzeugung wurde die Klammer, die unsere so grundverschiedenen Persönlichkeiten zusammenfügte. Wir erkannten beide, dass Gott es war, und kein anderer, der uns sicher und wohlbehalten durch den Krieg gebracht, am Leben erhalten und in der Ehe zusammengeführt hatte. Es war nicht mehr als recht und billig, ihm dafür zu danken und ihm unser Leben zur Verfügung zu stellen.

Während wir noch mit uns selbst kämpften, um zu einer endgültigen Entscheidung zu gelangen, kam uns Gott auf eine besondere Weise zu Hilfe – ich erfuhr, dass meine Mutter noch am Leben war! Das Internationale Rote Kreuz hatte sie in einem westdeutschen Flüchtlingslager ausfindig gemacht. In ihren Briefen erzählte sie mir, dass mein Pflegevater gestorben sei und alle ihre Kinder außer August, dem ältesten Sohn, in den Westen geflohen wären. Alle hatten ein neues Zuhause gefunden, und jeder von uns hätte Mutter gern bei sich aufgenommen, aber sie beschloss, bei meiner ältesten Schwester zu bleiben, weil diese krank war und Mutter am dringendsten brauchte.

Ich sehnte mich so sehr danach, sie wiederzusehen! Aber ich musste noch viele Monate warten. Reisen war in diesen Tagen schwierig und teuer; es war fast unmöglich, einen Passierschein zu bekommen, ohne jemanden zu bestechen, und wir waren arm. Doch Mutters Briefe halfen mir über die Wartezeit hinweg. Sie waren jedes Mal ein Segen für uns. Für sie war Gott eine absolute Realität. Sie lebte in enger Gemeinschaft mit ihm und durfte ständig seine Liebe erfahren. Er hatte in den schweren Wochen der Flucht alle seine Verheißungen erfüllt. In seiner Gnade hatte er den Vater, der an Krebs erkrankt war, von seinem Leiden erlöst, ehe sie vertrieben wurden. Mutters Briefe spiegelten so viel Hoffnung, Heiterkeit und Freude wider, dass wir nicht anders konnten, als sie um ihren inneren Frieden und ihren unerschütterlichen Glauben zu beneiden. Beide sehnten wir uns von ganzem Herzen danach, das zu haben, was sie erfüllte.

* * *

Im Frühsommer trafen wir dann gemeinsam eine Entscheidung und vertrauten unser Leben Jesus Christus an. Wir ließen uns taufen und schlossen uns einer Gemeinde an. Die Konsequenzen trafen prompt ein: Es war nur eine Frage der Zeit (wenn es auch länger dauerte, als ich erwartet hatte), bis ich meine Stelle verlieren würde. In Südbayern dürfen evangelische Lehrer nicht in katholischen Gemeinden unterrichten, das wusste ich. Ich respektierte es auch und ging – ohne zu wissen wohin.

Irgendwie rechnete ich damit, Gott würde etwas Besonderes für uns tun, weil wir uns entschlossen hatten, ihm zu dienen. Ich war der Meinung, er würde mich hegen und pflegen und vor Schwierigkeiten bewahren. Einem neuen Sturm fühlte ich mich nicht gewachsen.

Aber Gott wusste genau, was wir brauchten – und der Sturm kam. Seine Pläne mit uns waren eben anders, als wir es uns gedacht hatten. Mein kranker Magen quälte mich oft und stark, ich war unterernährt und nervös, depressiv und oft in Tränen aufgelöst. Als mir der Arzt dazu noch meinen Verdacht bestätigte, dass ich schwanger war, war ich der Verzweiflung nahe, statt Freude zu empfinden. Ich fühlte mich völlig unvorbereitet und keineswegs imstande dazu, Mutter zu werden!

Im Frühling zogen wir in die Dachstube eines alten Bauernhauses ein. Ein steinerner Schornstein in der Mitte des Zimmers strahlte jedes Mal wohlige Wärme aus, wenn der Bauer im Untergeschoss das Feuer anzündete. Das war ein Segen, wenn es draußen kalt war, aber im Sommer erwies es sich als eine Plage.

Rudi unterbrach sein Studium in München und sah sich nach

einer Arbeitsstelle um, weil er jetzt eine Frau und bald noch ein Kind ernähren musste. Ich blieb derweil in unserem kleinen heißen Zimmer, betete und wartete. Ich fühlte mich so einsam und elend. Es wäre besser für uns gewesen, wenn wir den Ort, wo ich Lehrerin gewesen war, verlassen hätten, aber das ging nicht, weil uns das Wohnungsamt nicht die Genehmigung dazu erteilen wollte. Außerdem hätte es viel Geld gekostet, einen Hauswirt in der Stadt dazu zu bewegen, uns eine Wohnung zu vermieten.

Jeden Abend kam Rudi erschöpft und entmutigt nach Hause. Er konnte keine Stelle finden. Alles schien sich gegen uns verschworen zu haben. Er war ein Flüchtling mit preußischem Akzent, und Flüchtlinge wollte man in Bayern nicht anstellen, schon gar nicht, wenn es „Saupreußen" waren. Außerdem wurde er als früherer Nazi-Offizier von der amerikanischen Militärregierung scharf beobachtet. Kein ehemaliger Nationalsozialist wurde als Beamter angestellt.

Rudi besaß keinerlei Referenzen oder Erfahrungen auf irgendeinem Gebiet, die ihm jetzt zu Nutze gewesen wären. Sein Ausweis wies ihn als Student aus, und die Arbeitgeber waren kaum bereit, Studenten auszubilden, weil sie meistens nicht lange blieben, so dass sich die Mühe mit ihnen nicht lohnte.

Alle Zeichen standen gegen uns, das wussten wir. Trotz aller Bemühungen konnte Rudi keine Arbeit finden – nicht einmal als Straßenkehrer oder Handlanger. Nach ein paar Wochen war er am Ende und wollte die Flinte ins Korn werfen. Ich hatte versucht, ihn etwas aufzumuntern, aber das Kind in mir wuchs ständig, und ich zählte bereits ängstlich die Wochen bis zu seiner Geburt. Wir lebten so anspruchslos und billig wie nur irgend möglich, aber die paar Mark, die wir gespart hatten, schmolzen dahin wie Schnee in der Sonne.

Eines Morgens setzten wir uns zu einer Lagebesprechung zusammen. Wir zählten das Geld, das uns noch geblieben war. Es waren ganze sechs Mark! Außerdem besaßen wir noch ein paar Banknoten in einem alten Umschlag. Es war nicht viel, aber da wir sonst nichts hatten, erschien es uns als eine gewaltige Summe. Es war der Zehnte, den wir immer an die Gemeinde abgaben. Wir hatten das Geld monatelang aufgehoben, weil die

Entfernung zur Stadt zu groß war und wir deshalb nur selten den Gottesdienst besuchen konnten.

An jenem Morgen holte ich diesen Umschlag hervor und legte ihn neben das Geld, das wir gerade gezählt hatten. Nur mit Mühe konnte ich die Tränen zurückhalten. Ich schluckte und sagte zu meinem Mann: „Erinnerst du dich noch daran, was uns Bruder Schneider über den Zehnten gesagt hat? Er gehört Gott, und wir dürfen dieses Geld nicht anrühren, auch wenn wir in Not sind. Er hat Recht, Rudi, das wissen wir. Jetzt ist unser Geld aufgebraucht, und wir sind in Not. Die Versuchung ist groß, Gottes Eigentum anzugreifen. Deshalb ist es sicher besser, wenn wir das Geld nicht länger hier behalten. Ich schlage deshalb vor: Nimm morgen den Frühzug in die Stadt, geh zu der Dame, die die Gemeindekasse verwaltet, und bring ihr das Geld."

Rudi nickte zögernd. Seine Augen verrieten seine Gedanken und Zweifel. Bevor er am anderen Morgen wegfuhr, knieten wir miteinander zum Gebet nieder und sagten Gott unser Anliegen. „Herr, wir sind am Ende. Wir haben für unseren neuen Glauben alles aufgegeben, was wir hatten, und es sieht so aus, als ob du uns verlassen hättest. Wenn wir etwas falsch gemacht haben und dies unsere Strafe dafür sein soll, dann zeig uns doch bitte, was es ist, denn wir wissen es nicht. Vielleicht sind wir einer Lüge gefolgt, und Menschen haben uns betrogen und uns unseren Glauben nur eingeredet. Vielleicht gibt es dich gar nicht, und niemand hört auf unser Gebet. Aber wenn du da bist, Herr, dann zeig dich uns bitte bald, denn wir wissen nicht mehr weiter. Die anderen lachen uns aus, und unsere Angehörigen halten uns für verrückt. Oh Gott, bitte erhöre unser Gebet und hilf uns. Wir bitten dich darum im Namen deines Sohnes Jesus Christus, an den wir glauben. Amen."

Schweren Herzens erhoben wir uns von den Knien, aber ich brachte ein aufmunterndes Lächeln zustande und winkte Rudi, als er das Haus verließ, fröhlich nach.

Sobald er gegangen war, warf ich mich schluchzend aufs Bett. Vielleicht hatte Rudis Vater doch Recht, und alles war meine Schuld. Rudi hatte sich ja in erster Linie mit Gott zu befassen begonnen, weil er unsere Ehe retten wollte. Er wollte mich nicht verlieren. Sicher, er glaubte wohl an Gott, aber irgendwie war sein ganzes religiöses Erleben stark mit seiner Liebe zu mir verbunden. Ich fühlte die Last der Verantwortung, weil er von mir erwartete, dass ich auch in geistlichen Dingen die Führung übernähme. Ach! Irgendwo hatte ich einen Fehler gemacht, denn ich hatte Rudi und unsere Ehe in eine Sackgasse geführt, so schien es mir.

Innerlich schrie ich zu Gott und betete unter Tränen. Finsternis, Angst und Zweifel stürmten auf mich ein. In sechs Wochen würde das Baby zur Welt kommen, und ich hatte nichts dafür vorbereitet – nichts war uns geblieben. Oh Gott, warum nur?

Als Rudi endlich zurückkam, versuchte ich, tapfer und zuversichtlich zu erscheinen. Ich brachte es sogar fertig, bei seinem Eintreten zu lächeln.

Zu meinem großen Erstaunen begrüßte er mich mit einem breiten, strahlenden Lächeln. Ich wollte meinen Augen nicht trauen. „Was ist denn passiert, Liebling?", fragte ich.

„Schatz, ich habe endlich eine Stelle gefunden!", sagte er fröhlich und schloss mich in die Arme. Lachend und weinend fragte ich nach den Einzelheiten.

Rudi erzählte, dass er auf dem Weg zum Bahnhof und im Zug schwer mit der Versuchung zu kämpfen hatte. Doch er hatte ernstlich gebetet und war gleich zu der Schatzmeisterin gegangen, die das Geld verwaltete. Er wollte unseren Zehnten nicht mit sich herumtragen, während er auf Arbeitssuche ging.

Die Frau war überrascht und erfreut, als ihr Rudi das Geld aushändigte, und stellte dann die üblichen höflichen Fragen nach unserem Befinden. Rudi erzählte ihr, dass ich schwanger sei und er dringend Arbeit brauche.

„Warte doch bitte einen Augenblick", bat ihn die Frau freundlich und nahm den Telefonhörer ab. Sie sprach mit verschiedenen Leuten und wandte sich dann an Rudi.

„Bruder Hirschmann, ich glaube, ich habe hier etwas für dich. Geh doch gleich zu dieser Adresse und frage nach Herrn Bauer." Sie kritzelte die Adresse auf einen Zettel und gab ihn Rudi. Er war zu überrascht, um viel sagen zu können, dankte ihr herzlich und eilte fort.

Herr Bauer stellte Rudi ein paar Fragen und stellte ihn dann sofort ein.

„Stell dir nur vor, Schatz", sagte Rudi nachdenklich. „Jetzt habe ich wochenlang verzweifelt nach Arbeit gesucht, und heute, nachdem wir unseren Zehnten abgeliefert haben, bekam ich eine Stelle! Nun weiß ich, dass Gott wirklich da ist und für uns sorgt!"

Wieder beteten wir, aber diesmal war es ein Lob- und Dankgebet. Wir waren so glücklich, dass wir die Schwüle unserer Dachkammer nicht mehr spürten. Schweigend saßen wir danach am offenen Fenster und schauten zu dem sternenübersäten Nachthimmel hinauf, während wir im Herzen mit Gott sprachen.

„Herr", bat ich, „vergib mir meine Zweifel, denn jetzt weiß ich, dass du da bist, und ich weiß auch, dass du uns liebst."

Es war, als ob die Sterne zu mir herunterlächelten und mir zuzwinkerten. Ich erinnerte mich an die Zeit, als Rudi und ich frisch verliebt auf einem Baumstamm saßen und die Sterne beobachteten. Damals hatte sich die Liebe in unsere Herzen geschlichen und uns zueinander gezogen. Auch jetzt spürte ich, wie sie wirkte. Doch diesmal war es eine stärkere, innigere Liebe, denn Gott war dabei.

Der Gekreuzigte

Von dem Tag an, als mir Rudi freudestrahlend von seiner neuen Stelle berichtet hatte, ging es langsam, aber sicher mit uns bergauf. Natürlich schwammen wir nicht in Geld, wir hatten immer noch genug Sorgen, aber Rudi war bereit, alles für mich zu tun, und ich hatte mich daran gewöhnt, jeden Pfennig zweimal umzudrehen, bevor ich ihn ausgab. Rudi musste ziemlich anpacken und wurde schlecht bezahlt. Zum ersten Mal in seinem Leben war der einzige Sohn aus dem reichen Hause Hirschmann gezwungen, körperliche Arbeit zu leisten. Von morgens bis abends musste er Pakete packen und sie danach zur Abfertigung auf die Post bringen. Die Fabrik, in der er angestellt war, stellte Sport- und Skikleidung her. Der Inhaber war früher Europameister im Skispringen gewesen, und sein Name sowie die Qualität der Produkte kamen dem Unternehmen sehr zugute. Die Zahl der Pakete wuchs ständig, und Rudi musste oft Überstunden machen.

Unser Baby kam früher als erwartet. Es war ein Mädchen, und wir nannten es Christel. Es war das entzückendste Geschöpfchen, das je auf diesem Globus angekommen ist (natürlich!), und so winzig, dass es nur aus einem Kopf voller dunkler Haare, großen braunen Augen und langen, feinen Augenwimpern zu bestehen schien. Wir hatten ihr den Namen meiner Schwiegermutter gegeben, und die Großeltern waren überglücklich.

Bald wurde uns klar, dass die heiße Dachkammer nicht das Richtige für unseren kleinen Schatz war. Als uns die Großeltern deshalb anboten, Christel zu sich zu nehmen, gaben wir schweren Herzens unsere Einwilligung. Rudis Chef bot uns einen winzigen Lagerraum über der Fabrik als Schlafquartier an, weil Rudi häufig Überstunden machen musste und die lange Zugfahrt sehr beschwerlich für ihn war. Dankbar nahmen wir das Angebot an. Das Kind war in guten Händen, und wir konnten endlich aus unserem schwülen Dachzimmer in dem alten Bauernhaus ausziehen. Also brachten wir unsere wenigen Habseligkeiten in die Stadt und möblierten unser neues Quartier mit zwei Feldbetten aus Armeebeständen und ein paar Kisten. Wir kamen uns damit vor wie Könige!

Nach ein paar Wochen angestrengten Suchens fand ich eine Stelle in einer Mantelfabrik und wurde schon nach kurzer Zeit ins Büro versetzt. Da wir jetzt beide verdienten, konnten wir uns bald jeder ein Fahrrad leisten und den Großeltern mehr Geld für die Pflege des Kindes geben.

Jedes Wochenende radelten wir viele Kilometer weit, um unsere kleine Tochter wenigstens für ein paar Stunden sehen zu können. Wenn wir dann am Sonntagabend zurückkamen, konnte ich vor Sehnsucht nach meinem Kind nicht einschlafen. Im Gebet fand ich jedoch die Kraft, um die Einsamkeit zu ertragen und mich in Geduld zu üben.

Sonnenstrahlen, die ab und zu meine Tage erhellten, waren die Briefe meiner Mutter. Sie gaben mir Kraft und Trost und riefen mir die Vergangenheit ins Gedächtnis zurück, obwohl manche verschüttete Erinnerung schon einige Zeit, bevor ich Mutter gefunden hatte, wiedererwacht war.

Völlig unerwartet wurde Rudi dann vom Packer zum Exportmanager befördert. Das Gehalt war mehr als doppelt so hoch wie das, was er bisher erhalten hatte. Außerdem hatte uns ein Mitglied unserer Gemeinde die Parterrewohnung in seinem Haus angeboten.

Rudi begann, aus dem Nichts eine neue Abteilung für den Export aufzubauen, während ich mich an die Zusammenstellung unseres ersten richtigen Haushalts machte. Und dann kam endlich, endlich der Tag, an dem wir unsere Tochter zu uns nach Hause holen konnten! Sie war jetzt zwei Jahre alt und noch nie in der Stadt gewesen. Sie brauchte einige Zeit, um sich an die neue Umgebung zu gewöhnen, aber schon bald fühlte sie sich völlig zu Hause und war eine unerschöpfliche Quelle der Freude in unserer kleinen Familie. Sogar der Gottesdienst machte ihr Spaß, und die anderen Frauen waren von ihrem mustergültigen Benehmen sehr angetan. Christel war in fast allem wie ihr Vater

– ruhig, scheu und sanft –, und sie wurde der erklärte Liebling aller Bekannten. Wir waren so stolz auf unseren Schatz!

Ja, es ging uns in allen Dingen viel besser. Rudi konnte nach einiger Zeit ein Häuschen am Stadtrand mieten, in der Nähe des neuen Fabrikgebäudes seiner Firma, das gerade im Bau war. Christel hatte inzwischen ein Brüderchen bekommen, deshalb brauchten wir dringend eine größere Wohnung. Dankbaren Herzens zogen wir aus der Stadt in das niedliche Häuschen mit einem Garten, in dem eine große Tanne stand. So hatte das Baby viel frische Luft und Sonne, und Christel spielte stundenlang neben seinem Körbchen.

***

Endlich fand auch Mutter Zeit, uns zu besuchen. Sepp, der nicht allzu weit von uns entfernt wohnte, brachte sie zu uns. Vom ersten Moment ihrer Ankunft an zankten Sepp und ich uns darum, wer Mutter am längsten behalten dürfte. Natürlich gewann er. Er war schließlich der Sohn! Aber Mutter blieb doch lange genug bei mir, um mir ausführlich berichten zu können, wie es ihr in all den Jahren ergangen war, seit wir uns nicht mehr gesehen hatten.

Vater musste während des Krieges mehrmals operiert werden. Dadurch konnte er nicht mehr arbeiten, und Mutter sagte, dass es immer schwieriger geworden sei, mit ihm zu leben. Mutter pflegte ihn jedoch geduldig. Als die russische Armee einmarschierte, lag er bereits im Sterben. Die Russen belästigten Mutter nie, sie brachen auch nicht ins Haus ein, um zu plündern. Vaters schlimmer Husten schreckte sie ab. Sie dachten, er habe Tuberkulose, und hatten Angst davor, sich anzustecken. Bald darauf starb Vater dann an seiner Krebserkrankung.

Die Dorfbewohner halfen Mutter, und sie konnte noch mehrere Monate in ihrem Häuschen bleiben. Doch dann kam der Zeitpunkt, an dem auch die Deutschen, die nicht zur NSDAP gehört hatten, ausgewiesen wurden, und Mutter musste gehen. Tagelang waren alle in einem Güterwagen zusammengepfercht, der sie irgendwohin nach Ostdeutschland brachte. Die dortige Regierung hatte mittlerweile ein paar Auffanglager für

Flüchtlinge eingerichtet, die als „politisch harmlos" galten, und so fand sich Mutter bald in einer Halle mit Strohlagern wieder. Der Gemeinschaftsgeist war der Angst ums Überleben und dem Selbsterhaltungstrieb gewichen. Jeder dachte nur an sich selbst. Es war die alte Geschichte.

„Bis dahin hatte ich durchgehalten", erzählte Mutter mit leiser Stimme, „aber an diesem Abend auf meinem Strohlager war ich zum ersten Mal richtig hungrig. Die Aufseher taten alles, was sie konnten. Wir hatten eine Tasse dünnen Blümchenkaffee und einen großen weißen Rettich bekommen – sonst nichts. Aber, Mariechen, ich brachte es einfach nicht fertig, diesen Rettich in meinen leeren Magen hineinzuessen. Ich hab's versucht, aber es ging nicht. Also gab ich ihn einem großen Jungen, der ihn auch wie der Blitz verschlungen hatte, und versuchte, ein wenig zu schlafen. In dieser Nacht habe ich geweint, Mariechen, und gebetet. ‚Herr', habe ich gesagt, ‚in der Bibel hast du versprochen, dass du deinen Kindern immer Brot und Wasser geben wirst. Ich habe die Stelle so oft gelesen, dass ich sie auswendig weiß. Es heißt darin, dass es denen, die dir vertrauen, nie an diesen beiden Dingen fehlen wird. Du hast mir heute Abend Wasser gegeben, Herr, aber kein Brot. Nur einen Rettich, und den kann mein Magen nicht vertragen. Bitte, Herr, gib mir doch nur eine Kruste Brot, richtiges Brot, wie du es versprochen hast.'"

Mein Herz krampfte sich zusammen, als ich meine liebe, alte Mutter so reden hörte. Ich konnte sie mir deutlich vorstellen, wie sie auf dem nackten, kalten Fußboden lag, nur ein paar stinkende Strohhalme unter sich.

„Später habe ich mich dann in den Schlaf geweint", fuhr sie fort, „und als ich aufwachte, griff ich automatisch mit der Hand in meine Tasche. Du weißt ja selbst, wie wir Flüchtlinge uns immer, sogar im Schlaf, an unsere paar Habseligkeiten klammerten, weil doch überall so viel gestohlen wurde. Ich habe also in die Tasche gegriffen, um zu sehen, ob man mir in der Nacht etwas entwendet hätte. Rate mal, was ich da fand?"

Ich hielt den Atem an.

„Brot", sagte Mutter ernst, „einen dicken Kanten Brot! Ich sah ganz unauffällig in die Tasche, und dann fing ich an zu essen, wobei ich das Brot in der Tasche versteckt hielt. Ich brach nur ein kleineres Stück ab, um den schlimmsten Hunger zu stillen. Erst viele Wochen später fand ich heraus, wer der Spender dieser Köstlichkeit gewesen war. Was meinst du, wer es war?“

Ich schüttelte ratlos den Kopf. Wer würde in solch einer Situation einem anderen schon Brot geben?

„Es war Frau Oktavian. Kannst du dich noch an sie erinnern?“

Frau Oktavian, war das nicht Mutters Nachbarin, als ich noch klein war? Diese ziemlich unfreundliche Frau, die sich immer wegen unseres Glaubens über uns lustig gemacht hatte?

„Was?“, fragte ich ungläubig. „Frau Oktavian? Das kann doch nicht dein Ernst sein, Mutter?“

Mutter lächelte. „Sie wurde ganz anders, nachdem ihr Mann gestorben war, und wir wurden sogar gute Freunde, als die Russen kamen. Manchmal blieben wir die ganze Nacht beieinander, weil wir beide allein wohnten, und sie bat mich, für sie zu beten. Aber sie konnte sich nie dazu überwinden, selbst zu beten oder Gott ihr Leben auszuliefern. Nun, sie hatte immer noch ihren goldenen Ehering. Als wir dann an diesem Abend im Lager ankamen, ging sie noch einmal weg und tauschte ihn bei einem Bauern für einen Laib Brot ein.“

„Und die hat das Brot mit dir geteilt? Das ist ja unglaublich, Mutter! Das klingt ja fast wie im Märchen!“

„Gott hatte es ihr aufs Herz gelegt, sagte sie mir später. Es sei ihr gewesen, als ob ihr jemand den Befehl gegeben hätte, ein Stück von dem kostbaren Brot abzubrechen und in meine Tasche zu stecken.“

„Und was geschah, als du das Brot aufgegessen hattest? Wie ging es dann weiter?“

„Das war auch wie ein Wunder, Mariechen. Wir blieben nur wenige Tage in diesem kommunistischen Lager. Auf einmal wurden wir wieder in die gleichen Waggons verladen und über die Grenze nach Westdeutschland gebracht. Dort kamen wir dann in ein ziemlich gutes Flüchtlingslager. Seitdem habe ich nie wieder Hunger leiden müssen, Mariechen.“

Es war unglaublich! Die Kommunisten hatten also tatsächlich einen mit Flüchtlingen voll beladenen Zug in die amerikanische Zone geschickt, während sie andererseits auf jeden schossen, der versuchte, durch das Niemandsland den Westen zu erreichen. Sie hatten meine Mutter in die Freiheit geschickt, und wir hatten uns wieder gefunden! Für Gott war doch tatsächlich nichts unmöglich!

Ich erzählte Mutter nichts von den Albträumen, die ich auf der Flucht ihretwegen gehabt hatte. Sicher hätte sie mir dann in ihrer liebevollen Art gesagt: „Aber Mariechen, wie konntest du denn nur daran zweifeln, dass Gott für mich sorgen würde? Sind denn nicht alle seine Verheißungen wahrhaftig?"

Auch von dem, was ich mitgemacht hatte, erzählte ich nicht viel; ich wollte sie nicht aufregen. Es klang immer so mutig, wenn sie von ihren eigenen Strapazen erzählte, aber wenn sie hörte, wie eines ihrer Kinder leiden musste, wurde sie fast krank vor Mitleid.

„Mutter", sagte ich, „erinnerst du dich an die Stelle in der Bibel, wo es heißt, dass Gott uns liebte, als wir noch seine Feinde waren?"

Mutter nickte bestätigend.

„Gott hat auch mich nie fallen gelassen, Mutter, sogar dann nicht, als ich Jesus hasste. Er war bei mir im Arbeitslager und auf allen meinen anderen Wegen!" Ich erzählte ihr von der Nacht, in der ich plötzlich das Gefühl hatte, ich sollte nicht in die Scheune hineingehen.

Tränen liefen ihr über die runzligen Wangen, als sie davon hörte. „Mariechen, ich habe in dieser Zeit viel für dich gebetet. Für alle meine Kinder habe ich täglich mehrmals gebetet. Ich wusste nicht einmal, ob eins von euch überhaupt noch am Leben oder ob ich allein übrig geblieben war. Für dich hatte ich sowieso nicht viel Hoffnung, weil du ja in Prag warst, und wir hatten gehört, wie man dort mit den Nazis umgegangen ist. Trotzdem, ich habe immer für dich gebetet, genau wie für die anderen!"

„Ich habe für dich gebetet" – so klang es in meinem Herzen nach. Mutter hatte für mich gebetet! Auf einmal wurde mir klar, warum ich all die Strapazen überstanden hatte.

Als Mutter wieder abgereist war, um Sepp zu besuchen, war ich nicht mehr ärgerlich auf ihn. Mutter hatte mir versprochen, mich bald wieder zu besuchen und dann länger zu bleiben. Ich hatte ihr Versprechen und wusste, dass sie mich lieb hatte und für mich und meine Familie betete, auch wenn wir uns für eine Weile trennen mussten.

***

Rudis Abteilung hatte sich rasch ausgedehnt. In der Hauptsaison arbeiteten acht Mann unter seiner Aufsicht. Wir waren auch eifrige Mitarbeiter in unserer Gemeinde geworden und hatten dort mehrere Aufgaben zugeteilt bekommen. Langsam, aber sicher waren wir zu einer angesehenen Familie des westdeutschen Mittelstandes geworden. Allmählich durften wir die traurigen Erinnerungen an die Vergangenheit begraben und uns unseres Lebens freuen. Wir waren mit Gott und der Welt zufrieden – bis auf meine Magengeschwüre und die gelegentlichen kleinen Reibereien, die in jeder noch so guten Ehe vorkommen. Aber auch dagegen hatten wir ein „Gegengift" gefunden.

„Lass uns zusammen beten, Schatz", sagte einer von uns und griff nach der Hand des anderen. Jeden Abend, ob wir traurig, ausgelassen oder zärtlich gestimmt waren, beteten wir zusammen und vergaben einander. Wir wussten, dass wir eigentlich in vieler Hinsicht gegensätzlicher Natur waren, aber das Gebet hielt uns zusammen und half mir, meinem Mann eine gute, verständnisvolle Frau zu werden. Ich war fest entschlossen, die Schatten der Vergangenheit zu verjagen und eine musterhafte, christliche Gattin und Mutter zu werden, und ich hatte den Eindruck, dass ich es schaffen würde.

Doch dann hatte ich ein Erlebnis, das mich wie ein Blitz aus heiterem Himmel traf. Eines Tages nach dem Gottesdienst trat eine ältere Schwester aus der Gemeinde auf mich zu.

„Maria Anne", sagte sie mit ernster Miene, „ich wusste gar nicht, dass dein Vater noch lebt. Ich dachte, du wärst als Waise aufgewachsen!"

Ich war bestürzt und beleidigt. Was wollte denn die? Sicher, sie war eine gute Bekannte, aber was ging sie schließlich meine Vergangenheit an? „Wer hat dir denn das erzählt?", fragte ich.

„Das tut doch nichts zur Sache", entgegnete sie schüchtern. „Die ganze Woche habe ich an dich gedacht, weil mir jemand erzählt hat, du würdest deinen Vater hassen! Ich musste einfach einmal mit dir darüber sprechen!"

Ich runzelte die Stirn und wehrte unwillig ab. „Da gibt es nichts zu erzählen. Mein Vater hat sich nie um mich gekümmert. Außerdem kenne ich ihn kaum. Ich nehme an, er wohnt noch irgendwo in der Tschechoslowakei, aber für mich ist er schon lange tot. Ich ziehe es vor, in dieser Weise an ihn zu denken." Damit verabschiedete ich mich von ihr und wollte gehen.

„Maria Anne", rief die alte Frau hinter mir her, „in der Bibel steht aber: ‚Du sollst deinen Vater und deine Mutter ehren!' Es heißt nicht: ‚Du sollst deinen Vater ehren, wenn er gut zu dir war!'"

Wütend ging ich weiter, ohne mit einer Silbe darauf einzugehen. Wie konnte sie es wagen, ihre Nase in meine persönlichen Angelegenheiten zu stecken und mir ihren frommen Rat aufzudrängen? Was wusste sie schon davon, wie es war, von seinem eigenen Vater verlassen und vergessen zu werden? *Die hat vielleicht Nerven!*, dachte ich. In meinem Innern tobte es. Ich war ärgerlich und fühlte mich in meiner Ehre angegriffen.

Prompt meldete sich mein Magengeschwür wieder und quälte mich so, dass ich nichts essen konnte, als ich zu Hause ankam. Ich brachte die Kinder zu ihrem Mittagsschlaf ins Bett und legte mich selbst auch ein wenig hin. In der Stille des Schlafzimmers machte ich Gott bittere Vorwürfe. Ich betete, klagte und weinte. Was war nur auf einmal mit mir los?

Und dann, ganz plötzlich, durchzuckte mich ein Gedanke: der Mann am Kreuz! Eigentlich kannte und liebte ich ihn nicht wirklich. Von Anfang meines Glaubenslebens an war es mir nur richtig erschienen, Gott aus Dankbarkeit für seine Güte und Liebe zu dienen. Bis jetzt hatte ich ihm gegenüber eigentlich immer nur eine Art „Untertanenpflicht" erfüllt. Als Kind war es die Glaubensvorstellung meiner Mutter gewesen, die ich übernommen und der ich willig gehorcht hatte, später war es der Führer, dem ich bedingungslos gefolgt war. Als ich dann bereit war, Gott als den allmächtigen Schöpfer und Herrn der Welt anzuerkennen, hatte ich ihm wiederum nur mechanisch gehorcht und gedient. Es war Gehorsam ohne Liebe. Von frühester Kindheit an war mir der blinde Gehorsam jeder Autorität gegenüber anerzogen worden, und sogar in meinem christlichen Glauben hatte ich mich noch davon beeinflussen lassen. Auch jetzt versuchte ich, mir den Himmel zu verdienen, indem ich so lebte, wie es meinen Vorstellungen vom Leben einer christlichen Ehefrau und Mutter entsprach. Niemals jedoch hatte ich den Juden Jesus von Nazareth als meinen persönlichen Heiland und Erlöser angenommen!

Sicher, ich sprach von Jesus, betete in seinem Namen zu Gott, las von ihm in der Bibel und bekannte ihn auch vor anderen. Aber dennoch war er weit weg im Himmel, in einer anderen Welt, und ich war hier auf der Erde; und diese Distanz versuchte ich zu wahren.

„Warum? Warum kenne ich dich nicht, du Gekreuzigter?", seufzte ich. In der Stille meines kleinen Schlafzimmers, von Magenschmerzen gepeinigt, wurde mir einiges klar. Ich hatte viel vom Leben Jesu gehört, sprach auch mit anderen darüber. Ich bewunderte ihn, seine Güte und Selbstlosigkeit verdienten meinen vollen Respekt, aber so leben wie er wollte ich nicht – konnte ich nicht!

Zwei Dinge standen mir dabei im Weg, die ich nicht aufgeben konnte: mein Stolz und mein Hass!

Stolz? Hatte ich mich nicht immer wieder bereitwillig und bis in den Staub gedemütigt, seit wir einer christlichen Gemeinde beigetreten waren? Ja, und ich war auch mächtig stolz darauf! Wie hinterlistig doch das menschliche Herz sein kann! Wie ein Kleid hatte ich meine alten Überzeugungen abgelegt und den christlichen Glauben angezogen – die schmutzigen Lumpen einer sozial Ausgestoßenen, eines Flüchtlings, hatte ich gegen das freundliche Kleid guter Werke und guten Benehmens eingetauscht. Aber das „Kleid der Gerechtigkeit", das mir Jesus schenken wollte, hatte ich nie gesucht. Wie oft ist Religion nur ein „Rollentausch", ein Übergang von den groben Sünden der Arroganz und Unmoral zu den feinen Sünden des geistlichen Hochmuts, des brütenden Ärgers und der Lieblosigkeit!

Auf einmal wurde mir klar, aus welchem Grund ich mich nie ernsthaft mit dem Mann am Kreuz befasst hatte – die ganze Zeit hatte ich den Grund geahnt. Bisher hatte ich mich nur halbwegs an das Kreuz herangewagt und war dann wieder weggerannt, weil ich nicht bleiben und hören wollte, was Jesus dort gesagt hatte: „Vater, vergib ihnen, denn sie wissen nicht, was sie tun." Vor diesen Worten hatte ich mich gefürchtet. Ich konnte diesem Mann nicht in die Augen sehen, der dort mit der Dornenkrone auf dem Kopf blutend und leidend die Worte sagte, die über die Jahrhunderte hinweg Gültigkeit haben: „Liebe deine Feinde, tu denen Gutes, die dich hassen und verfolgen."

„Sohn Gottes, das kann ich nicht, niemals! Ich kann meine Feinde nicht lieben, weil ich nicht aufhören kann, sie zu hassen. Ich kann meinen Hass nur aus meinen Gedanken verdrängen – mehr nicht. Jedes Mal, wenn ich daran denke, ballen sich meine Hände zu Fäusten. Du Gekreuzigter, ich kann nicht einmal verstehen, warum du dich ans Kreuz hast nageln lassen. Das hätte ich nie, niemals zugelassen, wenn ich die Macht besäße, die du hast! Hast du denn gar keinen Stolz gehabt? Jesus, warum hast du sie nicht einfach alle miteinander durch einen Blitz erschlagen oder sie sonst wie umgebracht, diese elenden Mörder? Oh, ich hasse Gemeinheit und Grausamkeit! Ich hasse deine Verfolger ebenso wie meine: den tschechischen Aufseher, die russischen Soldaten. Jesus Christus, ich habe Angst vor dir! Ich kann dich nicht verstehen! Du verlangst von mir das Unmögliche – ich soll meine Feinde lieben, und dabei kann ich nicht einmal für meinen Vater einen freundlichen Gedanken aufbringen. Ich kann dir in Ehrfurcht dienen und dir die Ehre geben, die dir gebührt, aber ich kann dich nicht lieben. Und auch die anderen kann ich nicht lieben. Vielleicht willst du von mir, dass ich so bin wie du, aber ich kann es nicht! Mein Stolz und mein Hass hindern mich daran. Ich würde zugrunde gehen, wenn ich sie aufgeben müsste!"

Jetzt war mir leichter ums Herz, denn ich war mir selbst und Gott gegenüber ehrlich gewesen. Aber ich hatte keine Hoffnung mehr. Ich kannte mich selbst, und alles, was mir blieb, war, mich so zu nehmen, wie ich war – ich würde eben damit leben müssen.

Anfang mit Jesus

Ein paar Tage später bekamen wir Besuch von einer Tante aus Ostdeutschland. Sie war die unverheiratete Schwester meiner leiblichen Mutter. Wir hatten uns noch nie gesehen, aber ich empfand es als meine Pflicht, mich um sie zu kümmern, weil sie ganz allein dastand. Rudi und ich fuhren also los und holten sie vom Bahnhof ab. Doch vom ersten Augenblick ihrer Ankunft an bereute ich es.

Wir kamen nicht miteinander aus. Vielleicht waren wir uns im Grunde zu ähnlich, vielleicht war ich auch schwierig, weil ich meine Verbindung zu Gott verloren hatte. Sie war sehr fromm und lebte nach den Grundsätzen der Bibel – vor allen Dingen nach dem Lebensgefühl: „Du sollst nicht …!" Ihre Ermahnungen und Vorwürfe gingen uns auf die Nerven, aber sie halfen keinem von uns. Rudi und ich machten uns Sorgen um meine kranke Seele. Ich wusste, ich hatte keine Gemeinschaft mit Gott.

Eine Grippe fesselte mich tagelang ans Bett, und ich empfand die Krankheit als eine willkommene Möglichkeit, endlich vor den Predigten meiner Tante Ruhe zu haben. Ein paar Tage war ich ernstlich krank und erholte mich nur langsam. Dann plagten mich Langeweile, Ruhelosigkeit und Ungeduld. Ich wollte doch aufstehen und meinen Haushalt wieder selbst versorgen. Wer weiß, was die komische alte Tante alles mit meinen Kindern anstellte, wenn ich nicht da war!

Da fiel mein Blick auf ein kleines schwarzes Buch, das mir meine Tante auf den Nachttisch gelegt hatte, als ich krank wurde. Sie hatte mich gebeten, doch darin zu lesen. Natürlich war ich entschlossen, es nicht anzurühren, um keinen Preis der Welt! Diesen Gefallen würde ich ihr nie tun!

Aber ich hatte solche Langeweile, und die Zeit verging so unendlich langsam. Rudi würde erst in ein paar Stunden nach

Hause kommen, um mir Gesellschaft zu leisten. Wie hieß das Buch überhaupt? Ein seltsamer Titel: „Die Quelle der Kraft." Es war eine Übersetzung aus dem Englischen. Die Verfasserin war eine amerikanische Missionarin namens Mathilda Erickson Andross. Aus Amerika also! Das klang eigentlich gar nicht so schlecht. Mein Widerstand fing an zu schmelzen.

Amerika! Ich wusste fast überhaupt nichts von diesem Land, hatte aber von Amerikanern nur Gutes erfahren. Dreimal in meinem Leben hatte ich mit Amerikanern zu tun gehabt: das erste Mal an dem Morgen, als ich auf meiner Flucht aus dem Osten versehentlich in die amerikanische Kaserne geraten war. Die Freundlichkeit der Soldaten dort werde ich nie vergessen. Sooft ich mich daran erinnere, wie bereitwillig sie uns geholfen haben, wird mir warm ums Herz.

Dann traf ich wieder mit einem Menschen aus diesem fernen Land zusammen, als ich als Leiterin einer kleinen Dorfschule an einer Lehrerversammlung teilnahm. Ein amerikanischer Pädagoge hatte einen Vortrag über die Demokratie gehalten. Er sprach Deutsch, aber mit einem drolligen Akzent. Begeistert hing ich an seinen Lippen. Nach seiner Rede hatte er uns aufgefordert, Fragen zum Thema zu stellen. Ich hatte eigentlich recht viele Fragen, die mir auf der Seele brannten, aber ich war zu schüchtern, um vor der großen Menschenmenge allein das Wort zu ergreifen.

Ein Kollege stand auf und sagte: „Jedes Mal, wenn Sie von unserer Vergangenheit sprachen oder von der Auffassung der Nationalsozialisten über die Erziehung der Jugend, haben Sie sich sehr vorsichtig ausgedrückt – so wie eine Katze, die um den heißen Brei herumschleicht."

Die anderen Lehrer im Zuschauerraum lächelten.

Der Amerikaner schien etwas unsicher. „Ich möchte Ihre Gefühle nicht verletzen. Es ist noch nicht allzu lange her, dass Sie alle unter Hitler erzogen und geschult wurden. Ich kann also voll und ganz verstehen, wenn Sie sich von dem damaligen Gedankengut noch nicht ganz gelöst haben – es wird sicher noch einige Zeit dauern, bis Sie wirklich demokratisch zu denken lernen!"

Ich sprang auf und spürte, wie mir das Herz bis zum Hals klopfte, aber ich musste einfach darauf antworten. „Entschuldigen Sie", sagte ich zittrig, „wenn Sie damit vielleicht andeuten wollen, dass wir noch Nazis sind, dann irren Sie sich! Wir haben einmal jemandem blind vertraut und mit unserem Herzblut dafür bezahlen müssen. Man hat uns verletzt, und wir sind immer noch verwundet. Deshalb können wir nicht ohne weiteres jemandem oder etwas unser Vertrauen schenken – weder der Demokratie noch irgendeinem anderen System. Wir sind also nicht gegen das, was Sie gesagt haben, im Gegenteil, es klingt fast zu schön, um wahr zu sein. Aber wir sind gebrannte Kinder, die das Feuer fürchten!"

Applaus brandete auf, und ich fragte mich einen Augenblick, für wen die Leute wohl klatschten. Erst nach Sekunden ging mir auf, dass der Beifall mir selbst galt, und bis unter die Haarwurzeln errötet setzte ich mich wieder auf meinen Platz.

Nach der Veranstaltung trat der Redner auf mich zu und schüttelte mir anerkennend die Hand. Er dankte mir tatsächlich für das, was ich gesagt hatte! Ich war verblüfft über seine offensichtliche Bereitschaft, meinen Standpunkt zu akzeptieren. Warum waren Amerikaner nur so tolerant gegenüber Menschen, die anderer Auffassung waren als sie? Ich war mit dem Geist der Toleranz noch nicht vertraut; das Wort bedeutete mir noch nichts.

Zum dritten Mal begegnete ich einem Amerikaner, als uns ein Agent des amerikanischen Geheimdienstes CIA aufsuchte, kurz nachdem wir Christel zu uns geholt hatten. Wir hatten damals durch eine kirchliche Organisation einen Bürgen gesucht, der uns die Auswanderung nach Amerika ermöglichen könnte, aber der Amerikaner sagte uns, dass für uns keine Aussicht bestünde, weil Rudi als U-Boot-Offizier am Krieg gegen die Vereinigten Staaten teilgenommen habe. Das machte die Auswanderung zu einem unerfüllbaren Wunschtraum.

Wir waren sehr enttäuscht, und ich hatte gebetet und auf ein Wunder gehofft. Schließlich hatte ich mich getröstet – vielleicht war es ja aus irgendeinem Grund Gottes Wille, dass wir in Deutschland bleiben sollten.

Und jetzt hielt ich also ein religiöses Buch in der Hand, das von einer Amerikanerin verfasst war. Ich schlug die erste Seite auf, und sofort fesselte mich der ungewohnte Stil dieser Autorin. Sie schrieb genauso klar und verständlich, wie der amerikanische Redner damals gesprochen hatte, als er uns in die Grundgedanken der Demokratie einführen wollte.

Da gab es keine hochtrabenden Worte oder eine ausgefeilte Rhetorik, wie ich sie aus der deutschen Literatur und von unseren Ansprachen und Predigten gewohnt war. Diese Autorin erklärte alles in so einfachen Worten, dass auch meine Kinder sie verstanden hätten. Obwohl ich mir viel darauf einbildete, über einen umfangreichen Wortschatz zu verfügen, empfand ich ihren Stil nicht als primitiv. Die Schlichtheit und Verständlichkeit des Buches entwaffnete mich einfach.

Ich hatte Jesus Christus eigentlich nie als einen Freund betrachtet, sondern eher als Gott und König, dem man Ehre erweisen muss. Er war für mich immer nur der Richter, vor dem ich mich eines Tages verantworten muss. Dieser Gedanke erfüllte mich immer mit Angst und Schrecken. Aber in diesem Buch stand, dass Jesus Christus nur darauf wartete, uns mit den Herrlichkeiten des Himmels beschenken zu können! Er habe Gedanken des Friedens für uns, und sein Wunsch sei, dass wir eines lernten: Gemeinschaft mit ihm zu haben.

Das Buch war im Grunde eine Anleitung zum Gebet, und das wunderte mich sehr. Schließlich wusste ich doch, wie man betet! Zweimal am Tag kniete ich nieder und sprach mit Gott. Dabei vergaß ich nie, den Dank an den Anfang zu stellen und erst dann um Hilfe, Bewahrung und andere Dinge zu bitten. Immer war ich darauf bedacht, respektvoll und ehrfurchtsvoll vor Gott zu stehen und die richtigen Worte zu gebrauchen.

Und nun schrieb diese Frau, dass ein formelles Gebet zwar nicht falsch sei, aber dass Jesus eigentlich viel mehr erwarte als das! Sie verglich das Beten mit einer Unterhaltung am Telefon – wir am einen Ende der Leitung und Jesus am anderen. Sie sagte, dass die meisten Gebete der Christen reine Selbstgespräche seien, in denen wir unsere Anliegen vorbrächten und dann mit dem „Amen" den Hörer wieder einhängten! Damit hätte Jesus jedoch keine Gelegenheit, uns zu antworten.

Der Gedanke überwältigte mich, und die Verfasserin zählte viele verschiedene britische und amerikanische Persönlichkeiten auf, die bezeugten, dass Jesus zu ihnen gesprochen hatte. Es klang alles so überzeugend und so einfach! Sie führte auch

Bibelstellen an, wie zum Beispiel: „Meine Schafe hören meine Stimme.“ Jesus, der große Hirte, hatte das gesagt, und ich hätte zu gern gewusst, ob er auch mich zu seinen Schafen zählte.

Besonders ein Satz des Buches ließ mich nicht mehr los, und ich sagte ihn immer wieder vor mich hin, bis mir die Tränen über die Wangen liefen, so dass ich nicht mehr weiterlesen konnte: „Jesus und ich sind Freunde!“

Wie einfach, wie herrlich, wie unbegreiflich!

Jesus und ich sind Freunde! Von ganzem Herzen sehnte ich mich danach, das auch von mir sagen zu können, aber es war mir nicht möglich. Die Verfasserin war eine gute Frau, eine Missionarin, die Gott mit ihrem ganzen Leben gedient hatte. Natürlich war Jesus ihr Freund. Aber ob er mein Freund sein wollte – das stand auf einem ganz anderen Blatt, ich war zu lange sein Feind gewesen, und innerlich lehnte ich mich noch immer gegen ihn auf. Ich war stolz und von Hass erfüllt. Oder ob er vielleicht doch auf mein Beten antworten würde?

Aufmerksam las ich das Buch zu Ende, und als Rudi heimkam, bat ich ihn, mein Bett auf den Balkon zu schieben. Es war eine warme Sommernacht, und ich schlief gern unter dem Sternenhimmel, weil ich dabei innerlich still und klein wurde und weil Gott mir dann näher zu sein schien als am Tag.

Nachdem ich eine Weile ruhig auf meinem Bett gelegen und zum Himmel aufgeschaut hatte, fing ich an, mit Gott zu reden. Es war gar nicht so leicht, denn ich machte mir Gedanken, dass er es vielleicht übel nehmen würde, wenn ich mich nicht hinkniete, aber trotzdem wagte ich es.

„Jesus“, betete ich in meinem Herzen, „ich möchte so gern, dass du mein Freund wirst, aber ich weiß nicht, ob ich das wert bin. In dem Buch steht, dass du mich verändern kannst, ohne Rücksicht darauf, wie mir zumute ist und was ich empfinde. Also kannst du auch meinen Hass und meinen Stolz wegnehmen. Ich muss es nur zulassen – ich muss mich dir ganz ausliefern, das ist alles. Aber ich verstehe auch, wenn du nichts mit mir zu tun haben willst, Herr, denn ich war so sehr gegen dich im Dritten Reich.“

„Ich liebe dich, mein Kind, und ich habe dich bei deinem Namen gerufen“, hörte ich eine Stimme in mir sagen.

Mit einem Ruck setzte ich mich auf. „Herr“, flüsterte ich, „hast du eben zu mir gesprochen, oder war ich es selbst? Bitte, Herr Jesus, lass mich nur das hören, was du sagst. Lieber Herr, ich habe solche Angst, dass ich mir das nur einbilde!“

„Du bist mein“, sagte die Stimme wieder. „Fürchte dich nicht! Ich bin für dich gestorben und habe dich gerufen, mir zu dienen. Du wirst noch Großes für mich tun!“

„Herr“, sagte ich leise, wobei mir die Tränen über die Wangen rollten, „ich habe es nicht verdient, dass du mich so lieb hast, und ich verstehe nicht, wie ich jemals etwas Großes für dich tun könnte! Du weißt, dass ich mit meinen Magengeschwüren, meinen schwachen Nerven und allem anderen ein menschliches Wrack bin. Aber, Herr, alles, was ich noch habe, gehört dir. Auch mein Hass und mein Stolz und meine fürchterlichen Erinnerungen. Ich gebe dir alles, was ich habe. Ich möchte nur, dass du mein Freund bist und ab und zu mit mir redest, das ist alles, was ich für den Rest meines Lebens brauche.“

***

In dieser Nacht, als ich Jesus mein ganzes Leben auslieferte, wurde er mein Freund. So gut ich konnte, übergab ich ihm meine ganze Existenz mit all ihren Fehlern und Schwächen. Wenn sich ein Mensch Jesus ausliefert, beginnt damit für ihn die Ewigkeit. Sie wird ihm dann von Tag zu Tag größer und wichtiger, und doch kann er ihre Tiefe nie ergründen.

Ich war noch der gleiche Mensch wie vorher, als ich am nächsten Morgen aufstand, immer noch von Schmerzen geplagt und müde. Auch meine Gefühle waren die gleichen geblieben. Noch immer brachte ich es mit dem besten Willen nicht fertig, Papa zu vergeben. Und den Russen, die vor meinen Augen meine Kameradinnen vergewaltigt hatten, konnte ich auch nicht verzeihen! Trotzdem war etwas anders geworden. Ich hatte endlich einen Freund, mit dem ich reden konnte, sooft ich wollte, und der mir auch antworten würde, wenn ich nur auf ihn hörte. Endlich konnte ich aufhören, mir über meine Schwächen Sorgen zu machen, denn es war jetzt die Sache meines Herrn, damit fertig zu werden, nicht mehr meine.

„Herr", sagte ich, bevor ich in den Gottesdienst ging, „wenn mich diese Frau heute wieder auf meinen Vater anspricht, was soll ich dann sagen?"

„Mach dir deswegen keine Sorgen", tröstete mich mein Herr, „alles wird gut werden, hab nur Geduld!"

„Bitte, Herr, wandle meinen Hass in Liebe um", bat ich ihn jeden Tag. Aber so schnell, wie ich mir das vorstellte, ging es natürlich nicht. Manche Menschen ändern sich von einem Tag zum andern. Doch für solch ein Wunder war ich zu eigenwillig. Aber ganz langsam und unmerklich verwandelte sich mein Hass auf meinen Vater in Mitleid und von Mitleid in Verständnis. Gott hat keine Eile!

Die Tante machte mir immer noch zu schaffen, aber ich hatte jetzt jemanden, mit dem ich auch über dieses Problem reden konnte. Wir entdeckten, dass wir beide etwas gemeinsam hatten: die Liebe zu Jesus Christus.

Wie soll man sich auch bekämpfen und hassen können, wenn man von Jesus spricht? Und wie kann man andere verabscheuen, wenn man doch Mitleid mit ihnen hat, weil sie den Herrn nicht kennen?

Es kam ganz natürlich, ohne Heuchelei oder Widerwillen, dass ich mich schließlich hinsetzte und Papa einen Brief schrieb. Die Tante hatte mir seine Anschrift gegeben.

„*Lieber Papa*", schrieb ich, „*ich habe in letzter Zeit viel an Dich gedacht. Man hat mir erzählt, dass Deine Frau mit Krebs im Sterben liegt und dass Du eine Freundin hast und sie Dir zwei Kinder geboren hat. Ich möchte Dir sagen, dass es mir sehr Leid tut, dass ich so unfreundlich zu Dir war. Bitte verzeih mir! Wir haben als Familie nie zusammengelebt; doch ich wünsche mir sehr, dass wir wenigstens in der Ewigkeit vereint sein können.*

Papa, ich möchte, dass Du auch meinen Herrn kennen lernst, Jesus Christus. Er liebt Dich und wartet auf Dich. Du musst nicht meinen, er wolle nichts mit Dir zu tun haben, weil Du ihn Dein Leben lang abgelehnt hast. Er hat auch mich angenommen, obwohl ich so lange nichts von ihm wissen wollte. Er wird auch Dich annehmen! Ich habe Dich lieb, Papa.

Deine Tochter Maria."

***

Ich hätte mir nie träumen lassen, dass mir Papa so lieb auf meinen Brief antworten würde, wie er es dann tat. Der verbitterte alte Herr Appelt war weicher und umgänglicher geworden. Er bestätigte meine Vermutung hinsichtlich seiner Freundin und der beiden Kinder. Sie hießen Rudi – nach dem Marinesoldaten, in den ich mich während des Krieges verliebt hatte, schrieb Papa! – und das kleine Mädchen Angelika, weil es ein so engelhaftes Gesichtchen habe.

Immer mehr Briefe gingen zwischen uns hin und her. Dann geschah ein weiteres Wunder.

Gottes Zeitplan ist immer vollkommen. Etwa zu der Zeit, als ich meinen ersten Brief an Papa schrieb, besuchte ihn zum ersten Mal ein pensionierter Prediger einer Gemeinde. Die beiden wurden Freunde, und auch Papas Freundin schloss sich an. Sie machten beide ernst und nahmen schließlich Jesus Christus als ihren Erlöser und Herrn an. Dann wurde ihnen klar, dass sie nach der Bibel eigentlich Ehebruch begingen. Die beiden heirateten. Seine zweite Frau, die Tschechin, war mit einem verhärteten Herzen gestorben.

Papas Briefe waren voll von seinem tiefen Kummer über seine Versäumnisse. Wir trösteten einander mit dem Gedanken an die Vergebung, die Jesus Christus auch dann gewährt, wenn uns unser eigenes Herz verdammt. Es war wunderbar, Papa in Gottes Hand zu wissen – ihn und seine ganze Familie.

Eine Frage beschäftigte mich immer wieder: Was hatte Jesus damals gemeint, als er mir in der Sommernacht gesagt hatte: „Du wirst noch Großes für mich tun!"? Was hatte er mit mir vor? Ich war doch gar nichts Besonderes und kam mir oft so unfähig und schwach vor. Meine Ausbildung war für die Katz gewesen, meine Gesundheit ließ stark zu wünschen übrig, und Geld hatten wir auch keins. Mein größter Wunsch war, jemandem den Weg zu Jesus zu zeigen, aber bisher hatte ich außer Papa und seiner Frau niemand zu ihm führen können. Und auch bei Papa war eigentlich nicht ich, sondern der Prediger das Werkzeug Gottes gewesen. Niemand schien dafür offen zu sein, obwohl ich mich bemühte, möglichst oft von meinem Glauben Zeugnis abzulegen. Vielleicht machte ich auch etwas falsch!

***

Jeden Herbst wurde in unserer Gemeinde das Erntedankfest gefeiert. Die Gemeindeglieder wurden zur Unterstützung der Armen und Bedürftigen aufgerufen. Außerdem wurden dicke Stapel von Erntedank-Heften ausgeteilt mit der Bitte, sie zu verkaufen. Der Erlös sollte der Katastrophenhilfe zufließen.

Rudi und ich waren von dieser Aufgabe nicht gerade erbaut. Deshalb bezahlten wir unseren Stapel immer gleich selbst und gaben sie dann weiter. Seit mehreren Jahren hatten wir es so gehalten.

Jetzt war es also wieder einmal so weit, und mit dem Arm voller Hefte zogen wir ab.

„Herr", betete ich, als wir zu Hause angekommen waren, „müssen wir die Hefte diesmal selbst verkaufen, oder willst du, dass wir es so machen wie bisher?"

„Diesmal solltet ihr sie lieber selbst verkaufen", lautete die Antwort.

„Das habe ich befürchtet, Herr", seufzte ich. „Wo möchtest du, dass wir sie verkaufen?"

„Hier in eurer eigenen Straße, im Weißpfennig-Weg", war die Antwort.

„Herr, das kann doch nicht deine Stimme sein, die zu mir redet. Bitte, Herr, du kennst doch die Bewohner dieser Stadt. Keiner davon ist protestantisch, und sie halten uns sowieso für etwas komisch. Schließlich müssen wir doch weiterhin hier wohnen und mit ihnen auskommen!"

„Geht und verkauft die Hefte in eurer Straße!", sagte die Stimme wieder. Es war ein deutlicher Auftrag. „Dann überzeug bitte Rudi davon", sagte ich. „Das wird ihm nämlich gar nicht passen!"

Rudi war in der Tat wenig erbaut von diesem Auftrag. Er hasste sowieso alles, was nach Verkaufen aussah. Schließlich willigte er aber doch ein, die Hälfte des Stapels zu übernehmen. Jeder von uns nahm sich eine Straßenseite vor, und die Hefte verkauften sich überraschend schnell. Bald waren wir alle los. Erleichtert und froh über unseren Erfolg zogen wir nach Hause.

Den Erlös lieferten wir in der Gemeinde ab und waren wieder mit Gott und der Welt zufrieden.

Doch als wir zu Hause ankamen, wartete vor unserer Tür die

Schwester aus der Gemeinde, die mich wegen meines Vaters angesprochen hatte. Sie händigte mir noch einen Stapel Hefte aus.

„Was soll ich denn damit?", fragte ich stirnrunzelnd.

„Hör mal, ich habe diese Hefte bezahlt", sagte sie würdevoll. „Aber ich will euch die Hefte zum Verkauf geben. Ihr könnt das Geld behalten, um damit Essen für eure Liebespakete in die Ostzone und die Tschechoslowakei zu bezahlen." Dabei war sie vollkommen überzeugt, uns einen großen Gefallen zu erweisen!

Ich konnte einfach nicht anders, als sie freundlich anzulächeln und mich herzlich bei ihr zu bedanken.

„Da haben wir den Salat!", stöhnte Rudi, als sie gegangen war.

So also handelt Gott, wenn er uns eine Lektion erteilen will, dachte ich schmunzelnd. „Also gut, Herr", sagte ich im Stillen, „du willst also, dass wir dieses Jahr die doppelte Arbeit leisten, um unser Versäumnis in den letzten Jahren, in denen wir gar nichts verkauft und uns das Leben leicht gemacht haben, wieder gutzumachen. Du hast gewonnen, Herr. Aber wo sollen wir diesmal hingehen?"

Ich hatte keine Angst vor der Antwort, denn in unserer eigenen Straße waren wir ja bereits gewesen. „Geht in eure eigene Straße!"

Ich glaubte, mich verhört zu haben. Oder bildete ich mir die Stimme nur ein? „Herr", bat ich inständig, „ich will mir doch nichts vormachen. Ich glaubte fest, dass du zu mir gesprochen hast. Aber das kann doch nicht wirklich dein Auftrag an uns sein, dass wir nochmals in unsere Straße gehen sollen? Wir waren doch erst letzte Woche da!"

„Geht in eure eigene Straße!", lautete die Antwort.

„Herr, meinst du wirklich den Weißpfennig-Weg?"

„Ja. Geht dorthin!"

Ich seufzte tief. „Und wie soll ich das meinem Mann beibringen?"

Keine weitere Antwort kam. Ich war völlig ratlos.

Rudi hob erstaunt die Augenbrauen, als ich ihm stotternd davon erzählte. „Aber Schatz", sagte er freundlich, „die Leute hier haben doch schon alle Zeitschriften gekauft. Sie werden uns für verrückt halten!"

Ich nickte verzweifelt. Das wusste ich ja alles selbst. Aber entweder glaubte ich, dass es nun einmal Gottes Auftrag an uns war, und dann mussten wir gehorchen, oder ich glaubte es nicht. Ich wollte aber glauben.

Rudi versuchte, das Ganze von der lustigen Seite zu nehmen, denn er merkte, dass ich nahe daran war, in Tränen auszubrechen. „Also gut, tauschen wir diesmal! Ich nehme die Straßenseite, die du beim letzten Mal hattest, und du nimmst jetzt meine Seite. Dann wissen die Leute wenigstens nicht, was los ist!"

Das erleichterte mir die peinliche Aufgabe ein bisschen, und wir machten uns auf den Weg.

Es kam genauso, wie ich es vorausgesehen hatte: Niemand kaufte mir auch nur ein einziges Heft ab, und bald war ich am anderen Ende der Straße angelangt und wartete auf Rudi. Ich war sehr deprimiert und fest davon überzeugt, dass ich mich getäuscht oder verhört hatte.

Endlich, nach langer Zeit, sah ich Rudi kommen. Er strahlte schon von weitem! „Schatz, warst du letzte Woche in dem Haus dort?", fragte er und zeigte damit auf ein eingezäuntes zweistöckiges Wohnhaus am Ende der Straße.

„Nein, das Tor war verschlossen, und ein großer Hund bellte im Hof, und außerdem waren mir die Hefte schon ausgegangen!"

„Siehst du, deshalb hat uns Gott noch einmal auf den gleichen Weg geschickt, Maria Anne. Denn gerade in dem Haus dort wohnt ein Ehepaar, das Jesus braucht!"

„Du glaubst also doch, dass es Jesus war, der uns nochmals auf den Weg geschickt hat?"

„Jetzt glaube ich es! Eigentlich bin ich vorhin nur mitgegangen, weil du mir so Leid getan hast und ich dir die Sache etwas leichter machen wollte. Aber jetzt sehe ich deutlich die Hand Gottes darin. Siehst du, ich bin dort hineingegangen, als gerade jemand aus der Haustür trat. Im Übrigen habe ich auch keine Angst vor einem harmlosen kleinen Köter!" Verschmitzt zwinkerte er mir zu. „Ich bin in dem Haus sogar ein paar Hefte losgeworden, und schließlich kam ich zu einer Dachwohnung und klopfte dort an die Tür. Eine Frau machte auf und sprach mich sofort an. Sie hat dann auch eins der Hefte gekauft und uns beide eingeladen. Wir sollen einmal kommen, wenn ihr Mann zu Hause ist. Sie sagte, sie sei früher auch einmal zur Kirche gegangen, aber ihr Mann sei gegen die Religion. Sie meinte, wir müssten aber behutsam mit ihm sein, sonst könnte er gewalttätig werden!"

„Wie kommst du denn darauf, dass die beiden an Jesus interessiert sein könnten?"

„Das habe ich nicht gesagt. Ich glaube aber, dass sie ihn dringend brauchen!"

Dagegen war nichts einzuwenden, und wir besuchten das Ehepaar später, als der Mann zu Hause war.

Hans und Frieda waren ein reizendes älteres Ehepaar. Sie hatten keine Kinder. Hans bombardierte uns dermaßen mit Fragen, dass wir mit den Antworten kaum nachkamen. Es gab anscheinend nur ein Thema, das ihn bewegte – Gott und der christliche Glaube. Frieda saß gebannt da und ließ keinen Blick von ihrem Mann. Er schien so eifrig, fast begierig darauf, mehr von Gott zu erfahren.

Als wir uns schließlich verabschiedeten, nachdem wir stundenlang diskutiert hatten, begleitete uns Hans bis zum Tor und schüttelte uns dankbar die Hände. „Bitte machen Sie uns die Freude und besuchen Sie uns doch bald einmal wieder, liebe Freunde", sagte er bewegt, und in seinen Augen standen Tränen. „Seit sechs Monaten habe ich auf jemanden wie Sie gewartet!"

Rudi und ich sahen ihn fragend an. Er beeilte sich zu erklären, was er damit meinte. „Sehen Sie, ich hatte schon lange den Eindruck, es sei höchste Zeit für mich, mit Gott ins Reine zu kommen. Ich habe ihn" – er wies mit dem Finger zum Himmel – „darum gebeten, mir jemanden zu schicken, der mir helfen könnte, ihn zu finden. Ich bin nur ein einfacher, ungebildeter Arbeiter und verstehe nicht alles so ohne weiteres. Und nun hat Gott Sie mir geschickt. Ich war schon nahe daran, die Hoffnung aufzugeben."

Wir versicherten ihm, dass wir bald wiederkommen würden, und gingen schweigend und in Gedanken versunken nach Hause. Die Sache beschäftigte uns beide sehr.

„Es tut mir Leid, dass ich an deinem Auftrag gezweifelt habe, Jesus", sagte ich im Stillen. Ich konnte mir richtig vorstellen, wie Jesus mir jetzt zulächelte, und ich lächelte zurück.

Hans und Frieda waren die beiden ersten Menschen, die wir zu Jesus führen durften. Nach kurzer Zeit traten sie unserer Gemeinde bei. Wir wurden bald enge Freunde.

Frieda starb einige Jahre später, aber auch danach verlor Hans nicht die innere Freude und den Frieden, die ihn erfüllten. „Ich werde sie ja wieder sehen", sagte er lächelnd zu mir und drückte mir die Hand. Er blieb uns für unsere Hilfe immer dankbar.

***

Die Verheißung, die Jesus mir in jener Nacht gegeben hatte, war Wirklichkeit geworden. Ich war zu einem Werkzeug in seiner Hand geworden, durch das er „große Dinge" tat. Diese Gewissheit erfüllte mich mit großer Freude. Jetzt konnte ich entspannen, mich an dem überfließenden Leben meines Herrn erfreuen und den Frieden genießen. Mein Becher lief über.

Rudi hatte einen guten Arbeitsplatz, wir hatten eine hübsche, kleine Wohnung, zwei gesunde Kinder, zahlreiche Freunde, und das Wichtigste: Jesus und ich waren Freunde geworden. Ich hatte allen Grund, glücklich und zufrieden zu sein.

Nur eine geheime Sehnsucht schlummerte noch in meinem Herzen: Ich wollte so gern nach Amerika. Doch der Weg dahin war versperrt.

Das Land der unbegrenzten Möglichkeiten

Die Propeller dröhnten. Draußen war es Nacht. Das Meer unter uns und die Sterne über uns konnten wir nur ahnen.

Es konnte doch nur ein Traum sein, dass ich in einem Flugzeug saß, auf dem Weg nach Amerika – ein Traum, den ich schon so oft geträumt hatte, dass ich mir jetzt einbildete, er sei Wirklichkeit. Oder träumte ich doch nicht?

Meine Kinder, die sechs Jahre alte Christel und der kleine Michael, schliefen in ihre Sitze eingekuschelt. Rudi war ebenfalls eingeschlafen. Links neben mir saß eine ältere Dame, die ab und zu in einen unruhigen Schlaf fiel. Arme, kleine Frau! Auf ihrem Schoß lag ein Rosenkranz, den sie fest umklammert hielt. Der Gedanke an das unheimliche Meer unter ihr, das sie unbarmherzig verschlingen würde, falls das Flugzeug abstürzte, machte ihr schreckliche Angst.

Ich muss zugeben, dass auch mir dieser Gedanke nicht gerade angenehm war, aber ich hatte keine Angst. Es konnte uns ja nichts passieren! Gott hatte uns bestimmt nicht nach so vielen Jahren das Tor zur Neuen Welt geöffnet, um uns jetzt, kurz vor dem Ziel, ertrinken zu lassen. Und auch die alte Dame neben mir, die sich auf das Wiedersehen mit ihrer Tochter in New York und auf ein paar gemeinsame Jahre mit ihr in dem verheißungsvollen, fremden Land freute, würde er nicht ertrinken lassen, bevor ihre Träume Wirklichkeit geworden waren. Gott ist Liebe, und er hat Gedanken des Friedens mit seinen Kindern und große Pläne für uns alle – alle, die wir hier im Flugzeug saßen und erwartungsvoll unserer Zukunft entgegensahen, denn wir alle waren Auswanderer in die Vereinigten Staaten!

Die letzten Monate waren wie im Flug vergangen. Gerade als ich mich endgültig damit abgefunden hatte, dass wir wohl nie auswandern könnten, sondern für immer in Deutschland bleiben müssten, wurde völlig überraschend und ungeachtet unserer politischen Vergangenheit unser Ausreiseantrag genehmigt. Freunde von uns, die im vorhergehenden Jahr in das Land ihrer Träume ausgewandert waren, hatten einen Bürgen für uns gefunden, und nun waren wir also unterwegs in eine Zukunft im Land der unbegrenzten Möglichkeiten.

Wie gut war es gewesen, dass sich alles so schnell abgespielt hatte, sonst hätten wir den Absprung nie geschafft. Ich konnte nicht verstehen, warum unsere Bekannten und Freunde mit aller Kraft versuchten, uns zum Bleiben zu bewegen. Es war ja schön zu wissen, dass wir so viele gute Freunde hatten, die uns gern dabehalten hätten, und ich konnte auch Rudis Eltern gut verstehen, die mit unseren Plänen gar nicht einverstanden waren, aber wir wollten doch nicht für immer in Amerika bleiben! Wir hatten nur vor, uns dort besser für den Dienst Gottes ausbilden zu lassen; dann wollten wir zurückkehren.

Noch nie in meinem Leben hatte ich meine Mutter so aufgeregt und traurig erlebt wie an dem Tag, als wir sie kurz vor dem Abflug noch einmal besuchten. Als ich jetzt im Flugzeug wieder daran dachte, tat mir immer noch das Herz weh.

Wir hatten alle unsere Möbel und unseren ganzen Besitz weggegeben. Es gab genug Flüchtlinge, die gut brauchen konnten, was wir uns seit Rudis Beförderung angeschafft hatten. Nur zwei Koffer voll lebenswichtiger Dinge hatten wir behalten: Der große enthielt Kleidung für unsere vierköpfige Familie, der kleinere war schwer wie Blei und voll gestopft mit Büchern – das Einzige, was ich nicht weggeben wollte. Bücher waren mir immer wie Freunde gewesen.

Mit unseren zwei Kindern und den Koffern starteten wir also zu einer Reise durch Süddeutschland, um uns von unseren Lieben zu verabschieden. Zuletzt besuchten wir Mutter. Seit ich als junges Mädchen ihre kleine Hütte verlassen hatte, um nach Prag zu gehen, gingen wir zum ersten Mal wieder zusammen zum Gottesdienst. Ich ließ ihre Hand nicht los, während wir gemeinsam das Abendmahl feierten, sangen und beteten. Der Abschied war für uns beide sehr hart und schmerzvoll.

„Gott hat dich mir nach all den langen Jahren der Ungewissheit gerade erst wieder geschenkt, Mariechen. Warum willst du

Hansi mit ihrer Pflegemutter 1955 *vor ihrem Aufbruch in die* USA.

mich jetzt schon wieder verlassen und so weit wegfahren?" Mutters Stimme war nur ein Flüstern, ihr Atem ging kurz und schwer, und die blassen Lippen hatten einen bläulichen Schimmer.

„Mutter", sagte ich, wobei ich mühsam mit den Tränen kämpfen musste, „ich möchte dich ja gar nicht verlassen. Du weißt doch, dass ich dich am liebsten immer bei mir hätte. Aber ich weiß ganz sicher, dass Jesus möchte, dass wir nach Amerika gehen!"

„Wenn es so ist, dann muss ich dich wohl gehen lassen, Mariechen", seufzte sie. „Aber bist du auch überzeugt, dass es wirklich sein Wille ist? Vielleicht läufst du ihm auch voraus, weil du selbst so gern nach Amerika möchtest. Manchmal verwechseln wir ja auch unsere eigenen Wünsche mit dem Willen Gottes. Und du bist schon immer eigensinnig und ungeduldig gewesen, Mariechen!"

„Mutter", antwortete ich bedrückt, „wir haben so viel darüber gebetet. Ich glaube, es ist Gottes Wille – außerdem ist es jetzt sowieso zu spät, falls wir Unrecht haben sollten. Wir haben alle Brücken hinter uns abgebrochen!"

Wieder war es ein Zug, der mich von Mutter wegführte. Doch diesmal war ihr Gesicht voll Frieden, und ich rief über das Rattern der Räder hinweg: „Mutter, warte auf mich, ich werde wiederkommen!"

Sie antwortete nicht, sondern winkte nur, wobei ihr die Tränen über die Wangen liefen.

***

Jetzt hörte ich dem Lied der Propeller zu, während wir immer weiter nach Westen flogen. Das Herz war mir schwer. Was, wenn Mutter doch Recht hatte? Wenn unsere Ausreise nicht Gottes Willen, sondern unser eigener Wunsch war? Würde Jesus mit mir gehen, wenn ich meine eigenen Wege ging? Ich blickte aus dem Fenster zurück nach Osten, wo meine Heimat war, und sehnte mich nach einem Trost.

„Herr, bist du noch bei mir? Oder hast du mich verlassen, weil wir dich missverstanden haben? Wo bist du, Herr?"

Am östlichen Himmel wurde es bereits hell, und die Sonne schickte tastend ihre ersten Strahlen aus, die die Nacht erhellten. Ich horchte und wartete auf eine Antwort.

„Fürchte dich nicht, denn ich habe dich erlöst. Ich habe dich bei deinem Namen gerufen; du bist mein! Wenn du durchs Wasser gehst, so will ich bei dir sein, und wenn durch Ströme, so sollen sie dich nicht ersäufen. Wenn du durchs Feuer wandelst, sollst du nicht verbrennen, und die Flamme soll dich nicht anzünden" (Jesaja 43, 1–2).

„Was für ein seltsamer Text, Herr, den du mir da für unseren neuen Lebensabschnitt gibst!"

Wieso sollte es für uns Wasserströme und Feuer geben? Waren wir nicht unterwegs in das Land der unbegrenzten Möglichkeiten, wo Milch und Honig flossen und meine Träume endlich wahr werden würden?

„Guck, da drüben ist die Freiheitsstatue", erklärte Rudi, als das Flugzeug zur Landung ansetzte.

Ich hatte keine Zeit, aus dem Fenster zu sehen, weil sich die Kinder über Übelkeit beklagten und die Dame neben mir vor Angst laut betete. Ich hielt ihre Hand fest in meiner und lächelte Christel aufmunternd zu.

„Jetzt sind wir gleich in Amerika!", strahlte ich. Es war der 5. Mai 1955. Eine Stunde später saßen wir im Bahnhof von New York City und warteten auf einen Zug nach Michigan, wo unser

Bürge wohnte. Ich war völlig durcheinander, schockiert und verängstigt.

War dies wirklich Amerika? Das war doch nicht möglich! Es war grässlich dreckig; zerfetzte Zeitungen, Bierdosen und anderer Müll lagen herum. Hatten die Leute hier in diesem reichen Land denn gar keinen Sinn für Ordnung und Sauberkeit? Und die Menschen! Wie sie aussahen! Waren sie denn gar kein bisschen stolz auf ihr Land? Kümmerten sie sich gar nicht darum, welchen Eindruck sie auf andere machten?

Und um ihre Mitmenschen schienen sie sich auch nicht zu kümmern. Überall gingen hier Leute herum, aber keiner nickte einem andern zu oder lächelte ihn an. Wie seltsam! Und erst ihre Kleidung! Einfach schockierend!

Wussten die Amerikaner nicht, was sich gehörte? Schließlich war dies doch ein Bahnhof, und die Menschen kamen hierher, um zu verreisen. Manche Leute waren ordentlich angezogen, aber andere sahen schlampig und vergammelt aus – genau wie der Bahnhof. Viele alte Leute waren zu sehen. Die meisten davon Männer, die auf den Bänken herumlungerten. Sie saßen nur da und dösten vor sich hin. Abgerissen und arm wie die deutschen Flüchtlinge sahen sie aus, unrasiert und mit verfilzten Haaren.

Eine Frau ging an mir vorbei und zog ein Kind hinter sich her. Sie trug kurze Hosen und hatte keine Strümpfe an. *Wie kann man nur so auf die Straße gehen*?, dachte ich.

Die Kinder drängten sich an mich heran. Sie waren völlig übermüdet und verängstigt. Rudi hatte uns allein gelassen, um sich etwas die Stadt anzusehen; der Zug sollte erst in ein paar Stunden abfahren.

Was für eine seltsame Sprache, die um mich herum gesprochen wurde! Ich hatte gar nicht daran gedacht, dass hier ja nicht Deutsch gesprochen wurde. Und ich konnte kein Wort Englisch! Wo in aller Welt hatte ich nur meinen Kopf gehabt? Weil ich zweisprachig aufgewachsen war und nie Schwierigkeiten bei der Verständigung gehabt hatte – sogar mit den Russen –, hatte ich mir nicht klar gemacht, wie sehr sich die englische Sprache von der deutschen unterscheidet. Und jetzt konnte ich zum ersten Mal im Leben weder ein Wort sagen noch lesen. Die Abreise aus

Deutschland war so überstürzt geschehen, dass ich gar keine Zeit gehabt hatte, mich auf das neue Land vorzubereiten.

Ein älterer Herr nahm neben mir auf der Bank Platz. Ich zog die Koffer näher an mich heran und hielt die Kinder fest umklammert.

„Sind Sie neu in diesem Land?“, hörte ich eine Stimme neben mir auf Deutsch fragen.

Überrascht schaute ich auf. Der Mann neben mir lächelte mich freundlich an. Ich war so erleichtert, meine Muttersprache zu hören, dass ich mit den Tränen kämpfen musste. „Woran haben Sie das denn erkannt?“, fragte ich und lächelte dankbar zurück.

„Sie sehen so ganz anders aus als die Leute hier und so einsam“, erklärte er. „Die New Yorker tragen im Mai keine Wintermäntel mehr. Wo kommen Sie denn her?“

Ich war überglücklich, dass mich jemand verstand, und erzählte ihm ohne Hemmungen unsere Geschichte. Auch sagte ich ihm, wie mich der Schmutz hier schockiert hätte und wie schrecklich ich alles fände, so unkultiviert sozusagen!

„Darf ich Ihnen einen Rat geben?“, fragte mich der alte Herr freundlich, als ich mit meinen Klagen fertig war.

Ich nickte eifrig.

„Sie werden noch sehr oft die Erfahrung machen, dass dieses Land und seine Menschen ganz anders sind, als Sie es erwartet haben, junge Frau. Versuchen Sie trotzdem, zunächst still zu sein, bis Sie Ihren ersten Eindruck überwunden haben. Die Amerikaner kritisieren ihr eigenes Land leidenschaftlich gern, aber sie sind sehr empfindlich gegenüber Kritik von Ausländern. Denken Sie daran, Amerika ist anders als Europa, aber deshalb nicht unbedingt schlechter. Lernen Sie, diesen Unterschied anzuerkennen, dann werden Ihre Kinder eine bessere Zukunft haben!“

Ich dankte dem Mann für seinen freundlichen Rat und wandte mich dann Michael zu, der mit deutlichen Gesten vor mir stand. Du liebe Güte, was sollte ich jetzt bloß machen?

„Was ist denn?“, fragte der alte Herr besorgt. „Ist etwas nicht in Ordnung?“

„Ja“, schluchzte ich, „ich kann so wenig Englisch, dass ich

nicht einmal eine Toilette für den Kleinen finden kann! Und mein Mann, der Englisch spricht, ist nicht da!"

„Das werden Sie schnell lernen, machen Sie sich nur keine Sorgen! Gehen Sie dort drüben hin und suchen Sie die Tür mit der Aufschrift ‚Women'!", Er buchstabierte das Wort für mich auf Deutsch. „Dort finden Sie, was Sie suchen! Ich bleibe hier und passe auf Ihr Töchterchen und das Gepäck auf."

Er tat, was er versprochen hatte, und unterhielt sich noch eine Zeit lang mit uns, bevor er uns alles Gute wünschte und sich in die vorbeiwogende Menschenmenge mischte.

***

Erst viel später wurde mir klar, dass Gott mir diesen Fremden genau im richtigen Augenblick geschickt hatte. Ich nahm mir seinen Rat zu Herzen und ersparte mir dadurch eine Menge Unannehmlichkeiten und Vorurteile. Für uns war hier so vieles neu und fremdartig, dass ich mir manchmal auf die Lippen beißen musste, um nicht loszuplatzen.

Als wir endlich in Michigan bei unserem Bürgen ankamen, war sogar Rudi entgeistert. Als Gastgeber fanden wir ein älteres Ehepaar vor. Er arbeitete im Baugewerbe. Sie besaßen ein riesiges Haus am Stadtrand und hatten darin ein Schlafzimmer für uns freigemacht.

„Mary", sagte die Dame des Hauses zu mir, und Rudi übersetzte jedes Wort, „ich hoffe, dass dieses Zimmer groß genug für euch alle vier sein wird. Ich habe in den anderen Räumen so vieles angesammelt, dass ich Ihnen leider nicht mehr Platz anbieten kann."

„Es ist mehr als genug, vielen Dank", sagte Rudi höflich und sah mich an.

Ich fragte: „Rudi, wie können zwei Leute nur so viel Zeug haben?"

Ludwig, unser Gastgeber, der noch ein bisschen Deutsch verstand, da seine Eltern aus Deutschland kamen, drehte sich um und sagte zu Rudi: „Sagen Sie Ihrer Frau, dass dies ein hoffnungsloser Fall ist. Meine Frau hortet alles, was sie in die Finger bekommt. Die einzige Lösung wäre ein ordentliches Feuer.

Warten Sie, bis Sie unsere Garage sehen. Wir müssen die Autos im Freien parken, so viel Gerümpel hat sich in der Garage angesammelt!"

Der Mann lachte schallend. Ich musste wohl ziemlich verdutzt ausgesehen haben.

Doch noch größere Augen machte ich, als er in seinen Wagen stieg und damit zum Briefkasten fuhr, der ganze hundert Meter vom Haus entfernt war!

„Wir sind hier sehr faul, Mary", erklärte er mir amüsiert. „Ich weiß, eigentlich sollte ich laufen, aber wir Amerikaner laufen nicht gern! Unsere Beine sind nur zum Sitzen da!"

Ich verstand bruchstückhaft, was er mir in seinem deutsch-englischen Kauderwelsch klarmachen wollte, und nickte. Ich gab es auf, etwas verstehen zu wollen, und war schon froh, wenn ich den Sinn der Worte erraten konnte.

Die ersten drei Wörter, die einen bleibenden Eindruck in meinem lernbegierigen Gehirn hinterließen, waren „Dollar", „Sale" (Sonderangebot) und „Diet" (Diät). Ich hörte sie aus einem der ersten Gespräche heraus und ahnte bald, was sie bedeuten mussten. Nur in welchem Zusammenhang sie gebraucht wurden, konnte ich noch nicht ausmachen.

Emily, Ludwigs Frau, nahm uns gleich am zweiten Tag nach unserer Ankunft mit zum Einkaufen. Sie fuhr zu einem riesigen Supermarkt. Wir waren überwältigt. So etwas hatten wir noch nie gesehen.

„Rudi, frag sie doch bitte, was die Leute mit den vielen Lebensmitteln anfangen. Werden sie denn nicht schlecht?"

Rudi fragte, und Emily lächelte. „Ach nein! Es gibt noch viele Läden wie diesen in der Stadt, auch größere. Die Amerikaner essen viel."

Das schien allerdings der Fall zu sein, denn beide waren ziemlich rundlich. Emily war viel kleiner als ich, aber mindestens zweimal so dick und bestimmt auch doppelt so schwer.

„Sagen Sie Ihrer Frau, dass wir Amerikaner oft Schlankheitskuren machen müssen", fuhr Emily fort.

„What is ‚diet'?", versuchte ich in meinem kümmerlichen Englisch.

„Die Einschränkung der Kalorien auf tausend pro Tag", seufzte

Emily. „Eigentlich müsste ich dringend wieder eine Schlankheitskur machen, und Lou auch. Das hat uns der Doktor erst kürzlich wieder geraten."

Rudi übersetzte. Ich seufzte ebenfalls. Was für ein seltsames Land! Ich erinnerte mich noch gut an die Lebensmittelkarten der amerikanischen Zone Westdeutschlands, die uns 1200 Kalorien pro Tag und oft noch weniger garantierten, und das für eine lange Zeit. Ich konnte Emily verstehen – es war hart, so wenig essen zu dürfen. Aber wie verdreht war die Welt, wenn das nötig war, wo doch von allem reichlich vorhanden war!

Ich folgte Emilys Einkaufswagen. Michael thronte oben auf dem Korb, und Christel hielt meine Hand fest umklammert. Wir sahen der Amerikanerin zu, wie sie ihre Einkäufe aus dem Regal holte. Immer wieder sah sie sich um und steuerte dann auf eine Ecke zu, wo Schilder mit der Aufschrift „Sale" über den Waren hingen. „Was heißt ‚Sale'?", fragte ich Rudi. Er gab die Frage an Emily weiter, die ihm etwas erklärte, was er nicht verstand. Ich hörte, dass die Worte „Dollars" und „cheaper" (billiger) öfter darin vorkamen.

Als sie endlich genug in den Wagen geladen hatte, glaubte ich, die Bedeutung von zwei Wörtern begriffen zu haben. „Sale", so dachte ich, waren Süßigkeiten und Toilettenpapier, und „diet" bedeutete das Gegenteil. Emily hatte zwar Eis, Schokolade, Pudding und Toilettenpapier aus dem „Sale"-Regal genommen, aber nicht viele Dinge, die schlank machten. Auch Obst hatte sie nicht gekauft, obwohl Michael danach gegriffen hatte. Meine Kinder waren an Süßigkeiten nicht gewöhnt, aber sie aßen gern Äpfel und Bananen. In Deutschland hatten wir uns diesen Luxus nicht oft leisten können; ab und zu kauften wir mal eine Banane, die wir dann durch vier teilten!

„Nein", bestimmte Emily, als Michael nach einer Banane griff, „die sind zu teuer. Warte, bis es sie im Sonderangebot gibt."

Michael verzog enttäuscht das Gesicht, und Rudi erklärte mir, was Emily gesagt hatte.

„Aber", stammelte ich verdutzt, „sie hat doch einen ganzen Karton Schokolade gekauft, die ist viel teurer, sogar im Sale, und ungesünder als Bananen ist sie auch. Frag sie, warum."

Aber Rudi wollte nicht, und so halfen wir Emily beim Tragen

der Einkaufstüten. Als es daran ging, den ganzen Kram zu Hause einzuräumen, ergab sich ein Problem: Alle Schränke waren bereits mit Lebensmitteln randvoll, der Kühlschrank ebenfalls!

Ludwig sah mein fassungsloses Gesicht. „Machen Sie sich keine Gedanken darüber, Mary", sagte er freundlich in Deutsch, „meine Frau ist sehr sparsam. Sie wirft nie Reste weg. Stattdessen stopft sie alles in den Kühlschrank, und wenn es schlecht wird, leert sie ihn aus."

Das erschien mir noch unsinniger als das „Sale"-Verhalten, und ich kam mir so dumm vor, dass ich für eine Weile in unser kleines Schlafzimmer ging und mich erst einmal ausweinte.

***

Ich hätte sowieso immer nur weinen können. Ich hatte Heimweh, und die Hitze war für mich fast unerträglich. Alle meine Gedanken waren in Deutschland. Auch die Kinder wollten nach Hause zurück und weigerten sich, Englisch zu lernen. Vielleicht hatte sogar Rudi diesen heimlichen Wunsch, obwohl er sich Mühe gab, sich nichts anmerken zu lassen.

Rudi arbeitete als Zimmermannsgehilfe für Ludwig und musste schwer schuften. Er hatte nie zuvor in diesem Beruf gearbeitet, nie eine Säge angefasst oder einen Nagel eingeschlagen. Außerdem machte auch ihm die feuchte Sommerhitze sehr zu schaffen.

Rudi war ein echter Perfektionist; er leistete nie schlampige Arbeit. Ludwig dagegen war durch und durch Geschäftsmann; für ihn war Zeit Geld. Was machte es schon, wenn ein Brett krumm festgenagelt war? Für Rudi aber war das ein Ding der Unmöglichkeit. Eines Tages war er so fahrig, dass ihm die Elektrosäge aus der Hand rutschte. Er griff sofort danach, weil er verhindern wollte, dass sie zu Boden fiel und beschädigt wurde. Das wäre uns teuer zu stehen gekommen. Doch die Säge schnitt ihm durch den Handknochen, und er musste sofort zum Arzt gefahren werden.

Zum ersten Mal erfuhren wir, was es heißt, ohne Krankenkasse und Krankengeld auskommen zu müssen – Dinge, die in Deutschland selbstverständlich sind.

Ich musste arbeiten gehen, damit wir die Miete bezahlen konnten – zehn Dollar pro Woche für unser kleines Zimmer. Die einzigen Jobs, die mir angeboten wurden, waren Erdbeerpflücken und Putzen. Ich übernahm beide. So konnten wir wenigstens unsere Rechnungen bezahlen.

Rudis Hand heilte schnell, und bald nahm er die Arbeit wieder auf. Da erklärten uns unsere Vermieter, dass sie ihr Zimmer nun selbst brauchten. Deshalb mietete Emily eine kleine Kellerwohnung für uns an. Die Wohnung bestand aus einem Schlafzimmer und einer Küche. Dusche und Toilette wurden von vier Familien benutzt.

Ludwig war entsetzt und beschämt, als er uns einmal besuchte. „Ihr müsst raus hier", sagte er. „Das ist ja eine Zumutung."

Aber ich schüttelte den Kopf. „Es ist okay, wir werden es schon schaffen."

Ich konnte mich zu keinem Lächeln zwingen, und Ludwig ging wortlos zu seinem Wagen.

Aber es war nicht okay, das wusste ich genau. Doch was blieb uns anderes übrig? Ich hatte nie von Slums gehört, bis ich selbst darin wohnen musste. Inzwischen war ich so abgestumpft, dass ich mich über nichts mehr wunderte. Ich lebte wie unter einem Alpdruck und wartete nur darauf, endlich aufzuwachen – in unserem Häuschen in Deutschland, wo es kühl und sauber war und wo Rudi mit dem Fahrrad vom Büro nach Hause kam.

Aber der Traum nahm kein Ende, sondern ging gnadenlos weiter. Jeden Morgen, wenn ich aufstand und Rudis Frühstücksbrote zurechtmachte, ärgerte ich mich über die dicke rote Staubschicht auf dem Küchentisch. Der gleiche Dreck saß an der Außenseite des winzigen, einsamen Fensterchens hoch über dem Herd, so dass man durch die verschmierten Scheiben kaum die Sonne und den Himmel sehen konnte. Ich wusch, putzte und wischte Staub, aber es nützte nichts, weil eine Hauptverkehrsstraße nahe am Haus vorbeiführte.

Der Verkehr war auch einer der Gründe dafür, dass Rudi ständig übermüdet war. Die riesigen Lastwagen ließen beim Vorbeifahren das ganze Haus erzittern, und Rudi konnte bei dem

Krach kein Auge zumachen. Er hatte sowieso einen leichten Schlaf, und die Lastwagen fuhren pausenlos die ganze Nacht hindurch.

***

Eines Nachts lag ich ebenfalls wach und stand schließlich auf, um mir ein Glas Wasser zu holen. Als ich an der Schnur zog, um die trübe Glühbirne in ihrer wackligen Fassung über der Spüle zum Leuchten zu bringen, hörte ich plötzlich etwas rascheln. Ein paar stechende Augen starrten mich an, und ein fetter Rattenschwanz schlug auf den Boden. Mir wurde übel, mein Magen krampfte sich zusammen, und ich erbrach mich ins Spülbecken. Sofort kam Rudi und fragte besorgt, was los sei.

„Rudi, habe ich das geträumt, oder ist es wahr?", fragte ich, und mein Magen verkrampfte sich aufs Neue. „Gibt es hier wirklich Ratten?"

Rudi nickte nur und nahm mich in den Arm. Er hatte es schon kurz nach unserem Einzug bemerkt, mir aber nichts davon gesagt, weil er wusste, wie ich mich vor Ratten ekelte.

Ich schluchzte, an seine Schulter gelehnt, und bat ihn inständig: „Bitte, bitte, Rudi, lass uns wieder nach Hause gehen! Ich kann einfach nicht länger hier bleiben! Wir haben einen furchtbaren Fehler gemacht. Bestimmt war es doch nicht Gottes Idee, hierher zu kommen. In diesem Loch werden wir noch alle zu Grunde gehen. Die Kinder können schon nicht mehr lächeln und sind ganz blass. Und du wirst auch immer dünner und erschöpfter, und ich – oh Rudi, ich fürchte, wir bekommen wieder ein Baby! Was sollen wir nur tun?"

Rudi brachte mich ins Bett, und ich schluchzte mich in seinen Armen in den Schlaf. Er hatte schwarze Ringe unter den Augen, als er am nächsten Morgen zur Arbeit ging, und sah grau und verhärmt aus. Ich fühlte mich schuldig, weil ich seine Last durch meine Klagen noch schwerer gemacht hatte. Er war so tapfer und klagte nie.

Was sollte er auch sagen? Wir wussten beide, dass unsere Lage hoffnungslos war. Nach Deutschland zurück konnten wir nicht, weil wir keinen Pfennig Geld hatten und immer noch dabei waren, den Betrag für den Flug nach Amerika an das kirchliche Hilfswerk zurückzuzahlen. Jede Woche schickten wir ein paar Dollar an diese Organisation, die wir von Rudis ohnehin schmalem Gehalt absparten – Ludwig gehörte nicht zu denen, die ihren Mitarbeitern sonderlich hohe Löhne zahlten.

Ich konnte nicht mehr zur Arbeit gehen, weil ich niemanden fand, der auf die Kinder aufpasste. Nur einmal in der Woche machte ich in den Häusern von ein paar reichen Leuten sauber, weil sie mir erlaubt hatten, die Kinder mitzubringen. Aber auch das Geld, das ich dafür mit nach Hause brachte, half nur, um uns gerade über Wasser zu halten. Wir konnten keinen Cent davon sparen.

Christel und Michael hielten sich immer eng an mich. Sie waren wie zwei verlassene Vögelchen, und Christel ging nicht einmal zum Spielen nach draußen. Sie hasste den roten Dreck vor dem Haus und den unaufhörlich vorbeibrausenden Verkehr. Oft kam sie und vergrub weinend das Gesichtchen in meiner Schürze.

„Mutti, wann gehen wir wieder nach Hause?", fragte sie in ihrer sanften Art, und die großen braunen Augen sahen mich bittend an.

Ich sah zu dem winzigen dunklen Fensterchen hinauf, das den Himmel nicht hereinließ, und schrie innerlich zu Gott. Aber da war keine Antwort. Ich erwartete auch gar keine mehr. Irgendwann, irgendwo hatte ich den Anschluss verloren, der Kontakt zu meinem Gott, meinem Zuhause und meiner Fröhlichkeit war unterbrochen. Alles, was mir blieb, war mein bisschen Stolz. Ich versuchte, das „Rattenloch", in dem wir lebten, so sauber wie möglich zu halten. In meinen Briefen nach Hause schrieb ich nie, dass Amerika für mich Ratten, Dreck und Einsamkeit bedeutete. Sie blieben vage und unverbindlich. Vielleicht war es auch gar nicht einmal Stolz, der mich dieses Elend verschweigen ließ, vielleicht konnte ich einfach den Gedanken nicht ertragen, dass sie sich zu Hause Sorgen um uns machten. Vielleicht hatte ich auch Angst, Gott zu entehren.

Wir waren so überzeugt gewesen, Gottes Führung zu folgen, dass wir allen erzählt hatten, es sei sein Wille, dass wir nach Amerika gingen. Solange wir geglaubt hatten, unter Gottes

Führung zu stehen, wenn wir nach den USA auswanderten, war ich bereit gewesen, alle Beschwerlichkeiten in Kauf zu nehmen. Aber wenn wir uns getäuscht hatten – wenn wir auf uns selbst gestellt waren, ohne Gottes Hilfe zu erfahren? Vielleicht hatte ich mir nur eingebildet, seine Stimme zu hören? Mein Glaube sank auf den Nullpunkt; ich stand am Rand der Verzweiflung.

The American Way (andere Länder, andere Sitten)

Unsere Gastgeber waren eifrig darauf bedacht, uns jeden Sonntag zum Kirchgang abzuholen. Beide hatten wichtige Ämter in der Gemeinde inne und nahmen an sämtlichen Veranstaltungen teil, die angeboten wurden, sogar unter der Woche fast jeden Tag. Emily machte deutlich, dass sie das auch von uns erwarteten, doch ich weigerte mich einfach.

Ich war verbittert genug, um anzunehmen, dass sie sich nicht wirklich für uns interessierte, sondern uns nur in ihre Gemeinde schleppen wollte, um mit ihren Wohltaten uns gegenüber anzugeben.

„Ich hasse es, in diese Gemeinde zu gehen!", sagte ich eines Tages zu Rudi.

Er sah überrascht aus. „Liebling, in Deutschland warst du es doch, die gar nicht oft genug hingehen konnte! Was ist denn nur los mit dir?"

„Wie kannst du unsere Gemeinde in Deutschland mit diesem Ort vergleichen!", weinte ich. „Hier ist alles völlig anders! Ich kann der Predigt nicht folgen, und sie singen die Lieder alle so furchtbar schnell, dass keine Andacht aufkommen kann. Und wie sie sich anziehen! Die Frauen kommen geschmückt wie die Pfingstochsen – ich bitte dich, ins Haus Gottes! Sie sehen aus, als wollten sie aufs Oktoberfest gehen! Ich fühle mich total fehl am Platz in meinem schwarzen Kleid."

Rudi dachte eine Weile darüber nach. „Maria, auch wenn du dich in der Gemeinde nicht wohl fühlst, sollten wir doch wenigstens den Kindern zuliebe hingehen. Sie sind gern dort, und den Kindern wird ja auch wirklich eine Menge geboten mit besonderen Kindergottesdiensten und all den Bildern und Geschichten."

Ich grummelte noch ein wenig vor mich hin, aber Rudi hatte

Recht. Doch irgendwie konnte ich nicht anders; immer, wenn ich in der Kirche saß, verglich ich sie mit unserer kleinen Gemeinde in München, und wieder kamen mir die Tränen.

Doch der größte Schock sollte noch kommen! Eines Tages erhob sich die Gemeinde zu Beginn des Gottesdienstes zum Eröffnungslied, und die Melodie kam mir gleich so seltsam bekannt vor. Also, dieses Lied kannte ich nur zu gut!

„*Glorious things of thee are spoken*", sangen die Amerikaner um mich herum fröhlich, und ich war wie vor den Kopf geschlagen. Wussten sie nicht, welches Lied sie da anstimmten? Es war die Nationalhymne von Nazideutschland, „Deutschland, Deutschland, über alles", aber mit einem anderen Text. Ich war völlig verwirrt von meinen eigenen Gefühlen. Irgendwie kam es mir vor wie ein Sakrileg, und im neuen Deutschland war die Hymne obendrein verboten! Ich schaute zu Rudi, der ebenso überrascht aussah wie ich. Dann beugte er sich zu mir herüber und flüsterte: „Na ja, *das* Lied kennen wir ja wenigstens auf Deutsch. Vielleicht sollten wir es mitsingen?"

Er hatte ein spitzbübisches Blitzen in den Augen, und plötzlich mussten wir beide lachen. Das Ganze kam uns so albern vor. Emily sah uns stirnrunzelnd an; wie konnten wir es wagen, in der Kirche zu lachen! Doch so sehr ich es auch versuchte, ich konnte einfach nicht aufhören zu kichern. Rudis Augen funkelten und wir konnten es gar nicht abwarten, Emily zu berichten, was sie da eben gesungen hatte.

Als wir es ihr nach dem Gottesdienst erzählten, fand sie es aber überhaupt nicht lustig. „Dieser Hitler!", ereiferte sie sich. „Wie konnte er es wagen, ein amerikanisches Kirchenlied zu stehlen und seine Nationalhymne daraus zu machen!"

Rudi versuchte vergeblich, ihr mit seinem begrenzten Englisch zu erklären, dass niemand hier vom anderen geklaut hatte, sondern dass beide die Melodie von Haydn genommen und einen Text dazu geschrieben hatten. Doch Emily wusste, was sie wusste, und fühlte sich zutiefst abgestoßen. Die ganze Episode war so lächerlich, dass ich mich grinsend abwenden musste – und direkt in das Gesicht eines großen, gut aussehenden Mannes blickte, der hinter mir gestanden hatte.

„Ich bin Dr. Weaver", sagte er und schüttelte erst Rudi und

dann mir die Hand, eine Geste, die in Amerika nicht sehr verbreitet war und die ich so vermisst hatte, dass ich seine Hand hingebungsvoll presste. „Wir würden Sie gern heute Nachmittag besuchen", sagte er freundlich. „Wenn Ihnen das Recht ist." Er schaute mich prüfend an.

Ich verstand inzwischen genug Englisch, um das Wort „besuchen" aufzuschnappen. „Oh nein, ich will nicht, dass jemand unsere Wohnung sieht!", stieß ich auf Deutsch hervor. „Ich würde mich zu Tode schämen, wenn jemand sieht, wie wir hausen."

Dummerweise verstand Dr. Weaver etwas Deutsch und bekam mit, was ich meinte. „Sagen Sie Ihrer Frau, dass sie sich keine Gedanken machen muss, wir holen Sie dann einfach zu einem kleinen Ausflug ab", sagte er. „Bis bald also!" Damit ging er zu seinem großen Auto, in dem seine Frau und eine ganze Horde Kleinkinder warteten.

Und sie hielten Wort.

„Sag ihm, es tut mir Leid, dass wir ihm nicht einmal einen vernünftigen Stuhl anzubieten haben", flüsterte ich Rudi zu. Rudi übersetzte, und der Doktor lachte.

„Keine Sorge, Möbel sagen ja nichts über den Wert einer Person aus!", sagte er. Seine Augen schienen einfach alles wahrzunehmen.

Wir quetschten uns alle in den Kombi der Weavers und fuhren aufs Land. Was für eine Fahrt! Der Wagen war bis unters Dach voll gestopft mit zappelnden Kindern, die jede Menge Lärm machten, doch die Gattin des Doktors saß vollkommen entspannt im Auto.

„Wir möchten ein Dutzend Kinder", erklärte Dr. Weaver, und Rudi übersetzte es mir. Ich musste schlucken. Nun, sie waren ja schon auf einem guten Weg – aber warum wollten sie bloß so viele? Doch für mich machte fast alles hier in Amerika keinen richtigen Sinn.

Dr. Weaver hielt an einem See, und wir schauten uns die wunderschöne Landschaft an. Niemand stieg aus.

„Rudi, sollen wir nicht ein wenig spazieren gehen?", fragte ich leise.

Der Doktor hatte wieder etwas aufgeschnappt. „Oh, *schpatzieren gain*", lachte er. „Ihr Deutschen macht das gern, nicht wahr?"

Also stiegen wir alle aus. Mit meinen zwei Kindern, die die ganze Fahrt über kein Wort gesagt hatten, ging ich los, um ein paar Blumen für unser tristes Zuhause zu pflücken. Was für wunderschöne Blätter diese Weinranke dort hatte! Ich streckte die Hand danach aus.

„Don't!", schrie Mrs. Weaver. „Don't touch it!"

Ich verstand zwar nicht, schreckte aber bei ihrem lauten Aufschrei automatisch zurück.

Rudi übersetzte mir, dass es sich um giftigen Efeu handelte. Ich schüttelte nur den Kopf. Dieses Land war einfach nichts für mich! Ich lernte es immer mehr zu hassen. Hier konnte man ja nicht einmal spazieren gehen, ohne in Gefahr zu geraten! Am Ende gab es hier auch noch Schlangen!

Ich fragte nach, und der Doktor erklärte: „Ja, wir haben hier einige Schlangenarten. Die meisten sind harmlos, aber der Biss der Klapperschlange ist tödlich." Es machte ihm offensichtlich Spaß, mir ein wenig Angst einzujagen, und ich war froh, als wir wieder ins Auto stiegen und nach Hause fuhren.

„Wir holen euch nächste Woche wieder ab und dann fahren wir zu meiner Familie", versprach Art. Er hatte vorgeschlagen, dass wir sie beim Vornamen nennen sollten, und wir bemühten uns auch, obwohl es sehr ungewohnt war. Sogar die Kinder redeten die Erwachsenen mit den Vornamen an – das würde ich meinen Kindern nie gestatten!

Jeden Tag redeten die Kinder in unserer Kellerwohnung davon, dass der Herr Doktor uns wieder zu einem Ausflug abholen würde. Wir alle freuten uns darauf, aber würde er sein Versprechen auch einhalten? Wenn nicht, wären die Kinder so enttäuscht – und ich auch, denn während der Woche sah ich keinen Menschen als meine beiden Kleinen und Rudi. Rudi war allerdings meist von der Arbeit so erschöpft, dass er nach dem Abendessen gleich ins Bett ging.

***

Gott sei Dank hielten Art und Natalie ihr Versprechen ein und fuhren mit uns nach Holly, wo Arts Eltern wohnten. Was für nette Menschen diese älteren Leute waren! Kein Wunder, dass ihre Kinder so kontaktfreudig waren. Wir lernten den ganzen Familienclan kennen, aber es war unmöglich, sich all die Namen zu merken. Das ganze Anwesen schien voller Leute, Kinder, Lachen und Sonnenschein zu sein. Und das Essen! Zum Abendessen gab es riesige Wassermelonen aus dem eigenen Garten, eisgekühlt natürlich, und Suppe, Apfelmus, selbst gebackenes Brot, Salat und zum Nachtisch Popcorn und Eiscreme aus eigener Herstellung. Das Interessanteste war, dass irgendjemand das ein „leichtes Abendessen" nannte!

Ich genoss alles in vollen Zügen, bis auf ein Detail – die Art, wie alle mit mir redeten! Ich verstand nur wenig Englisch und sprach noch schlechter, aber ich bemühte mich, Konversation zu treiben. Doch sämtliche Amerikaner redeten wie die Wasserfälle, und wenn ich sie verständnislos ansah, wiederholten sie das Ganze nicht etwa mit einfacheren oder weniger Worten – nein, sie sprachen nur lauter! Anscheinend dachten sie, dass ich sie schon verstehen würde, wenn sie nur laut genug brüllten.

Art war am schlimmsten. Er schrie mir geradezu in die Ohren. „Rudi, was heißt Schreien auf Englisch?", fragte ich. Er musste überlegen; sein Englisch war auch nicht das Allerbeste. Schließlich meinte er: „Ich glaube, es heißt to cry."

Als Art mir das nächste Mal etwas zu erklären versuchte, sagte ich zu ihm: „Don't cry at me!" („*Heul mich nicht an*!")

Jetzt war es an Art, verständnislos dreinzuschauen! Ich hob die Stimme und brüllte ihm ins Ohr: „Don't cry at me!" Er verstand, was ich meinte, und brach in herzliches Gelächter aus. Danach hat er mich nie wieder angebrüllt!

Ein Mitglied dieser weit verzweigten Familie war eine groß gewachsene junge Frau, die mir gleich sympathisch war. Sie war eine von Arts Schwestern und ebenfalls mit einem Arzt verheiratet. Sie lebten auch hier auf dem Anwesen, so lange ihr eigenes Haus noch nicht fertig war.

Ihr Name war Aileen. So einen Namen hatte ich noch nie gehört, aber der Klang passte perfekt zu ihr. Sie war so fröhlich, sorglos und warmherzig, und sie nahm viel Rücksicht auf meine Sprachschwierigkeiten. Dankbar blieb ich in ihrer Nähe und half ihr mit dem Abwasch. Ab und zu schien sie in Gedanken zu versinken, dann zog sie wieder ihren Mann Ken oder ihren Vater beiseite, um offensichtlich etwas Wichtiges mit ihnen zu besprechen.

Mir war nicht klar, dass wir der Inhalt dieser Familienberatungen waren! Doch am folgenden Wochenende, als wir wieder dort eingeladen waren, empfing mich Aileen mit einem strahlenden Gesicht und der Frage: „Würdet ihr gern eine Weile bei uns wohnen? Wir könnten uns doch unsere Wohnung teilen!"

Ich sah zu Rudi. Hatte ich richtig verstanden? Vielleicht war das Wunschdenken. So etwas konnte sie doch nicht ernst meinen. Rudi bat sie, das noch einmal zu wiederholen.

„Wir möchten, dass ihr aus dieser grässlichen Kellerwohnung rauskommt", sagte Aileen langsam und lächelte dabei immer noch. „Ihr seid herzlich eingeladen, hier zu wohnen. Es gibt auch Arbeit für dich, Rudi – in der Schule im Ort wird ein großes Auditorium gebaut. Und Mary kann im Haus und im Garten helfen, wenn sie möchte. Es gibt ja immer genug zu tun. Eure Kinder können mit Vicky und den Nachbarskindern spielen. Allerdings ist die Wohnung recht klein."

Ich starrte Aileen an, während Rudi übersetzte. Warum wollten fremde Leute so viele Unannehmlichkeiten in Kauf nehmen, um uns zu helfen? Und was war mit unseren Sponsoren?

„Rudi, was, wenn unsere eigentlichen Gastgeber das nicht wollen?"

Rudi übersetzte, und Aileen runzelte die Stirn. „Mary, dies ist ein freies Land. Ihr könnt hinziehen, wo ihr wollt. Eure Sponsoren haben zugesagt, im ersten Jahr hier euer finanzielles Auskommen sicherzustellen. Aber ihr seid nicht ihre Sklaven. Solange ihr eure Rechungen bezahlt und Rudi Arbeit hat, könnt ihr tun und lassen, was ihr wollt."

Und wir taten es! Ich musste wohl träumen, aber diesmal war es ein schöner Traum. Endlich konnten wir den grässlichen Keller verlassen und traten ins Sonnenlicht. Aileen und ihre Eltern sorgten dafür, dass ich wieder lachen lernte.

„Mary, du kannst dir einfach aus dem Garten und dem Obstgarten holen, was du brauchst", sagte Vater Weaver. Doch natürlich brachte ich es nicht über mich, mich einfach zu bedienen. Also brachten sie mir die Sachen.

Vor unserem Fenster stand ein Apfelbaum, der bereits frühe Sommeräpfel trug. Darunter lag eine Menge Fallobst, das niemand aufhob. Daher ging ich immer hin und rettete die Äpfel vor dem Verrotten, indem ich Apfelkompott für alle daraus machte. Am Wochenende backte ich Apfelstrudel, da dann Art mit seiner Großfamilie kam und seine Schwester Wilma mit ihrem Mann und den zwei Kindern. Alle schienen meinen Apfelstrudel zu lieben, das Einzige, was mich irritierte, waren die Frauen, die wohlig stöhnten, ich würde all ihre Diätbemühungen zunichte machen.

Was war nur los mit diesen Amerikanern, vor allem den Frauen? Schließlich rang ich mich dazu durch, mit Hilfe meines Wörterbuchs Aileen dazu zu befragen, warum die Frauen scheinbar ihr Essen nie genießen konnten.

„Du hast Recht", sagte sie ernst. „Wir Amerikaner sind komisch. Aber siehst du, wir stehen in der Gefahr, zu dick zu werden."

Ich schaute sie prüfend an. Sie war groß und wohlgeformt, aber nicht dick, ebenso wie die anderen Frauen in der Familie. „Aber Aileen, es ist doch besser, ein bisschen dick und glücklich zu sein, als dünn und traurig! Sieh dir mich an!"

„Mary, du hast ja Recht, aber so ist das eben mit uns Amerikanern!"

„Und noch etwas – warum tragen die Amerikanerinnen so bunte Kleider in der Kirche? Das ist doch unpassend."

„Aber warum denn?", lächelte Aileen. „Sieh dir doch nur die Natur an! Anscheinend mag Gott kräftige Farben."

Ich blickte mich um. Dorothys Blumengarten leuchtete in allen Rot-, Gelb-, und Orange-Tönen, und das Grün war nach dem Regen letzte Nacht besonders intensiv. Sie hatte Recht!

„Und warum werden die Lieder im Gottesdienst so schnell gesungen?", hängte ich gleich noch eine Frage an. „Da kann doch gar keine Andacht aufkommen!"

Die arme Aileen, ständig ging ich ihr mit meinen dummen Fragen auf die Nerven, wunderte und beschwerte mich. Doch sie war geduldig und mit ihrer Toleranz und Freundlichkeit veränderte sie nach und nach meine kritische Haltung gegenüber dem amerikanischen Lebensstil.

***

Eines Tages nahm Art Rudi und mich zu einem Gospel-Konzert in einer schwarzen Gemeinde mit. Zuerst war die Musik sehr gewöhnungsbedürftig, aber dann begann es mir zu gefallen, und mein Fuß wippte im Rhythmus mit.

Rudi beugte sich zu mir herüber. „Ich glaube, unsere deutschen Brüder würden das als Blasphemie betrachten."

Ich nickte. „Aber ich finde es faszinierend. Es gefällt mir wirklich!"

Art zwinkerte mir zu. „Und, Mary, wie findest du diese Art von Andacht?" Er kannte mich inzwischen wirklich gut!

„Atemberaubend!", gab ich zu. „Ich wünschte, ich wäre auch schwarz und könnte so singen!"

Plötzlich lachte Art nicht mehr. „Oh nein, glaub mir, du wünschtest nicht, schwarz zu sein!"

Das war wieder so etwas, was ich nicht verstand. Er erklärte es auch nicht weiter. Manche Dinge in Amerika würden mir wohl für immer fremd bleiben.

Doch zunächst hatte ich viel praktischere Sorgen – ich war wieder schwanger. Obwohl ich mich bisher geweigert hatte, zu einem Arzt zu gehen, war ich ziemlich sicher. Eigentlich fand ich ja, dass eine Schwangerschaft keine Krankheit war, aber diesmal war etwas anders: Mein rechtes Bein schwoll dick an, und große blaue Venen zeigten sich. Die Magengeschwüre brachen auf, und ständig hatte ich Rückenschmerzen. Dazu kam, dass die Zeit drängte – schon wurde es Herbst, und wir brauchten eine eigene Wohnung, denn wir konnten schließlich nicht immer auf Kosten dieser freundlichen Familie leben. Aber wo sollten wir hingehen?

Wir fanden wieder eine Kellerwohnung, aber diesmal war es eine schöne, gemütliche Bleibe, und ich hatte keine Probleme damit, dort zu wohnen. Wir hatten sogar einen großen Kohleofen. Jesus und ich hatten in diesem Winter viel Zeit für lange Gespräche. Christel hatte mit der Schule angefangen, und Rudi besuchte die Abendschule, um sein Englisch zu verbessern. Wir konnten uns kein Telefon leisten, und so kam mir die Wohnung nach all der fröhlichen Gemeinschaft bei den Weavers sehr still vor. Doch auch dort war nicht mehr alles so sonnig wie noch vor kurzer Zeit.

Vater Weaver war an Krebs erkrankt. Aileens Lachen klang nicht mehr so unbeschwert, und in Arts Augen stand eine neue Traurigkeit. Ich fragte mich, wie es wohl sein musste, selbst Arzt zu sein und doch seinem eigenen Vater nicht helfen zu können.

Doch der Patient selbst war unerschütterlich in seinem Glauben und seinem Humor. Eines Tages berichtete mir Rudi von einem Besuch bei ihm: „Er hat gesagt, dass er sicher ist, dass im Himmel eine Wohnung auf ihn wartet. Aber selbst wenn es nicht so sei und es doch kein Leben nach dem Tod gebe, hätte er dennoch den besten Teil erwählt, weil nur das Christsein ein wirklich erfüllendes Leben ermöglicht."

Rudi war sehr bewegt. Er war noch so jung als Christ und hatte schon so viele Härten erlebt. Ich wusste genau, was er dachte: Würden wir auch einmal eine solche geistliche Reife erreichen? Eine solche Bereitschaft, ohne Murren Leid zu ertragen?

„Ach Jesus, es kommt mir so ungerecht vor, dass dieser liebe alte Mann so viel Schmerz ertragen muss", klagte ich. „Er war so gut zu uns, hat uns selbstlos geholfen und alles mit uns geteilt. Für alle Menschen um sich herum hat er nur ermutigende Worte. Warum muss er so leiden?" Ich fühlte mich völlig verwirrt und rebellisch.

„Eines Tages wirst du es verstehen, mein Kind. Du kannst mir vertrauen", sagte Jesus.

„Ja, Herr, ich weiß, dass wir manchmal einfach vertrauen müssen, ohne zu sehen. Aber ich vergesse das so oft! Danke, dass du mich daran erinnert hast!" Ich fühlte mich getröstet.

***

Ein weiterer Lichtblick in dieser Zeit war „Tante Erhard", wie die Kinder sie nannten. Obwohl in Russland geboren, hatte sie nie ihre Muttersprache Deutsch vergessen. Ihre Lebensgeschichte hörte sich an wie ein Roman: Sie und ihr Mann hatten auch im kommunistischen Russland ihren christlichen Glauben nie verleugnet. Die deutschen Truppen hatten ihren Mann gezwungen, als Übersetzer für sie zu arbeiten, da er Deutsch und Russisch sprach. Gegen Kriegsende war er geflohen und erfuhr dann, dass seine Frau und sein Sohn in einem polnischen Flüchtlingslager waren. Auf dem Weg dorthin wurde er von russischen Soldaten festgenommen und unter dem Verdacht des Hochverrats vor ein kommunistisches Gericht gestellt. Man brachte ihn in ein Arbeitslager nach Sibirien – so hieß jedenfalls die Nachricht, die Tante Erhard erhielt.

„Ach, Mary", sagte sie zu mir, „gerade in diesen Tagen erwartete ich mein zweites Kind. Kurz nach seiner Geburt wurden wir in Viehwagen verladen und nach Deutschland gebracht, weil die Russen die Front nach Westen verschoben. Es war tiefer Winter, und der Zug war nicht geheizt. Auch zu essen bekamen wir nichts. Tagelang wurden wir herumgekarrt, und viele von uns starben. Ein eiskalter, mörderischer Wind blies; den Kindern froren die Glieder ab, und die erfrorenen Säuglinge wurden steif wie Bretter. Man warf sie einfach durch die Öffnung der Waggons hinaus in die Kälte. Auch mein Baby hatte eigentlich keine Überlebenschancen, aber ich betete verzweifelt zu Gott, er möchte doch meine Söhne am Leben erhalten.

Ich legte das Kleine an meine warme, nackte Brust unter den Kleidern und hielt das andere Kind unter meinem Mantel warm. Das war alles, was ich tun konnte. Dann hieß es nur noch warten. Es war nur eine Frage der Zeit, wann meine Milch versiegen würde und ich das Baby nicht mehr stillen konnte, weil wir ja weder Wasser noch Brot bekamen. Drei Tage lang, während der Zug immer weiter fuhr und der Wind heulte, wartete und betete ich still. Und stell dir vor, Mary, ich hatte immer genügend Milch, und die Kinder froren und hungerten nicht.

Schließlich kamen wir in ein Flüchtlingslager in Deutschland, wo es auch wieder etwas zu essen gab. Aber auch dort hatten wir nur das Allernötigste. Nach dem Krieg kamen wir in die Vereinigten Staaten, und hier konnte ich für die Kinder arbeiten gehen. Eines Tages werden sie Gott dienen, Mary, davon bin ich überzeugt. Deshalb hat er sie am Leben erhalten!"

Ich sah auf ihre abgearbeiteten Hände und das verhärmte Gesicht. Sie putzte bei anderen Leuten und übernahm alle möglichen anderen Arbeiten. Sie war bettelarm wie wir, aber welch einen Lebensmut besaß diese Frau!

„Was meinen Mann betrifft", fuhr sie fort, „so sagt mir mein

Herz, dass er noch am Leben ist. Eines Tages werde ich ihn wieder sehen!"

Arme Tante Erhard, dachte ich. Seit elf Jahren hatte sie nichts von ihrem Mann gehört. Machte sie sich mit der Hoffnung auf ein Wiedersehen nicht etwas vor?

Doch schließlich half sie mir mit ihrem Rat. „Und du, Mary, solltest aufhören, dich ständig nach der alten Heimat zu sehnen. Vielleicht werden wir Erwachsenen es hier nie zu etwas bringen, aber denk an die Kinder. Sie werden in Amerika eine bessere Zukunft haben als wir. Hier können sie eine gute Ausbildung erhalten und eines Tages in den Dienst des Herrn treten. Das ist den Kampf und das Elend doch wert. Warte es nur ab!"

Der Mut dieser Frau half mir, über mein eigenes Elend hinwegzusehen, und gab mir den seelischen Auftrieb, den ich so sehr nötig hatte, denn die Komplikationen meiner Schwangerschaft wurden von Woche zu Woche schlimmer.

„Herr, ich vertraue dir dieses Kind an wie damals Tante Erhard dir ihres anvertraut hat", sagte ich. „Bitte pass auf es auf." Es sah nicht gut aus, und ich wusste es.

***

Sechs Wochen vor dem Termin kam unsere kleine Tochter zu Welt. Rudi schaffte es kaum rechtzeitig in das kleine Krankenhaus, und Aileen leistete mir als Geburtshelferin Beistand, weil ihr Mann, der eigentliche Arzt, nicht da sein konnte.

Die Krankenschwester wog das Baby. „Was für ein Glück", sagte sie dann. „Sie wiegt exakt 5 Pfund. Wenn sie auch nur ein Gramm weniger hätte, müsste ich sie in den Inkubator stecken!"

„Glück? Das war kein Glück, das war Gott!", sagte ich. Wie hätten wir die zusätzlichen Kosten bezahlen sollen? Die Krankenhausrechnung würde uns sowieso schon in Schulden stürzen.

„Auf jeden Fall verhält sie sich nicht wie ein Frühgeborenes!", lachte Aileen. „Sie hat eine Stimme wie ein Feldwebel. Wie willst du sie nennen?"

„Hanna Aileen!"

Zum ersten Mal, seit ich sie kannte, war Aileen sprachlos.

Als ich entlassen wurde, überraschte mich Aileen mit meiner ersten „Baby Shower", einer amerikanischen Tradition, bei der die junge Mutter und das Neugeborene mit einer Begrüßungsparty und jeder Menge Geschenke und Glückwünschen überhäuft werden. Die meisten Besucher waren vollkommen Fremde, und doch hatten alle Geschenke mitgebracht. Ich war überwältigt von all den Gaben, sogar ein nagelneuer Buggy und eine Babybadewanne waren dabei.

„Danke, danke!", stammelte ich immer wieder.

Später fragte ich Aileen, wer all diese Leute waren und warum sie so großzügig zu mir gewesen seien.

„Sie sind meine Freunde, Mary, und sie wollten dir eine Freude machen. Bist du glücklich?"

„Ja! Aber warum tut ihr das?"

„Weil wir eben so sind, wir Amerikaner."

Die kleine Hanna Aileen hatte nach dieser Party mehr Anziehsachen als wir anderen zusammen! Fast tat sie mir ein bisschen Leid – schließlich war sie die einzige Amerikanerin in unserer steifen deutschen Familie ...

Der Ruf des Westens

Gott musste meine Bitte um besondere Zuneigung zu Hanna Aileen erhört haben, denn schneller, als ich für möglich gehalten hätte, kündigte sich ein weiterer kleiner amerikanischer Staatsbürger in unserer Familie an! Nur 15 Monate nach Hanna Aileens Geburt kam ein weiteres Mädchen zur Welt, das auf Rudis Wunsch nach mir benannt wurde.

Inzwischen wohnten wir in einem baufälligen zweistöckigen Haus direkt neben einer Eisenbahnlinie. Ein junger Witwer namens Jerry hatte uns dazu überredet, mit ihm und seinen beiden kleinen Söhnen in diese „Scheune" zu ziehen, wie er das Haus nannte. Plötzlich hatte ich also zwei Familien zu bemuttern, und das war nicht einfach, um es milde auszudrücken. Eigentlich war ich ganz einverstanden mit dieser ungewöhnlichen Wohngemeinschaft, aber manchmal fragte ich mich, ob ich das Ganze noch einen einzigen Tag aushalten konnte, ohne verrückt zu werden.

Jerrys Jungen waren Bettnässer und hatten sich seit dem Tod der Mutter kurz nach der Geburt des Jüngsten mit immer wieder neuen Babysittern abfinden müssen. Das bedeutete, dass ich nicht nur zwei vernachlässigte Jungs betreuen, sondern auch noch jeden Tag neben den Windeln meiner eigenen Babys die Bettwäsche beider Jungen waschen musste. Das war nicht ganz so schlimm, weil Jerry eine Waschmaschine besaß, doch das Trocknen war ein Problem. Zwar gab es eine Wäscheleine, doch die ständig vorbeifahrenden Züge machten den Reinigungseffekt unweigerlich zunichte.

Eines Abends saß meine Großfamilie beim Abendessen, als wir hörten, wie ein Zug herannahte. Ohne ein Wort zu sagen stand Rudi auf, öffnete die Hintertür und aß dann seelenruhig weiter, während der Zug vorbeibrauste.

„Warum hast du die Tür aufgemacht?", fragte ich entnervt. „Jetzt kommen die Moskitos hinein!"

„Ich musste doch den Zug durchs Haus fahren lassen“, sagte Rudi, ohne eine Miene zu verziehen. „Wenn wir nicht aufpassen, fällt uns das Haus sonst noch von den Erschütterungen zusammen.“

Wir mussten alle lachen, aber tief drinnen fragten wir uns wirklich, wie lange das Haus noch stehen würde. Und wo würden wir dann hingehen?

Rudi hatte angefangen, christliche Literatur zu vertreiben, und wurde schnell recht erfolgreich damit. Die Zeit flog dahin, und schon war wieder ein Jahr vergangen. Noch hielt das Haus.

Aileen und ihr Mann Ken teilten uns mit, dass Gott sie berufen habe, als Missionare nach Fernost zu gehen.

„Aileen!“, sagte ich in den Telefonhörer (ich telefonierte täglich mit ihr, weil ich so entzückt von unserem neuen Telefon war), „willst du damit sagen, dass ihr euer nagelneues Haus, eine gut eingeführte Arztpraxis und deine einsame alte Mutter verlassen wollt, um Heiden zu retten?“

„Ja, Mary“, sagte sie einfach. „Wir haben das Gefühl, dass Gott das von uns möchte. Wenn er dir einen Auftrag erteilen würde, würdest du doch auch gehen, oder?“

Ich dachte darüber nach. „Ja, das würde ich“, sagte ich schließlich. „Aber ich müsste auch nicht so viel aufgeben wie du. Ihr habt so viel Arbeit in dieses Haus investiert, dass es fast wie ein Teil von euch ist!“

„Du hast ja so Recht, Mary“, sagte Aileen. „Ich liebe dieses Haus, aber Gott liebe ich noch mehr. Mein Vater hat immer davon geträumt, dass seine Kinder als Missionare in die Welt gehen. Ich wünschte, er wäre noch da, um das zu erleben. Mutter möchte jedenfalls, dass wir losziehen. Wenn sie könnte, würde sie sogar mitkommen!“

„Aileen, ich habe noch eine Frage. Ich habe gehört, dass man in Kalifornien billig leben kann, weil es dort so warm ist. Hier in Michigan wird es bald schon wieder Winter und ich weiß nicht, wie wir noch einen Winter in dieser zugigen Bruchbude überstehen sollen. Was sollen wir tun, wenn wir nach Kalifornien umziehen wollen?“

„Packt einfach eure Sachen und zieht los! So macht man das hier in Amerika“, lachte Aileen.

An diesem Abend berief ich eine Familienkonferenz ein. Wir hatten schon vorher über das Thema Kalifornien gesprochen, und Rudi meinte: „Warum beten wir nicht einfach deswegen?"

Jerry und ich nickten, und wir neigten die Köpfe. Alle drei verspürten wir dieselbe göttliche Zustimmung: „Ja, geht!"

***

1962 zogen wir also nach Kalifornien. Wir stopften unsere ganze Habe und die vier Kinder in unseren kleinen VW. Jerry, der Kapitalist unter uns, musste für seine Stereoanlage, seine vielen Schallplatten und sein extra großes Bett einen Anhänger mieten.

Nach zehn endlosen Tagen in der erbarmungslosen Sommerhitze erreichten wir Los Angeles. Doch das war ganz und gar nicht das, was ich erwartet hatte!

„Rudi, ist *das* Los Angeles?"

Ich war nur froh, dass ich meiner Mutter nichts von unseren Umzugsplänen geschrieben hatte. Zwar hatte ich es deshalb verschwiegen, weil in Deutschland zu der Zeit amerikanische Westernfilme groß in Mode waren und ich genau wusste, dass Mutter annehmen würde, wir würden im Westen unter die Indianer fallen ... aber die Wirklichkeit erwies sich als noch schlimmer.

Die Luft fühlte sich an wie ein Feuerofen und stank zum Himmel! Niemand hatte uns erzählt, was Smog war, und Staus kannten wir auch noch nicht – waren wir doch genau zur Rush Hour angekommen!

Rudi hatte die Adresse des Pastors einer kleinen deutschen Gemeinde mitten in der Stadt, und nach einer langen Odyssee fanden wir tatsächlich die Straße.

Gesegnet sei Pastor Scheffler, der nicht schockiert wirkte, als wir plötzlich vor seiner Tür standen! Ich habe mich seitdem oft gefragt, wie viel unsere rastlose Welt den vielen Tausenden von namenlosen Pastoren zu verdanken hat, die überall mit ihren Taten Jesu Liebe deutlicher predigen als in allen Gottesdiensten der Welt!

Das Lächeln von Pastor Scheffler war ebenso breit wie seine

Brust, und seine Frau und er führten uns zu einem kleinen Häuschen neben der Kirche, das sie das „Dorkas-Haus“ nannten.

„Fühlen Sie sich wie zu Hause“, sagte er und tätschelte unseren Kindern die Köpfe. „Es gibt eine kleine Küche und zwei Betten. In der Küche finden Sie Decken, Töpfe, Geschirr und jede Menge Kakerlaken. Bleiben Sie ruhig, bis Sie etwas Besseres gefunden haben!“ Dann wandte er sich an mich. „Sie wirken sehr entmutigt, Schwester. Schlafen Sie sich richtig aus – morgen sieht die Welt schon wieder besser aus! Es ist nicht immer so übel hier wie heute.“

Ich nickte wie betäubt.

***

Rudi kontaktierte die kalifornische Niederlassung der Organisation, für die er auch in Michigan gearbeitet hatte, und zu seiner Freude war man dort ganz begeistert von seinem Kommen. Er bekam einen großen Verkaufsbereich zugeteilt, den er ganz allein abdecken durfte.

Das einzige Problem war nun noch das Wohnen – wir brauchten ein großes Haus für wenig Geld, doch wie es schien, gab es so etwas in ganz Kalifornien nicht! Sogar die Bahnschienen hätten wir wieder in Kauf genommen, aber auch das half nichts.

Nach ein paar entmutigenden Tagen kam Rudi mit einem breiten Grinsen nach Hause. „Ich glaube, wir werden ein Haus kaufen!“, kündigte er an.

Ich starrte ihn an. Hatte die Hitze sein Gehirn beschädigt? Von unserem Geld war kaum noch etwas übrig, und er hatte noch nicht wieder angefangen zu arbeiten.

„Wie kauft man ein Haus ohne Geld?“, wollte ich wissen.

„Die Firma leiht mir das Geld, und ich habe auch schon das perfekte Haus gefunden. Es ist in Pomona, außerhalb der Stadt, hat vier Zimmer und zwei Bäder. Aber du musst es dir ansehen, bevor wir unterschreiben.“

Natürlich gefiel es mir. Es war geräumig und nagelneu – und sehr leer. Es gab weder einen Herd noch eine Waschmaschine, auch keine Vorhänge oder Möbel. Der „Garten“ bestand nur aus nackter Erde, die bald von fünf Paar Kinderfüßen ins Haus geschleppt werden würde. Ich sah mich schon Tag und Nacht auf den Knien liegen und das dunkle Linoleum putzen.

Wir unterschrieben den Kaufvertrag und zogen ein.

Wie leben neun Menschen in einem leeren Haus? Ganz einfach – sie benutzen den Fußboden für alles! Immerhin konnte Jerry sich mit einem eigenen Bett brüsten, aber das half uns anderen wenig. Doch wer wollte sich beklagen – wir hatten ein eigenes Haus!

Rudi stürzte sich sofort in die Arbeit. Er schleppte einen alten Gasherd an, dann einen runden Tisch mit einigen nicht zueinander passenden, wackligen Stühlen, und schließlich sogar die Überreste eines Sofas.

Am Sonntag besuchten wir zum ersten Mal die örtliche Gemeinde. Sie war viel zu groß und wir fühlten uns verloren. Doch nach dem Gottesdienst sprach uns eine nette ältere Dame an, und ich war so glücklich, dass ich sie zu uns einlud. Erst nachher fiel mir ein, wie unser Haus aussah. „Oh bitte, Herr, ich kann doch niemanden in dieses leere Haus lassen! Bitte mach, dass sie nicht kommt!"

Erstens hätte niemand Schwester Mason von einem Besuch abhalten können, doch zweitens hatte Gott sowieso nicht vorgehabt, auf mein Gebet zu reagieren. Am nächsten Tag stand Schwester Mason vor der Tür, und mir blieb nichts anderes übrig, als sie hereinzubitten.

„Bitte setzen Sie sich nur auf die linke Seite des Sofas" sagte ich und lief rot an. „Die rechte Seite ist nicht benutzbar." Jedenfalls nicht zum Sitzen, obwohl unsere Kinder es unendlich erheiternd fanden, mit den durchgesessenen Federn bis auf den Boden zu plumpsen, was sie täglich Hunderte von Malen taten.

Mrs. Mason setzte sich nicht. Sie sah sich in dem bis auf das Sofa vollkommen leeren Wohnzimmer um, dann ging sie in die Küche, danach in alle anderen Zimmer.

„Das dachte ich mir", murmelte sie. „Das dachte ich mir." Sie sah mich gedankenverloren an, dann ging sie hinaus zu ihrem Auto. „Ich bin bald wieder zurück!"

„Was war denn das?", fragte ich, als ich mich von meiner Überraschung erholt hatte. Waren die Kalifornier noch unhöflicher als die anderen Amerikaner? Dabei hatte sie gar nicht so gewirkt.

Zwei Stunden später löste sich das Rätsel. Ein Lastwagen voller Möbel und anderer Sachen fuhr vor unserem Haus vor, und heraus krabbelte Mrs. Mason und ein Mann, den sie uns als ihren Gatten vorstellte.

Als Rudi an diesem Abend nach Hause kam, betrat er ein voll möbliertes Heim! Es war nicht schick, aber uns kam es wunderbar vor. Jeder von uns hatte ein eigenes Bett, Hanna hatte eine Wiege, das Baby ein Laufställchen. Eine Waschmaschine gab es ebenso wie andere Dinge, die mir das Leben erleichtern würden – und genug Stühle, dass alle gleichzeitig am Tisch sitzen konnten!

Ich war so glücklich, dass ich gleichzeitig lachte und weinte.

***

Nach fünf Jahren in Kalifornien waren wir öfter umgezogen, als ich mir in meinen schlimmsten Albträumen vorgestellt hatte. Wir blieben gerade lange genug in Pomona, um ein paar Wurzeln zu schlagen, ein weiteres Baby zu bekommen und Jerrys Hochzeit zu feiern. Dann ging es nach Nordkalifornien, wohin Rudi wegen einer Beförderung versetzt wurde und wo ich mich einer großen Magenoperation unterzog, die mich schwach, müde und mit dem Wunsch zurückließ, mich endlich irgendwo niederlassen zu können.

Dieser Wunsch schien sich zu erfüllen, als wir nach Fresno zogen. Wir fanden ein großes altes Haus mit genug Platz und modernen Annehmlichkeiten, die mir die Hausarbeit erleichterten. Das gefiel mir, weil ich inzwischen nicht mehr nur Hausfrau war, sondern auch als Lehrerin in einer christlichen Grundschule arbeitete. Der Umgang mit den quirligen Kindern machte mir viel Freude, und ich wäre sehr zufrieden gewesen, wenn da nicht noch ein bestimmtes Thema gewesen wäre.

„Warum nehmt ihr eigentlich nicht die amerikanische Staatsbürgerschaft an?", fragten unsere Freunde immer wieder, und auch unsere älteren Kinder wollten das wissen. Wir zuckten nur die Schultern. Was sollten wir tun? Immerhin waren wir jetzt seit sieben Jahren in diesem Land, und abgesehen von dem schwierigen Anfang hatten wir nur Gutes erlebt.

Nach langem Nachdenken und vielen Gebeten entschlossen wir uns dazu, einen Antrag auf die amerikanische Staatsbürgerschaft zu stellen.

Das Aufnahmeverfahren war schwieriger, als ich gedacht hatte. Zu meiner Schande verwechselte ich Truman mit Eisenhower, doch der Beamte nahm es mit Humor.

„Bin ich jetzt durchgefallen?", fragte ich entsetzt.

„Nein, nein, keine Sorge", sagte er. „Aber morgen werden Sie ganz sicher gefragt, warum Sie amerikanische Staatsbürger werden wollen. Überlegen Sie sich schon einmal eine gute Antwort."

Ja, warum wollten wir Amerikaner werden? Diese Frage kreiste den ganzen Tag in meinem Kopf. Ging es uns um den Lebensstil? Die Fülle an Essen und Kleidung? Die Chancen, die unsere Kinder hatten? Natürlich, das waren alles gute Gründe, doch nicht genug für mich. Da war noch etwas anderes, das ich nicht richtig fassen konnte.

Jemand anderes formulierte es für mich, und zwar zu genau der richtigen Zeit in genau den richtigen Worten. Ein Brief meines Vaters erreichte mich, in dem er erzählte, wie sein jüngster Sohn aus der Schule heimgekommen war, wo man ihm gesagt hatte, es gebe keinen Gott. Die Astronauten hätten im Weltall nach ihm Ausschau gehalten und nichts gefunden. Mein Vater war am Boden zerstört, weil er nicht wusste, ob er in diesen Zeiten in diesem Land den christlichen Glauben seiner Kinder erhalten konnte. Wie sollte er sie vor der kommunistischen Indoktrination schützen?

Als ich am nächsten Tag vor dem Komitee die Frage beantworten musste, warum ich Amerikanerin werden wollte, wusste ich genau, was ich sagen sollte.

Wir waren aus freien Stücken Bürger dieses Landes geworden. Niemand hatte uns dazu gezwungen. Wir hatten die Freiheit, für uns selbst zu entscheiden. Es ging nicht um materielle Güter oder Zukunftschancen, sondern um dieses eine große Geschenk der Freiheit.

Als bei der offiziellen Zeremonie die amerikanische Nationalhymne gesungen wurde, konnte ich nicht mitsingen. Zum einen, weil ich den Text nicht auswendig kannte, aber auch, weil meine Vergangenheit mich lähmte. Am liebsten hätte ich geweint, doch ich unterdrückte den Impuls.

„Jesus, ich möchte nicht weinen!"

„Warum nicht, mein Kind?"

„Ich möchte nicht noch einmal Gefühle für ein Heimatland entwickeln. Das hatte ich schon einmal, und du weißt, was daraus geworden ist. Bitte hilf mir!"

„Aber ich habe dir diese neue Heimat gegeben!"

Nach und nach wurde die Last der Vergangenheit von mir genommen. Und eines Tages lernte ich sogar den Text der Nationalhymne ...

***

Nach den schweren Jahren der Armut und des Umherwanderns schien nach einem weiteren Umzug endlich die Zeit gekommen zu sein, dass wir uns niederlassen und zur Ruhe kommen durften. Rudi hatte eine feste Stelle mit guten Aufstiegschancen, und ich konnte als Aushilfslehrerin an den örtlichen Schulen arbeiten.

Bald fanden wir ein großes altes Haus, das für unsere nun siebenköpfige Familie genug Platz bot. Es war ein Sonderangebot, ein „Sale" (wie gut hatte ich dieses Zauberwort bereits kennen gelernt!), und wir kauften es. Es war sogar ein Rosengarten dabei! Meinte der Herr es nicht gut mit uns? Unser Leben war auf einmal von Sonne, Lachen und Picknicks erfüllt. Nur manchmal wurde die strahlende Sonne von Wolken verdeckt: Meine geliebte Mutter starb, ohne dass ich sie noch einmal besuchen konnte, wie ich es ihr beim Abschied versprochen hatte. Ich brauchte lange, um mich von diesem Schlag zu erholen.

„Herr, warum hast du sie sterben lassen, bevor ich zu ihr fahren konnte?" Ich weinte, bis ich keine Tränen mehr hatte und von Gram und Schmerz wie betäubt war.

Doch nach und nach hörte ich wieder auf die Stimme meines Herrn, der mich tröstete: „Eines Tages wirst du alles verstehen, mein Kind."

Der Glaube, dass Jesus eines Tages wiederkommen würde, gab mir Trost und Kraft. Als die Nachricht kam, dass auch Papa in der Tschechoslowakei gestorben und bis zu seinem Tod seinem Glauben treu geblieben war, konnte ich mich sogar darüber freuen. Nur ein paar Jahre, dann würden wir uns alle in der Ewigkeit wiedersehen.

Jetzt endlich war auch für mich die Zeit gekommen, in der ich die Früchte unserer harten Arbeit genießen konnte. Sogar einen lang gehegten Wunsch konnte ich mir erfüllen und mich nach einem Schaukelstuhl umsehen. Mein Becher lief über – wie früher: Die Rosen blühten, die Kinder waren glücklich und zufrieden, und Rudi und ich fühlten uns wohl bei unserer täglichen Arbeit, zu Hause und in der Gemeinde.

Eines Abends stand ich in unserer warmen, geräumigen Küche und füllte die Geschirrspülmaschine. Die Kinder behaupteten manchmal, dass wir das Haus nur gekauft hätten, weil ich mich in die Geschirrspülmaschine verliebt hätte! Und wirklich, nichts schien mir unser Glück und unseren Wohlstand deutlicher zu symbolisieren als diese herrliche Erfindung.

Plötzlich unterbrach Rudi meine fröhlichen Betrachtungen. „Schatz, ich hatte gerade einen Anruf aus Florida. Die Firma will mich nach Miami versetzen!"

„Oh nein, bitte nicht! Ich möchte hier bleiben! Hier ist es so schön, und die Nachbarn sind so nett und –"

„ . . . und die Geschirrspülmaschine so praktisch. Ja, ich weiß!", spottete Rudi grinsend.

Ich wusste, was er dachte, und im Grunde sah ich es ja auch so. Trotzdem konnte ich nicht umhin, zu beten und zu flehen: „Bitte, lieber Herr Jesus, bitte lass uns doch hier bleiben! Ich bin das Herumwandern und Packen so Leid! Und hier gefällt es mir!"

Aber während ich noch so betete und weinte, wusste ich, dass ich keine Antwort darauf erhalten würde. Schließlich fasste ich mir ein Herz und sagte: „Dein Wille geschehe, Herr, und bitte vergib mir, dass ich verwöhnt bin und mich zu sehr an das Haus gehängt habe, an all die Kleinigkeiten und den Luxus. Bitte mach mich bereit dazu, dahin zu gehen, wo du mich haben willst!"

***

Gibt es so etwas wie ein Opfer für Gott? Ich hatte das Gefühl, ein großes Opfer zu bringen, als ich zu packen anfing. Ich hatte solches Mitleid mit mir selbst und wollte doch gehorsam sein und Gott gefallen! Ich bin überzeugt, dass Jesus lächelte, als er mich leise vor mich hin schimpfen hörte, von Selbstmitleid erfüllt und trotzdem auf den Lippen das Versprechen, seinem Willen gehorsam zu sein. Er hatte nämlich die Überraschung meines Lebens für mich geplant! Und zwar etwas so Wunderbares, dass ich es mir nie erträumt hätte.

Einer der Hauptgründe für unsere Auswanderung in die Vereinigten Staaten war unser alter Traum, einmal eine Bibelschule, ein christliches College, besuchen zu können. Als wir dann sahen, wie viel uns die Verwirklichung dieses Plans kosten würde, mussten wir ihn zunächst begraben. Wir brauchten das Geld dringender für die Ausbildung unserer fünf Kinder.

Ich packte also unsere Sachen und bereitete alles für den Umzug vor. Drei Monate später jedoch fanden wir uns anstatt in Florida in einer Bibelschule in Nordkalifornien wieder! Rudis Versetzung war umdisponiert worden, und sein Chef erlaubte uns, nach Angwin zu ziehen. Angwin! Es war schon immer mein Traum gewesen, dort zu wohnen!

Auf einmal war es mir nun möglich, ein christliches College zu besuchen. Als amerikanische Staatsbürgerin hatte ich ein Stipendium der Regierung bekommen. Der Direktor des Colleges erließ mir zwei Jahre des Studiums, da ich in den letzten Jahren bereits hier und da Kurse besucht hatte. Außerdem wurde meine Lehrtätigkeit in Deutschland nach dem Krieg anerkannt, für die ich Zeugnisse vorweisen konnte. Ich war vollkommen aus dem Häuschen und hatte gleichzeitig schreckliche Angst!

Meine Älteste Chris neckte mich: „Mutti, dass du uns ja keine schlechten Noten nach Hause bringst! Wir erwarten Höchstleistungen von dir!“

Das klang doch sehr vertraut! Ich versteckte meine Nervosität hinter einem zuversichtlichen Lächeln. „Also gut, Kinder, dann soll das Rennen starten. Mal sehen, wer gewinnt!“

„Eure Mutter natürlich“, schmunzelte Rudi und nickte mir augenzwinkernd zu. Er strahlte vor Vertrauen und Zuversicht.

Es ist sicher ein seltener Anblick, wenn eine Frau in den mittleren Jahren in ein brechend volles Klassenzimmer mit hundert oder mehr Studenten hereinspaziert kommt, ihr Geschichtsbuch unter dem Arm – dazu noch mit Verspätung! Aller Augen waren auf mich, das „ältere Semester", gerichtet.

Der Professor unterbrach seine Vorlesung für einen Moment, der mir jedoch wie eine Ewigkeit erschien. „In der ersten Reihe ist noch ein Platz frei", sagte er schließlich freundlich und fuhr dann in seinem Vortrag fort.

Zunächst versuchte ich, wie wild mitzuschreiben, aber schon nach kurzer Zeit ließ ich es bleiben. Die anderen Studenten wussten schon einiges über die Geschichte der Vereinigten Staaten, aber mir schwirrte der Kopf! Was war ein Plymouth? Ein Auto? Ein Berg? Eine Gegend?

Wie kam ich nur dazu, mich mit diesen klugen jungen Amerikanern zu messen – und wie hatte ich mir nur einbilden können, meine Sprachkenntnisse genügten zum Besuch einer Hochschule? Andererseits – was sollten meine Kinder denken, wenn ich jetzt die Flinte ins Korn warf?

Wenn ich gedacht hatte, Geschichte sei schwierig, so war die nächste Stunde noch schwieriger! Frühkindliche Entwicklung. *Das dürfte doch kein Problem für mich sein, schließlich habe ich ja fünffache Erfahrung auf diesem Gebiet*, dachte ich. Aber das, was ich längst wusste, wurde hier mit anderen Vokabeln ausgedrückt! Als es eigentlich schon zu spät war, stellte ich fest, dass mein Englisch für dieses Niveau einfach nicht ausreichte. Aber ich hatte mich nun einmal für das Studium eingetragen und wollte weder Zeit noch Geld verschwenden. Ich musste eben versuchen, das Beste daraus zu machen.

Dann reichte man mir einen Prüfungsfragebogen, auf dem von mehreren angegebenen Möglichkeiten die richtige Antwort angekreuzt werden sollte – ein „Multiple Choice" hieß das. So ein Ungetüm hatte ich noch nie vor Augen gehabt! Die Prüfungsarbeiten, die ich in Deutschland schreiben musste, hatten alle Aufsatzform gehabt. Auch in den Abendschulklassen in Amerika waren die Prüfungen in Quizform, als mündliche Tests und Nacherzählungen durchgeführt worden, und all das beherrschte ich gut.

Nachdem ich einen Blick auf den vor mir liegenden Bogen

geworfen hatte, packte mich eine panische Angst. Kurz entschlossen stand ich auf, legte das Papier auf das Pult der Professorin und ging schnell zur Tür hinaus. Ich wusste, beim ersten Wort würde ich in Tränen ausbrechen. *Ade, Studium*, dachte ich grimmig. Es wäre ja auch zu schön gewesen, um wahr zu sein.

„Ach, Jesus", betete ich voller Verzweiflung, „warum hast du mich nur hierher gebracht, wo du mich doch viel besser kennst als ich mich selbst? Du weißt doch, dass ich diese abscheulichen Tests nicht bestehen kann. Ich kann einfach nicht genug Englisch, und mein Wissen reicht nicht aus, um überhaupt mitzukommen!"

„*Geh zu Dr. Hauptmann*", schien mir Jesus zu sagen.

Also marschierte ich mit dem Gefühl einer zum Tode Verurteilten ins Büro von Dr. Hauptmann.

Dr. Hauptmann, ein Professor deutsch-schweizerischer Herkunft, hatte hier einen Lehrstuhl und war Kinderpsychiater. Wir hatten uns vor einer Woche kennen gelernt, und ich mochte seine fröhliche Art sehr gern.

„Herr Dr. Hauptmann, ich schaff das nicht", stammelte ich gleich beim Eintreten.

Er war weder überrascht noch schockiert. „Und warum nicht? Wie kommen Sie denn auf diese Idee?"

„Ich kann nicht genug Englisch", brachte ich mühsam hervor und fing an zu weinen. „Ich kann diese grässlichen Multiple-Choice-Fragebogen nicht ausfüllen und habe furchtbare Angst, dass mich mein Gedächtnis wieder im Stich lassen wird. Wenn ich Angst habe, fällt mir überhaupt nichts mehr ein."

Der Mann nahm Papier und Bleistift und zeichnete eine Spirale. In die Mitte schrieb er das Wort „Angst" und an das Ende der Spirale das Wort „Versagen". Dann erläuterte er mir die Zeichnung. „Sie sind in einem Teufelskreis, Maria Anne. Ihre Angst hat zur Folge, dass Sie nicht fähig sind, Tests zu bestehen oder einer Vorlesung zu folgen. Und dieses Versagen führt zu noch mehr Angst. Um nun die Spirale aufzuwickeln – an welchem Ende müssen wir da zuerst ziehen?"

„An meiner Angst", sagte ich langsam.

„Und können Sie das?"

„Nein", erwiderte ich verzweifelt. „Ich habe es versucht, aber es wird jeden Tag schlimmer."

„Also gut, dann wollen wir es am anderen Ende versuchen."

„Aber ich darf nicht versagen!", unterbrach ich ihn heftig. „Ich würde mich zu Tode schämen!"

Dr. Hauptmann nickte. „Sehen Sie, Sie wollen aufgeben. Was haben Sie schließlich zu verlieren? Ich möchte, dass Sie auf meinen ärztlichen Rat hören und für den Rest des Semesters die Vorlesungen weiter besuchen. Nur zum Spaß. Versuchen Sie, den Test zu machen und sehen Sie einfach mal, wie viel Sie können – nur aus Interesse. Wenn Sie nicht bestehen, werde ich mit Ihren Lehrern sprechen; dann können Sie jederzeit wieder aufhören! Sie haben nichts zu verlieren, und das Ergebnis wäre für mich als Arzt von Interesse. Nebenbei legen Sie Ihren Stolz und Ihren Ehrgeiz ab, unbedingt die besten Noten schreiben zu wollen! Machen Sie weiter, wenn auch nur aus Freude am Lernen!"

„Na gut", sagte ich und stand auf. Wenn der Mann nur wüsste, wie viel Leistung ich immer von meinen Kindern verlangte! Jetzt war der Spieß einmal umgedreht.

Schweren Herzens ging ich also zu der Vorlesung über „Die frühkindliche Entwicklung" zurück. Bei der Professorin, einer älteren, sehr netten Dame, entschuldigte ich mich für mein Benehmen. Sie zeigte viel Verständnis, als ich ihr den Grund sagte.

„Sie können Ihr Wörterbuch bei den Tests zu Hilfe nehmen. Ich vertraue Ihnen", sagte sie freundlich. „Und den ersten Test lasse ich Sie mündlich machen."

Seltsamerweise wusste ich fast alle Antworten auf die Fragen, die sie mir stellte. Deshalb entschloss ich mich, den Rat Dr. Hauptmanns zu befolgen. Auch wenn ich nur etwas lernte, um damit meiner eigenen Familie von Nutzen zu sein, war mir das schon genug.

Dennoch erzählte ich den Kindern nichts von meinen Erlebnissen. Es würde sowieso schwer genug sein, am Ende des ersten Semesters einzugestehen, dass es mein letztes war! Allein der triumphierende Blick meiner Tochter beim Vergleich unserer Zeugnisse würde schwer zu verkraften sein!

In meiner Lutherbibel stand ein Vers in den Psalmen, den ich liebte, manchmal aber direkt fürchtete: „Wenn du mich demütigst, machst du mich groß“ (Psalm 18,36). Wenn das stimmte, befand ich mich jetzt gerade in einem großen Stadium meines Lebens! Nur dumm, dass man die Demütigung so viel stärker empfindet als die Größe!

Aber am Ende des Semesters hatte ich nur in amerikanischer Geschichte eine schlechte Note.

Meine Tochter war sehr gnädig mit mir; sie sagte nur: „Nimm's nicht so schwer, Mutti!“ Es klang sehr erwachsen. „Ich habe eine schlechte Note in Sport!“

Sie hatte mein volles Verständnis. Beide seufzten wir erleichtert!

Später hörte ich, wie Michael Chris fragte: „Hat Mutti wirklich wegen der schlechten Note überhaupt nicht geschimpft? Was ist denn plötzlich mit ihr los? Letztes Jahr hätte sie dir deswegen den Kopf abgerissen!“

„Ja“, erwiderte Chris wie eine vollendete Dame, „aber letztes Jahr ist sie ja auch noch nicht aufs College gegangen. Ich hoffe nur, sie macht das noch lange. Vielleicht wird sie dann ja noch richtig normal! Aber denk bloß nicht, dass du dir jetzt in der Schule alles erlauben könntest, Mike. Man weiß ja nie mit Mutti!“

***

Ein Jahr später (die Zöpfe waren inzwischen gefallen) zog ich die schwere Examensrobe an und setzte den seltsamen Quastenhut auf, um mit den anderen Kandidaten für die Examensfeierlichkeiten in den Saal zu schreiten. Die Welt bestand an diesem Tag nur aus Sonnenschein, aus lächelnden Gesichtern und Staunen. Ich hatte es tatsächlich geschafft und mein Ziel, die Lehrbefähigung und den „Bachelor of Science“ an einem amerikanischen College erreicht!

Nach den Feierlichkeiten, als wir in einer langen Reihe standen, Hände schüttelten und Umarmungen austauschten, kam Rudi auf mich zu und legte mir ein Bukett langstieliger roter Rosen in die Arme. Dabei strahlte er so vor Stolz, dass mir die Tränen wieder einmal locker saßen.

Was für wunderschöne Rosen! Als ich jedoch näher hinsah, bemerkte ich, dass sie ein paar schwarze Flecken hatten und die Köpfe schon ein wenig hängen ließen. Ich winkte unauffällig Chris herbei und sah sie fragend an.

Sie kicherte. „Als Dad sie heimbrachte, wollte er sie verstecken und frisch halten. Deshalb hat er sie in den Gefrierschrank gelegt. Dann hat er sie vor lauter Aufregung ganz vergessen! Sie waren ganz steif, als ich sie rausnahm. Er hätte nicht einmal daran gedacht, sie mitzunehmen. Du weißt doch, wie er ist!"

Ich nickte, ebenfalls leise kichernd, und war tief gerührt. Ohne meinen lieben, verständnisvollen Ehemann und Chris, die wie eine zweite Mutter für die Familie sorgte, hätte ich das Examen niemals bestanden. Es war nicht nur mein Verdienst, sondern eine Errungenschaft der ganzen Familie! Das sagte ich ihnen auch während der kleinen Feier, die wir am Abend hatten.

Rudi grinste. „Schon gut", sagte er. „Du hast deine Urkunde verdient, und wir werden unsere eigene bekommen. Du brauchst deine nicht mit uns zu teilen!"

Ich wusste, worauf er damit anspielte. Ich hatte Rudi versprochen, nach meinem Examen den Brotverdiener zu spielen, so dass er ebenfalls studieren könnte. Wir wollten endlich das lernen können, was wir uns schon immer gewünscht hatten.

„Rudi", fragte ich zögernd, „kann ich wohl meinen „Master of Science" machen, bevor wir die Rollen vertauschen? Ich möchte schrecklich gern Sozialberaterin werden, und wenn ich mich sehr anstrenge und viele Kurse belege, kann ich es schon in anderthalb Jahren schaffen!"

Rudi lächelte. „Damit habe ich schon gerechnet, kleine Lehrerin. Du hast ja in letzter Zeit nur noch davon gesprochen, wie gern du Menschen beraten möchtest. Ich weiß schon lange, was du vorhast – aber wir erwarten ausschließlich gute Noten von dir, dass das klar ist! Sprachschwierigkeiten sind jetzt keine Entschuldigung mehr!"

Die Kinder jubelten. Damit konnten sie wenigstens noch ein Jahr hier bleiben, ohne ständig mit einem Umzug rechnen zu müssen. Sie liebten diesen Ort und hatten hier viele neue Freunde gefunden, die sie nur ungern wieder verlassen hätten.

Also stürzte ich mich mit neuem Eifer in die Studien, und

Hansi 1967 *nach ihrem erfolgreichen* Universitäts-*Abschluss in der* Graduiertenrobe.

das Lernen machte mir große Freude, am meisten jedoch die Freundschaft mit meinen jungen Mitstudenten. Unser großes Haus auf dem Hügel tauften sie bald „Hirschmann Hill" (Hirschmanns Hügel), und es wurde für viele zu einem zweiten Zuhause. Voller Wonne genossen sie meinen Kuchen, Kartoffelsalat und andere deutsche Spezialitäten. Doch am beliebtesten waren offensichtlich unsere Abendandachten vor dem Kamin.

Wir sangen viel und hatten lange Gespräche, diskutierten und beteten. Am Schluss jedes Abends wurde mein Lieblingskapitel aus der Bibel vorgelesen, 1. Korinther 13, die Definition von Liebe in ihrer höchsten Form.

Manchmal überlegte ich, wie viel Einfluss wir eigentlich ausübten und ob unsere Gastfreundschaft auch anderen zum Segen wurde. Handelten wir am Ende nur aus Eigennutz, weil wir alle den Umgang mit anderen Menschen liebten?

Aber eines Abends erzählte mir ein reizendes junges Mädchen, das ich eigentlich nie für besonders religiös gehalten hatte: „Stan und ich wollen heiraten" – die beiden hatten sich in unserem Haus kennen gelernt! –, „und ich habe den Pfarrer gebeten, über 1. Korinther 13 zu predigen. Diese Bibelstelle habe ich in Ihrem Haus so lieb gewonnen!"

Ich fühlte mich reich belohnt.

Ein Junge verließ das College als Jugendpastor. Als er kam, um sich von uns zu verabschieden, sah er mich ernst an und sagte: „Eines Tages, wenn ich meine eigene Familie habe, werde ich auch Abendandachten halten, genau wie Sie! Ich will mein Haus auch für andere Leute öffnen. Ich glaube, wir haben Ihnen viel Arbeit gemacht, aber diese Stunden an Ihrem Kamin werde ich nie vergessen!"

Solche Worte machten uns froh und bestärkten uns in unserem Tun, obwohl wir wussten, dass manche Leute abfällig über uns redeten. Jedermann war bei uns willkommen – auch Leute mit einem schlechten Ruf –, und das war allgemein bekannt. Man kann eben nachts keine Lampe aufhängen, ohne dass Fliegen und Käfer sie umschwirren. Das Wissen um die Unvoreingenommenheit, mit der Jesus Christus jeden Menschen angenommen hat und annimmt, gab uns Kraft und Trost. Ich lernte in diesem Jahr viel mehr als nur Psychologie, nämlich das zu tun, was ich für richtig hielt, und die jungen Leute zu verstehen, ohne sie zu verurteilen, ja sie sogar gegen die Frommen mit ihren spitzen Zungen zu verteidigen.

***

Eines Tages kurz vor meiner Abschlussprüfung kämpfte ich wieder einmal verbissen mit einem der schwersten Fächer, physiologische Psychologie. Die Gedächtnisleistung, die dabei verlangt wurde, stand wie ein riesiger Berg vor mir. Ein College-Student war gerade zu uns zu Besuch gekommen und hatte sich im Schatten eines Strauches auf dem Rasen vor dem Haus niedergelassen. Er war schon einmal bei uns gewesen, aber ich kannte ihn nicht sehr gut, weil er ziemlich schweigsam war.

Ich fühlte mich durch mein nahendes Examen ein bisschen unter Druck und überlegte, ob ich hinausgehen und den Jungen begrüßen sollte. Schließlich beschloss ich, stattdessen zu warten, bis er hereinkam. Ich brauchte jede Minute zum Lernen.

„Geh und rede mit dem Jungen!", sagte aber eine vertraute Stimme, während ich in meinen Büchern las.

„Herr", bat ich, „ich muss doch noch so viel lernen! Kann ich mich nicht später mit ihm unterhalten?"

„Geh jetzt gleich!", sagte Jesus. „Sofort!"

Der Junge wollte gerade fortgehen, als ich aus dem Haus trat. „Jimmy, warte mal!", rief ich ihm zu.

Der Junge wandte sich zögernd um. Ich erschrak. Er sah ganz verstört aus, und seine Augen hatten einen so traurigen Blick, dass es mir ans Herz ging.

„Jim, um Himmels Willen, was ist denn mit dir los? Bist du krank?"

„Nein", sagte er mit hilflosem Achselzucken, „ich bin nicht krank – aber in mir ist alles tot."

„Komm, setz dich, Jimmy, lass uns reden!"

Er redete, und ich hörte zu. Die Worte sprudelten aus ihm heraus wie ein Wasserfall. Seine Verlobte hatte ihm den Ring zurückgeschickt, und damit war seine Welt zusammengebrochen. Alles schien verloren.

„Ich habe schon seit Tagen nichts mehr gegessen, Mum H." So

Hansi und ihre Kinder 1974

nannten mich die meisten Studenten. „Ich kann einfach nichts runterkriegen. Ich möchte sterben, und ich habe auch schon genügend Tabletten zusammen. Ich wollte noch einmal beten, bevor ich die Pillen schlucken wollte, aber irgendwie hatte ich plötzlich das Gefühl, ich sollte zu Ihnen gehen. Ich wollte gar nicht. Darum bin ich auch nicht hereingekommen. Ich dachte, wenn es irgendeinen Sinn hätte, würden Sie zu mir herauskommen. Ich habe hier draußen auf Sie gewartet und wollte gerade gehen. Aber Sie wollten mich nicht gehen lassen, nicht wahr?"

„Oh Mann, Jimmy", sagte ich tief bewegt. „Ich habe ein so dickes Fell, dass selbst Gott manchmal Mühe hat, es zu durchdringen! Gott hat mir deutlich gesagt, dass ich hinausgehen und dich ansprechen sollte, aber ich war zu besorgt um meine Noten. Bitte verzeih mir!"

Ich nahm ihn mit in die Küche und kochte ihm eine Suppe. Der Toast dazu verbrannte mir – ich war zu aufgeregt. Und während ich darauf drängte, dass er ein paar Löffel Suppe aß, erklärte ich ihm, dass aus unseren größten Enttäuschungen manchmal großer Segen erwächst. Dann erzählte ich ihm aus meinem eigenen

Leben, um ihm zu veranschaulichen, was ich meinte, und Jimmy hörte aufmerksam zu. Zum Schluss beteten wir zusammen. Er versprach mir, die Tabletten die Toilette hinunterzuspülen, und ich wusste, dass ich ihm vertrauen konnte.

Dann gab ich ihm noch ein paar Brote zum Abendessen mit, weil er gesagt hatte, dass er sich noch nicht in der Lage fühle, in die immer überfüllte Mensa zu gehen. Schließlich verabschiedete er sich.

Nachdenklich sah ich der schlanken, hochgewachsenen Gestalt nach. Ich war zutiefst erschüttert. „Vergib mir, Herr, dass ich oft so schwer von Begriff und so egoistisch bin! Ist ein Mensch nicht viel mehr wert als eine gute Note?" Mehr konnte ich nicht sagen.

Ich glaube, der Herr lächelte wieder, denn am nächsten Tag bekam ich die beste Note von allen.

An diesem Tag gab ich dem Herrn ein Versprechen: „Bitte, Herr Jesus, gebrauche mein Leben, um jungen Leuten, die in Not sind, zu helfen! Ich verspreche dir, dass ich gehorchen werde, wann immer du mich gebrauchen willst, ganz gleich, ob es schwer ist oder leicht, Freude oder Schmerz bringt. Ich möchte der jungen Generation eine mütterliche Freundin sein, Herr! Diese jungen Leute brauchen jemanden, bei dem sie sich aussprechen können. Wir sind oft so mit uns selbst beschäftigt, dass wir den größten Auftrag, den du uns gibst, nicht erfüllen, nämlich deine Lämmer zu weiden! Du bist der gute Hirte, und es gibt so viele Schafe, die sich verlaufen haben und auf jemanden warten, der ihnen den Weg zurück zeigt. Lehre mich, sie zu lieben, Herr Jesus!"

***

Ich meinte es ernst, und Gott nahm mich beim Wort. Ein Jahr später ging Rudi in Südkalifornien zur Universität, und ich begann mit dem Unterricht für Drogenabhängige und andere „hoffnungslose" Schüler, die aus irgendwelchen Gründen von der Schule verwiesen worden waren. Zuerst hatte ich keine Ahnung, wie ich zu diesen verbitterten, verhärteten Jugendlichen durchdringen sollte, und Rudi machte sich Sorgen, dass mir etwas zustoßen könnte. Doch mit der Zeit entwickelte ich immer mehr Ideen, wie ich in den Jugendlichen Freude am Lernen wecken könnte. Ich führte Kochkurse durch, gab Handarbeits- und Malunterricht, und tatsächlich veränderte sich die Einstellung vieler Schüler. Natürlich erlebte ich auch traurige Rückschläge, aber einige meiner härtesten Fälle schafften wider Erwarten ihren Schulabschluss. Da blieb mir keine Zeit mehr, um Rosen zu züchten oder mich im Schaukelstuhl zu räkeln; es gab keinen Geschirrspüler in unserem schlichten Haus in den Bergen, kein leichtes Leben – aber ich war so glücklich wie nie zuvor. Wenn mein Becher der Freude jemals überlief, so war es jetzt, denn ich hatte meine endgültige und erfüllendste Lebensaufgabe gefunden.

Manchmal fällt einer der Sterne, die jeden Abend an unserem Traumhimmel stehen, zur Erde herab und wird Wirklichkeit. So war es mir gegangen. Es war Sommer, und ich war auf dem Weg nach Deutschland. Vierzehn Jahre hatte ich auf diesen Augenblick gewartet, und jetzt, als es endlich so weit war, kam es mir vor, als träumte ich.

Zunächst besuchte ich eine Universität im Osten der Vereinigten Staaten zu einem besonderen Kurs, dann ging es weiter nach New York. Von dort aus würde ich über den Ozean nach Europa fliegen – für kurze drei Wochen! Am letzten Tag in der Universität sprach ich abends in einem der riesigen Säle und strebte dann eilig dem Ausgang zu, um möglichst von niemandem angesprochen zu werden. Ich hatte an diesem Abend noch viel zu tun und sah weder nach rechts noch nach links.

Plötzlich trat mir eine alte Dame in den Weg, und ich schaute auf. „Tante Erhard!", rief ich voll Freude und nahm sie in die Arme. Dann begleitete ich sie nach Hause. Wer dachte jetzt noch an Arbeit!

Ich hatte keine Ahnung gehabt, dass sie in der Nähe der Universität wohnte. Zeit und Entfernung hatten unsere Freundschaft ein wenig einschlafen lassen, und so freuten wir uns umso mehr über das unverhoffte Wiedersehen. Sie besaß ein reizendes kleines Haus mit Rüschenvorhängen, einem altmodischen Schaukelstuhl und einer winzigen Küche, in der es nach Pfefferminz roch.

Stolz tauschten wir unsere Bilder aus. Chris, meine Älteste, ging zum College, und Michael machte gerade seinen Schulabschluss. Die zwei anderen Mädchen waren im Teenageralter, und Jojo war auch schon ein großer Junge und begeisterter Footballfan. Rudi war auf dem Weg, seinen Doktor der Germanistik an der Universität von Kalifornien zu machen.

„Wo ist bloß die Zeit so schnell hingegangen?", fragte Tante Erhard und schüttelte ihr ergrautes Haupt.

Ihre Söhne hatten ihre Ausbildung abgeschlossen und geheiratet. Der eine war Pfarrer, der andere Professor der Chemie. Ich bewunderte Tante Erhards hübsche Familienbilder.

„Oh, Tante Erhard, Gott hat also deine Herzenswünsche erfüllt! Ich freue mich so für dich!"

„Ja, Gott hat meine Söhne bewahrt, damit sie in seinen Dienst treten. Das habe ich immer gewusst", nickte sie, mit mütterlichem Stolz in den Augen.

„Und was ist mit –" Ich stockte.

„Meinem Mann? Maria Anne, ich habe von ihm gehört! Er ist am Leben!"

Ich war so aufgeregt, dass ich nichts sagen konnte, sondern bedeutete ihr nur, mehr zu erzählen.

„Eines Tages, als ich von der Arbeit heimkam, lag ein fremdartig aussehender Brief auf meinem Tisch. Ich ahnte sofort, dass er eine Nachricht von meinem Mann enthielt. Sie haben ihn 25 Jahre lang in einem Schweigelager in Sibirien festgehalten, Maria Anne! Als er entlassen wurde, suchte er nach uns. Eine unserer Verwandten hatte ihm erzählt, dass ich mit den Kindern in die Vereinigten Staaten ausgewandert war, und so schrieb er an das Internationale Rote Kreuz in Bern. Sie haben sofort meine Adresse ausfindig gemacht und uns geschrieben. Der Brief war von der Zentrale des Roten Kreuzes."

„Und darf er jetzt nach Amerika auswandern?"

„Nein, dazu besteht nicht viel Hoffnung. Ich muss dir ja wohl nicht sagen, warum, oder? Aber irgendwie ist das auch gar nicht so wichtig. Es ist sehr schwer in Worte zu fassen. Wir können uns schreiben, und ich kann ihm Bilder und Päckchen schicken. Unsere Enkel sind jetzt in dem Alter, in dem unsere Söhne waren, als uns der Krieg auseinander gerissen hat, und jetzt sind wir alt, und Gott hat uns Geduld gelehrt. Bald werden wir ja in Gottes Herrlichkeit für immer vereint sein. Was bedeuten da schon ein paar Jahre auf dieser alten Erde!"

„Tante Erhard", sagte ich sanft, „was sollten wir nur tun, wenn wir nicht unsere Hoffnung auf Gott setzen könnten?"

„Ich glaube, dann würde ich verrückt werden, Maria Anne. Aber es gibt einen Frieden, der unser menschliches Verständnis übersteigt, und diesen Frieden hat mir Gott gegeben. Ich bin zufrieden damit, ihm zu vertrauen."

***

Diese Worte fielen mir wieder ein, als ich zwei Wochen später an Mutters Grab stand. All meine frühere Bitterkeit kam wieder über mich, aber meine Pflegeschwester tröstete mich.

„Es war für dich selbst besser, dass du nicht an Mutters Sterbebett warst. Sie war nur noch ein Schatten ihrer selbst, als sie starb. Es tat uns allen weh, wie sie verzweifelt nach Atem rang. Aber trotz all ihrer Leiden war sie immer ruhig und zufrieden. Sie verstand gut, dass du nicht so schnell herkommen konntest. Du hast es besser als wir, du wirst dich immer so an sie erinnern können, wie sie in ihren gesünderen Tagen war. Danke Gott dafür – es ist eine schöne Erinnerung!"

Ich dankte Gott, und ich war getröstet. Er hatte wieder einmal alles viel besser gemacht, als wir es uns vorstellen konnten!

Drei Wochen lang wirbelte ich durch ganz Westdeutschland und Österreich, nur in mein geliebtes Prag wagte ich mich nicht. Ich überlegte, ob ich hinfahren sollte, aber meine Stiefmutter Bertha und meine Halbgeschwister Rudi und Angelika protestierten energisch. Wir hatten uns noch nie gesehen, und ich sollte auf Besuch bleiben. Mein kleiner Bruder Rudi war einen Kopf größer als ich und sah auf mich herunter!

„Hallo, große Schwester!"

„Hallo, kleiner Bruder!", sagte ich und legte den Kopf zurück.

Sie waren ein paar Jahre nach Papas Tod aus der Tschechoslowakei herübergekommen, kurz bevor die Russen das Land meiner Kindheit zum zweiten Mal besetzten. Jetzt wohnten sie in Westdeutschland.

Wir genossen jeden Augenblick, den wir zusammen verbringen durften, und sprachen viel von Papa. Doch die Zeit verging wie im Flug, und bald musste ich wieder abreisen.

„Bleib doch noch ein bisschen länger!", baten mich meine Lieben.

„Ich kann nicht. Ich muss nach Hause!"

„Aber ist denn hier nicht deine Heimat?", fragte Angelika erstaunt.

„Nein, ich gehe wieder nach Hause zurück, und ich kann es kaum erwarten", lachte ich.

Der große silberne Vogel brummte über das Meer durch die Nacht. „Flieg so schnell du kannst, Jetvogel! Flieg nach Westen! Ich sehne mich nach Zuhause, nach Amerika!"

Rudi nahm mich fest in die Arme, als ich auf dem Flughafen ankam. „Ich werde dich nie mehr fortgehen lassen", sagte er.

„Es war gut, dass ich weg war", flüsterte ich ihm ins Ohr.

Warum?"

Ich lächelte unter Tränen. „Jetzt weiß ich, wie schön es ist, nach Hause zu kommen!"

Was seitdem geschehen ist

Wir schreiben den 13. November 1996 und ich bin inzwischen 70 Jahre alt. Mein Herz ist voller Staunen und Dank, wenn ich an Gottes Versprechen in Jesaja 46,4 denke: „Auch bis in euer Alter bin ich derselbe, und ich will euch tragen, bis ihr grau werdet. Ich habe es getan; ich will heben und tragen und erretten."

Heute verstehe ich, warum meine Pflegemutter diesen Vers so geliebt hat.

Die Zeit fliegt so schnell dahin, und es kommt mir vor, als hätte ich erst gestern dieses Buch geschrieben und voller Staunen erkannt, was Gott tun kann, wenn wir ihm gehorchen. Dass ein kleines Waisenmädchen vom Heuboden zu einer erfolgreichen Buchautorin wird, klingt wie ein Märchen – in dem alle glücklich und zufrieden leben bis an ihr seliges Ende.

Doch das Leben ist kein Märchen, zumindest meines nicht. Das hellste Licht wirft die schärfsten Schatten! Das habe ich am eigenen Leib erfahren. Schneller Erfolg und öffentliche Anerkennung können Spannungen erzeugen und Beziehungen schädigen, so wie es in unserer Familie passiert ist. Ich kann mich noch lebhaft erinnern, wie ich bei meiner ersten christlichen Buchmesse tagsüber lächelnd mein Buch vorstellte – und nachts allein in meinem Hotelzimmer saß und weinte.

Doch auf derselben Buchmesse hatte Gott auch ein besonderes Geschenk für mich bereit. Ich traf Corrie ten Boom. Und wieder hatte ich keine Ahnung, wie wichtig diese kleine alte holländische Dame für mein Leben werden sollte. Zum Beispiel war sie es, die mich letztlich davon überzeugte, dass es wirklich einen Holocaust gegeben hatte. Während der Nazizeit hatte ich nie etwas davon gehört, und als die Russen von der Befreiung der Konzentrationslager berichteten, hatte ich das für kommunistische Propaganda gehalten. Es war mir einfach unvorstellbar, dass die Deutschen etwas so Schreckliches getan haben

Hansi 1975 *mit ihrer* Mentorin Corrie *ten* Boom

sollten. Dabei hatte ich ja selbst gesehen, was die Russen in den besetzten Gebieten für Gräueltaten begingen – warum sollten die Deutschen besser gewesen sein?

Als Corrie von ihren schweren Erfahrungen im Holocaust berichtete, musste ich mich der grausamen Tatsache stellen, dass ich perversen Mördern gefolgt war, die unzählige Unschuldige hingerichtet hatten. Tante Corries vergebende Liebe half mir, damit schließlich fertig zu werden. Der Herr weiß, dass ich wirklich nichts von diesen schrecklichen Taten geahnt hatte. Wenn mir jemand davon erzählt hätte, hätte ich es nicht geglaubt! Als mir schließlich die ganze Tragweite des Geschehenen klar wurde, gab ich Gott ein Versprechen.

Natürlich konnte ich nichts tun, was die Vergangenheit ungeschehen machen würde, doch ich wollte jedem Juden und dem Land Israel alle Hilfe zukommen lassen, die ich zu geben hatte! Ich konnte allerdings auch jeden Juden verstehen, der mich ablehnen würde. Vielleicht würden sie mich als ehemalige Nazi-Anhängerin auch nicht in ihr Land lassen, was ich ebenfalls gut verstanden hätte.

Doch schon bald durfte ich zum ersten Mal das Heilige Land besuchen. Seitdem ist in mir eine tiefe Liebe zu Israel entstanden, und ich habe viele Juden zu Freunden, was mich immer wieder mit Demut und Dankbarkeit erfüllt.

Wenige Monate nach unserer ersten Begegnung – „Tante Corrie“ und ich waren gute Freundinnen geworden – berief Gott mich dazu, meine sichere Anstellung aufzugeben und einen großen Glaubensschritt zu wagen. Zu diesem Zeitpunkt war ich allein erziehende Mutter und musste die schwierige Teenagerzeit meiner Kinder mit all ihren Schmerzen, Rebellionen und Kämpfen durchstehen. (Heute sind sie alle fünf erfolgreiche Erwachsene, die gut geheiratet haben und mit beiden Beinen im Leben stehen. Und meine Enkel sind natürlich die niedlichsten Kinder der Welt!)

Langsam wuchs der Gedanke in mir, ein christliches Werk aufzubauen. Ich gründete „Hansi Ministries“, und mit Betty Pershing stieß bald die ideale Mitstreiterin dazu. Wir bereisten das ganze Land, hielten Vorträge und berichteten von Gottes Wirken in unserem Leben. Unser Ziel war und ist immer die Ermutigung von Gottes Leuten, egal wo sie stehen.

Schon als Kind hatte ich davon geträumt, einmal ein Waisenhaus zu gründen und vielen einsamen, verlassenen Kindern ein liebevolles Zuhause zu geben. Ich stellte mir helle Räume mit weichen Betten und warmen Decken vor. Jedes Zimmer sollte nach einer Blumensorte benannt und passend dekoriert sein. Die Mädchen würden hübsche Kleider tragen, und es würde drei Mahlzeiten am Tag und Nachschlag bei der heißen Schokolade geben!

Als die Jahre dahinflogen, hatte ich diesen Traum begraben, denn wir hatten nie die finanziellen Mittel, an so etwas auch nur zu denken! Und wo waren die Waisen, die mein Traumwaisenhaus gebraucht hätten?

Im Sommer 1996 fand ich sie! Der Herr führte mich nach Polen und Weißrussland. Zuerst widerstrebte mir der Gedanken, doch ich wusste, dass ich gehen sollte. Grässliche Erinnerungen knüpften sich für mich an die russische Besatzung. Würden die Albträume zurückkommen?

Ich fuhr mit einer kleinen Gruppe von Christen hinüber, und

wir begegneten in beiden Ländern wunderbaren Schwestern und Brüdern, die uns mit Liebe und Dankbarkeit überschütteten. Die Zuhörer lachten und weinten, als ich ihnen mit der Hilfe eines Übersetzers von meinen Erlebnissen erzählte. Ihre lieben Gesichter ersetzten die alten Erinnerungen an gnadenlose Grausamkeiten, und ein tiefer Heilungsprozess begann in mir.

Ich habe auf dieser Reise viele Waisen kennen gelernt, doch was mir in Weißrussland begegnete, wird mich bis ans Ende meiner Tage begleiten. Schlimmere Armut habe ich noch nirgends auf der Welt gesehen! Belarus ist heute in einer schlechteren wirtschaftlichen Lage als unter der kommunistischen Regierung. Das Land hat 70% des radioaktiven Niederschlags vom Atomunglück in Tschernobyl abbekommen, und die Menschen dort leiden noch heute unter den Spätfolgen. Unzählige deformierte Kinder vegetieren unter unsäglichen Bedingungen vor sich hin, und niemand weiß, wie sich die Schädigung in zukünftigen Generationen auswirken wird. Es werden so viele behinderte Kinder geboren, dass die Regierung ein Dutzend Waisenhäuser eigens für Kinder eingerichtet hat, die so entstellt sind, dass ihre Eltern sie nicht um sich haben wollen.

Ich habe ein solches Waisenhaus besucht, und es hat mich für immer verändert. Ich habe ein einjähriges Mädchen auf dem Arm gehalten, dessen Hände nur ein paar Zentimeter lang waren. Ein Junge hatte keine Beine, und mehrere Kinder waren so winzig, dass sie wie Puppen aussahen. Alle waren so ausgehungert nach Liebe und Aufmerksamkeit, dass sie uns nicht wieder fortlassen wollten.

Der einzige Lichtblick in all dieser Hoffnungslosigkeit ist die Tatsache, dass die Menschen in Weißrussland heute Religionsfreiheit haben. Zum ersten Mal seit fast 100 Jahren dürfen sich Christen öffentlich zu Gottesdiensten zusammenfinden und sogar Kirchen bauen. Die Armut hindert sie daran, die meisten dieser neuen Freiheiten auch auszuüben. In ganz Belarus gibt es kein einziges christliches Waisenhaus oder eine andere christliche Kinderarbeit.

Nun, da hatte Oma Hansi wohl wieder einmal einen neuen Marschbefehl erhalten!

Hansis 70. *Geburtstag in ihrer neuen* Heimat Hawaii *im Kreise ihrer* Freunde, Kinder *und* Enkelkinder (*Hansi sitzt auf dem* „Thron", *rechts neben ihr ihre* Mitarbeiterin Betty).

Ich glaube, dass humanitäre Hilfe allein grausam ist. Menschen vor dem Verhungern zu retten und sie dann mit ihrer hoffnungslosen Zukunft allein zu lassen ist keine wirkliche Hilfe, sondern nur eine Verlängerung ihres Leidens. Mit der physischen Hilfe muss auch eine Botschaft der Hoffnung und des Versprechens verbunden sein, dass Gott sich um seine Kinder kümmert. Behinderte Kinder brauchen gute Nahrung und Förderung, doch sie müssen vor allem Liebe und bedingungslose Annahme kennen lernen. Weißrussland hat genug liebevolle, eifrige und qualifizierte Christen, um den Menschen dort zu dienen – wenn wir die finanziellen Mittel zur Verfügung stellen! Natürlich kann unser kleines Werk nur ein Tropfen auf dem heißen Stein sein, aber wenigstens dieser Stein erlebt etwas Linderung!

Bitte beten Sie für uns! Schließlich sind wir nur zwei kleine alte Omas mit einer großen Aufgabe – doch wir dienen dem mächtigen Gott, der alle Kinder liebt. Ach, es gibt so viel zu tun!

Wenn Sie über den neuesten Stand unserer Arbeit informiert werden möchten, hier unsere Adresse:

Hansi and Betty
P.O. Box 2133
Kailua Kona, Hawaii 96745-2133
USA
Internet: www.hansiministries.org

Mit Epheser 3,20 möchte ich mich verabschieden und Ihnen Gottes Segen wünschen!

Ihre Hansi